危险货物道路运输安全管理手册丛书

危险货物道路运输安全管理手册

危险货物和危险化学品篇

严 季 ◎ 主编

人民交通出版社股份有限公司
China Communications Press Co.,Ltd.

内 容 提 要

本书为危险货物道路运输安全管理手册丛书之一,重点介绍了危险货物的概念、分类和特性、道路运输包装要求等基本知识,同时介绍了危险化学品与剧毒化学品的相关知识。具体内容不仅包括我国对危险货物的基本规定,还系统地介绍了国际(包括联合国和欧洲)对危险货物的相关管理规定,并分析了其与我国之间的联系和区别。

本书供我国危险货物道路运输相关管理人员、科学研究人员和企业从业人员学习使用。

图书在版编目(CIP)数据

危险货物道路运输安全管理手册. 危险货物和危险化学品篇/严季主编. —北京:人民交通出版社股份有限公司, 2018.1
　ISBN 978-7-114-14059-4

Ⅰ.①危… Ⅱ.①严… Ⅲ.①公路运输—危险货物运输—交通运输安全—标准—汇编—中国 Ⅳ.①D922.145 ②U492.8-65

中国版本图书馆 CIP 数据核字(2017)第 187446 号

Weixian Huowu Daolu Yunshu Anquan Guanli Shouce
(Weixian Huowu he Weixian Huaxuepin Pian)

书　　名:	危险货物道路运输安全管理手册(危险货物和危险化学品篇)
著 作 者:	严　季
责任编辑:	董　倩
出版发行:	人民交通出版社股份有限公司
地　　址:	(100011)北京市朝阳区安定门外外馆斜街 3 号
网　　址:	http://www.ccpress.com.cn
销售电话:	(010)59757973
总 经 销:	人民交通出版社股份有限公司发行部
经　　销:	各地新华书店
印　　刷:	北京鑫正大印刷有限公司
开　　本:	787×1092　1/16
印　　张:	14.75
字　　数:	308 千
版　　次:	2018 年 1 月　第 1 版
印　　次:	2018 年 1 月　第 1 次印刷
书　　号:	ISBN 978-7-114-14059-4
定　　价:	45.00 元

(有印刷、装订质量问题的图书由本公司负责调换)

《中华人民共和国安全生产法》第三十六条要求,生产经营单位运输危险物品,必须执行有关法律、法规和国家标准或者行业标准,建立专门的安全管理制度,采取可靠的安全措施,接受有关主管部门依法实施的监督管理;第二十四条要求,生产经营单位的主要负责人和安全生产管理人员必须具备与本单位所从事的生产经营活动相应的安全生产知识和管理能力。

从事危险货物道路运输安全管理工作的人员,不仅要依法学习有关法律、行政法规、部门规章和国家标准、行业标准,还要熟悉危险货物的概念、分类、特性以及危险货物道路运输管理、从业人员管理、车辆管理、风险管理、隐患排查等专业知识。危险货物道路运输不仅政策性很强,而且专业性强,要求危险货物道路运输管理人员必须加强法规、标准和专业知识的学习。

为进一步贯彻《中华人民共和国安全生产法》的有关要求,落实企业主体责任,切实提高企业管理水平,避免企业安全管理"工作喊口号、制度挂墙上、工作无抓手"的现状,编者根据危险货物道路运输企业的要求和实际情况,编写了更具有操作性、更具体和更细化的安全管理丛书,以指导危险货物道路运输企业开展安全管理工作。

危险货物道路运输安全管理手册丛书包括以下图书:
(1)危险货物道路运输安全管理手册(法规篇);
(2)危险货物道路运输安全管理手册(标准篇);
(3)危险货物道路运输安全管理手册(危险货物和危险化学品篇);
(4)危险货物道路运输安全管理手册(风险管理和隐患排查篇);
(5)危险货物道路运输安全管理手册(车辆管理篇);
(6)危险货物道路运输安全管理手册(运输管理篇);
(7)危险货物道路运输安全管理手册(典型案例篇);
(8)危险货物道路运输安全管理手册(知识问答篇);

(9)危险货物品名表及安全卡实用大全。

本书重点介绍了危险货物的概念、分类和特性、道路运输包装要求等基本知识,以及危险化学品和剧毒化学品的基本概念等内容。同时,本书还系统地介绍并分析了国内和国际(包括联合国和欧洲)对危险货物的相关管理规定,适合我国危险货物道路运输从业人员学习使用。

本书由严季担任主编,参编人员有孔方桂、胡海平、唐娜、黄昌伟、秦树甲、赵国统、张彪、侯喜胜、田洪庆、常连玉、汪泽罡、沈小燕、晏远春、沈民、杨开贵、李弢、程国华、曾嘉。

由于作者水平有限,书中难免有不妥之处,敬请有关专家、学者和从事危险货物道路运输管理工作的人员批评指正,以便修订完善。

编 者
2017 年 11 月

目录 CONTENTS

第一章　危险货物的基本概念 ·········· 1
- 第一节　物质的特性 ·········· 1
- 第二节　危险货物的定义和分类 ·········· 13
- 第三节　《危险货物品名表》(GB 12268)及其《危险货物品名表》·········· 19
- 第四节　《关于危险货物运输的建议书　规章范本》(TDG)及其《危险货物一览表》·········· 26
- 第五节　《危险货物国际道路运输欧洲公约》(ADR)及其《危险货物一览表》·········· 28
- 第六节　危险货物特殊规定、例外数量、有限数量 ·········· 39
- 第七节　危险废物、医疗废物、城镇燃气 ·········· 46

第二章　危险货物的分类和特性 ·········· 50
- 第一节　第1类　爆炸品 ·········· 50
- 第二节　第2类　气体 ·········· 70
- 第三节　第3类　易燃液体 ·········· 83
- 第四节　第4类　易燃固体、易于自燃的物质、遇水放出易燃气体的物质 ·········· 90
- 第五节　第5类　氧化性物质和有机过氧化物 ·········· 98
- 第六节　第6类　毒性物质和感染性物质 ·········· 103
- 第七节　第8类　腐蚀性物质 ·········· 111
- 第八节　第9类　杂项危险物质和物品,包括危害环境物质 ·········· 118

第三章　危险货物道路运输包装 ·········· 123
- 第一节　危险货物道路运输包装的基本要求 ·········· 123
- 第二节　危险货物道路运输包装的分类 ·········· 128
- 第三节　危险货物道路运输包装的标志 ·········· 147
- 第四节　ADR《危险货物一览表》中相关包装规定 ·········· 155
- 第五节　美国消防协会(NFPA)警示菱形标识 ·········· 166

第四章　危险化学品与剧毒化学品 ·········· 173
- 第一节　危险化学品相关知识 ·········· 173
- 第二节　剧毒化学品相关知识 ·········· 186
- 第三节　化学品安全标签与化学品安全技术说明书 ·········· 191

附录 ……………………………………………………………………………………… 202
    附录一 易制爆危险化学品道路运输知识 ……………………………… 202
    附录二 危险货物运输包装英文标识主要用语表 ………………………… 205
    附录三 《剧毒化学品目录(2015年版)》………………………………… 209
    附录四 联合国化学品分类和标志全球协调系统专家分委员会相关介绍 ……… 217
参考文献 …………………………………………………………………………… 227

第一章 危险货物的基本概念

本章在介绍物质特性的基础上,给出了危险货物的定义、分类及国内外对危险货物道路运输管理方面的相关规定。

第一节 物质的特性

危险货物是货物的一种,货物又是由物质组成的,因此,物质的特性决定了货物包括危险货物的特性。本节主要介绍物质、货物与危险货物的特性。

一、物质、货物和危险货物的关系

在货物学中,货物被定义为:凡是经由运输部门或仓储部门承运的一切原料、材料、工农业产品、商品以及其他产品。因此,货物是需要运输的产品、物品、物质,且从运输的角度看,物质也是货物。

《危险货物分类和品名编号》(GB 6944)共有1986年版、2005年版、2012年版3个版次,在1986年版的标准中,"危险货物"被定义为"……需要特别防护的货物";在2005年版和2012年版的标准中,"危险货物"被定义为"……需要特别防护的物质和物品❶"。可见"危险货物"与货物、物质、物品存在重要联系。因此,欲了解货物及危险货物的特性,须先了解物质的基本特性。

二、物质的基本特性

(一)物质的组成和分类

1. 物质的组成

物质是由分子组成的,分子又由原子组成。分子在构成物质时,不是毫无关系地简单堆积,而是按一定的排列方式并通过一定的作用力结合而成,这在很大程度上决定了物质的状态、熔点、沸点、溶解度、黏度等特性,且一种物质的分子在化学反应中会直接转化为另一种物质的分子,但不可再分,因此,分子是保持物质化学性质的最小颗粒。原子具有复杂的结构,可以通过物理方法分成一个带正电荷的原子核和若干个带负电荷的电子,但是在化学反

---

❶ 《危险货物分类和品名编号》(GB 6944—2012)3.1 危险货物(也称危险物品或危险品)是指"具有爆炸、易燃、毒害、感染、腐蚀、放射性等危险特性,在运输、储存、生产、经营、使用和处置中,容易造成人身伤亡、财产损毁或环境污染而需要特别防护的物质和物品。

应中不可再分。

2. 物质的分类

物质根据组成分子的种类,可分为纯净物和混合物。

1) 纯净物

由同一种分子构成的物质是纯净物,如蒸馏水、纯酒精等。纯与不纯是相对的,在规定的纯度内,可以将货物看作是纯净物,如在某些危险化学品的规格上,常常标有的"优级纯""分析纯""化学纯""试剂纯""工业纯",均是表明该物质的纯净程度。在危险货物的运输过程中,只要一种货物中所含杂质的量不至于影响储运安全,就可以被认为是纯净物。在如下两种情况中,对所运危险货物的纯度有要求:

(1) 某些危险货物对杂质特别敏感,杂质达到一定的量就会影响储运安全。如高纯的石灰氮遇水是不会放出易燃气体的,但当其中含有一定量的碳化钙(电石)杂质时,遇水则会产生剧烈反应;又如有机过氧化物,即使微量的酸类、金属氧化物或胺类都会使其剧烈分解。

(2) 某些危险货物在高纯度时化学性能非常活跃,有的会聚合,有的会爆炸,因此,要在这些物质里加上阻聚剂防止其聚合,或者在高纯度的易爆物质里掺上水、石粉等来降低其敏感度。这些危险货物的品名后面都会用括号来说明货物的含量或说明要添加阻聚剂等,且括号内的要求是危险货物品名的组成部分,在储运过程的所有文字手续上均不得遗漏,不符合括号内的要求则不能进行储运。《危险化学品安全管理条例》(国务院令第591号)第六十三条第二款中,特别强调了"运输危险化学品需要添加抑制剂或者稳定剂的,托运人应当添加,并将有关情况告知承运人"。

纯净物又分为单质和化合物两种。由一种元素组成的纯净物叫作单质,由多种元素组成的纯净物叫作化合物。

单质按其不同性质又可分为金属和非金属。有近60种单质被列入危险货物,大致分以下几种情况:①由金属性非常强的碱金属和碱土金属两族元素组成的单质,如锂、钠、钾、铷、铯、铍、镁、钙、锶、钡等。②由非金属性非常强的卤族元素和氧族元素组成的单质,如氟气、氯气、溴、碘、氧气、硫、硒、碲等。③由毒性强的元素组成的单质,如锰、镉、铅、汞、铜等。④由颗粒比较细小的某些金属元素组成的单质,如粉状的锌、铝、锰、钍、钛、锆、铪等。这些金属在块状时与氧气反应缓慢,不足以构成危险。但在粉状的条件下氧化反应迅猛,所以被列入危险货物。⑤惰性气体,惰性气体就其本身的性质而言不具备化学危险性,但其被装在15MPa以上的高压气瓶内时,无疑就是随时会被引爆的重磅炸弹。

2) 混合物

由不同种分子构成的物质是混合物。混合物里的各种物质仍保持原来的特性,而这些特性综合起来,又给整个混合物附以新的性质,或加剧了或抑制了混合物中某些物质的特性。如含水酒精、压缩空气、油漆、黏合剂、炸药等均为混合物;硫黄、木炭是易燃品,硝酸钾是氧化剂,将这三者以一定的比例混合后,就形成爆炸品,称为黑火药,这是因为硫黄、木炭和硝酸钾仍然保持了各自原有的性质;某些有机过氧化物需含有一定数量的水分或其他惰性物质,来抑制其活泼的氧化性能。

物质的分类如图 1-1 所示。

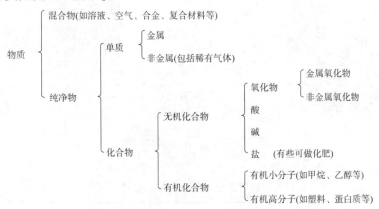

图 1-1　物质的分类

(二) 物质的物理变化和化学变化

世界是由物质组成的。从人们日常所需的生活用品到各种生产资料,如空气、水、食物、石油、钢铁、药品、化肥等,都是物质,危险货物也是物质。同时,一切事物都在运动,且运动可以改变物质的性质;人们可以根据物质的物理性质和化学性质,识别物质是否具有危险,是否属于危险货物。

1. 物理变化

在物质变化过程中,仅是物质的外形或状态发生了变化而没有生成新的物质的运动形式,称作物理变化(也称为物理运动)。如水受热变成水蒸气,冷却至 0℃ 时凝结成冰,尽管状态不同,但水、冰、水蒸气仍是同一种物质——水;萘会从固态直接转化为气态等,都是物理变化或物理反应,如图 1-2 所示。

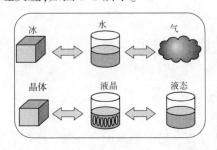

图 1-2　物理变化

2. 化学变化

在物质变化过程中,生成新的物质的运动形式,称作化学变化(也称为化学运动)。如汽油与空气燃烧发出能量后变成 CO、CO_2、HC(碳氢化合物)、NO_x(氮氧化合物的总称,通常包括 NO 和 NO_2 等,大气中的 NO_x 来源于自然和人为活动的排放)等气体;铁制品在潮湿的环境下生成铁锈等,都是化学变化或化学反应,如图 1-3 所示。

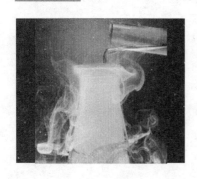

图 1-3 化学变化

物理变化与化学变化的比较见表 1-1。

物理变化与化学变化的比较　　　　　表 1-1

类别	物理变化	化学变化
定义	没有生成其他物质的变化叫物理变化	生成其他物质的变化叫化学变化
常见现象	物质的状态、形状可能发生变化,可能有发光、放热等现象出现	颜色改变、放出气体、生成沉淀等,并吸热、放热、发光等
本质区别	是否有新物质生成	
实质	构成物质的分子是否发生变化	
联系	发生化学变化时一定同时发生物理变化,而发生物理变化时不一定同时发生化学变化	

注:石墨变金刚石是化学变化。"日照香炉生紫烟,遥看瀑布挂前川"指的是物理变化。

(三) 物质的物理性质和化学性质

物质的性质包括物理性质和化学性质。了解物质的性质是掌握危险货物特性的重要基础,且《化学品安全技术说明书》"第九部分理化特性"中均涉及"物质的物理性质和化学性质"等基本概念。

1. 物质的物理性质

物质发生物理变化所表现出来的性质叫作物理性质,如状态、相对密度、熔点、潮解、颜色、气味等。物质的物理性质对识别货物尤其是危险货物、把握运输条件有重要的作用。

1) 状态

物质是以一定的形态而存在的,主要有固态、气态和液态三种形态,简称为物质的"三态"。物质的状态是随着温度和压力的变化而变化的,如图1-4所示。

以氯气为例,在常温(20℃左右)、压力低至 1MPa(10atm)以下时,呈气态;在 144℃、加压到 7.7MPa 时,变成液态;随着温度降低,其液化压力也可降低,如在常温、压力约为 2MPa 时,即可保持液态。

图 1-4 物质的状态变化

危险货物包装的选用以及运输条件的确定,在很大程度上取决于该物质的状态和变化规律。如运输液体、气体危险货物的罐体,有常压容器和压力容器。常压是指工作压力不高于1atm,压力容器是指工作压力高于1atm的容器,具体定义参见《特种设备安全监察条例》(国务院令第549号)第九十九条 ❶。

2)密度和相对密度

物质的密度是指该物质的质量与该质量所占有的体积之比,也就是单位体积的质量。常见物质的密度见表1-2。

常见物质的密度　　　　　　　表1-2

物　质	密度(g/cm^3)	物　质	密度(g/cm^3)
氢气	0.00009	煤油	0.80
氮气	0.00018	苯	0.88
一氧化碳	0.00125	水	1.00
空气	0.00129	甘油	1.26
氧气	0.00143	硫酸	1.834
二氧化碳	0.00198	硝酸	1.503
氯气	0.00321	液氯	0.013~0.016
汽油	0.70	铁	7.80
乙醚	0.71	汞	13.60
酒精	0.80	盐酸	1.12~1.19

相对密度是指相同温度、相同压力下两种物质的密度之比。一般情况下,气体的相对密度以空气为标准,而液体的相对密度则以水为标准。由于水的密度是$1g/cm^3$,故表1-2的液体密度值也被称为相对密度值。同时还要注意,相对密度是没有单位(量纲)的。

了解危险货物的相对密度对安全运输具有重要意义。如由于二氧化碳的密度比空气大,故将其覆盖在火焰上可以隔绝空气与火焰的接触,从而实现灭火效果;有些气体(包括一些有气体或可燃物质的蒸气)的密度比空气小,在空气中易于下沉或积聚,会造成中毒(如煤气CO中毒)或燃烧爆炸等恶性事故;油类不溶于水且其相对密度比水小,若油类物品失火时用水扑救,油就会浮在水面上继续燃烧并随着水的流动而扩大灾情。

在实际工作中,危险货物道路运输的许可人员和企业可以通过常压罐体的容积和所运液体危险货物的密度,计算出罐体装满后的载质量(重量),以判断罐车装载后是否超载。

3)沸点和熔点

在物质的三态相互转化中,压力固定时,温度就成为其所处状态的决定因素。在一个大气压下,液体沸腾转化为气体时的温度称为沸点;反之,从气体冷凝的角度来看,这个温度又

---

❶ 《特种设备安全监察条例》(国务院令第549号)第九十九条　压力容器是指盛装气体或者液体,承载一定压力的密闭设备,其范围规定为最高工作压力大于或者等于0.1MPa(表压),且压力与容积的乘积大于或者等于2.5MPa·L的气体、液化气体和最高工作温度高于或者等于标准沸点的液体的固定式容器和移动式容器;盛装公称工作压力大于或者等于0.2MPa(表压),且压力与容积的乘积大于或者等于1.0MPa·L的气体、液化气体和标准沸点等于或者低于60℃液体的气瓶;氧舱等。

称为液化点。液体沸腾时,继续加热,仅促使沸腾继续进行,而不会使液体温度再升高,因此,在压力不变时,液体的沸点是一定的。在一个大气压下,固体熔化时的温度称为熔点;而从液体凝固的角度来看,这个温度又称为凝固点。同样,固体熔化时的温度也是一定的。

熔点和沸点均在常温范围内的危险货物,一旦运输作业中操作不当,即会在常温下出现状态转化,引发危险。如乙胺沸点为16.6℃,四氧化二氮沸点为21℃,低温下这些货物呈液态,温度超过其沸点(处于常温范围内)则为气态,压力或体积变化较大。故这些货物的包装应考虑到气液两种状态的特性。

"熔融金属"属于危险货物[UN 3257,高温液体,未另列明的,温度等于或高于100℃、低于其闪点(包括熔融金属、熔融盐类等)],且由于熔融金属的特殊性,其运输设备应有耐高温、防喷溅的措施,设有完善、可靠的制动措施,其地面运输车辆应当采用专用运输车辆,并设置安全监控系统。

知识链接

熔融金属

高温金属液体包括熔融金属(铁水、钢水、铝液、铜液等)及其液态炉渣。通常,铁水温度为1350~1450℃,液态铁渣温度为1450~1550℃;钢水温度在1600℃以上,液态钢渣温度为1500~1700℃。这些高温金属液体在冶炼、转运、铸造和加工处理过程中,容易发生喷溅、泄漏、爆炸,造成烧伤、烧死或高温窒息等事故。

熔融金属事故主要是由水汽化爆炸引起的。高温金属液体容器由于水汽化爆炸而坠落、倾翻,从而导致高温金属液体的反应气体喷溅、熔融金属泄漏、其他爆炸等。

装载熔融金属的车辆在厂区道路上的行驶速度不得超过10km/h;应进行定期安全检查、检测、维修;不得在煤气、氧气、氢气管道下方和有易燃、易爆物质的区域停留;发现隐患要立即进行整改;禁止用非法改装的车辆从事熔融金属运输。

4)升华和潮解

有些物质,如萘、樟脑、干冰等,会从固态直接转化为气态,这种现象称为升华(图1-5)。若物品本身具有易燃性,升华成气体时着火的危险性就更大。有些物质,如氢氧化钠(固态),能吸收空气中的水分而溶解,这种现象称为潮解。潮解性物质常用作干燥剂。

有些危险货物吸收空气中的水分后,不仅会发生单一的溶解现象,还会发生化学变化,生成新的物质,如氢化钠、电石等吸收水分后会生成易燃的氢气、乙炔气等。电石的化学名称为碳化钙,分子

图1-5 干冰的升华

式为 CaC_2（UN 1402；CN 43025），是有机合成化学工业的基本原料，可以合成一系列的有机化合物，为工业、农业、医药提供原料。电石遇水会立即发生激烈反应，生成乙炔，并放出热量。电石具有受到撞击、振动、摩擦或遇明火易爆炸，遇酸反应剧烈，含有硫磷等杂质时与水作用，易引起自燃、爆炸等特性。

案例链接

某日凌晨，一辆满载约 40t 工业电石的货车自内蒙古自治区某地出发，在途经黑龙江省某地时，因驾驶人员驾驶疲劳，将车停靠在公路旁休息，两侧公路相距 10m 处是居民区。当时，天降小雨，而覆盖在电石上的一层苫布不严密，有多处缝隙，雨水不断从缝隙处灌进车厢，遇电石发生剧烈化学反应，产生了大量的电石气（乙炔 C_2H_2，UN 1001；CN 21024），引起燃烧。驾驶人员和押运人员发现后，拿着车上自备铁锹，爬上车厢，掀开覆盖在电石上的苫布，准备将遇水着火的电石清除掉，而此时，因苫布被掀开，大量潮湿空气瞬间涌入，顷刻间电石车厢周围浓烟四起，着火面积迅速扩大，并伴随着从电石车厢内部发出的"砰、砰"声响，火势已无法控制，两人迅速跳下车厢，周围居民见状，立即报警。

消防人员赶到后，电石车厢附近已是浓烟四起，热浪袭人，他们一方面迅速展开扑救，先用干粉灭火剂控制住火势，用吊车将货车车厢倾覆，派人冒险将货车头部开出失火现场，然后马上组织人力，摊开地面的电石，将电石灰烬推到路边的排水沟中。另一方面为防止气体中毒事故和杜绝附近出现明火，及时与当地公安部门联系，紧急疏散现场附近居民 700 多人。在经过消防战士连续 12h 的雨中奋战之后，火灾被扑灭，险患险情得以排除。

5）闪点和燃点

（1）闪燃、闪点。

当火焰或炽热物体接近易燃和可燃液体时，液体表面的蒸气与空气的混合物会发生一闪即灭的燃烧，这种燃烧现象叫作闪燃。闪燃是短暂的闪火，不是持续的燃烧。这是因为液体在该温度下蒸发速度不快，液体表面上聚积的蒸气一瞬间燃尽，而新的蒸气还未来得及补充，故闪燃一下就熄灭了。尽管如此，闪燃仍是引起火灾事故的危险因素之一。

闪点是指可燃性液体挥发出的蒸气在与空气混合形成可燃性混合物并达到一定浓度之后，遇火源时能够闪烁起火的最低温度。在闪点温度下的燃烧无法持续，但如果温度继续攀升则可能引发大火。如果可燃液体的温度高于其闪点，则随时都有接触点火源而被点燃的危险，所以把闪点低于 45℃ 的液体叫作易燃液体，表明其比可燃液体危险性高。如在石油产品中，闪点在 45℃ 以下的汽油、煤油称为易燃品；闪点在 45℃ 以上的柴油、润滑油称为可燃品。

> **知识链接**

柴油的闪点

国产16种规格的柴油闪点大多数为60~90℃（仅-35号柴油闪点为50℃）。国家标准严格规定柴油的闪点值应大于或等于55℃，如国标0号柴油的闪点为57℃。

那么，柴油是否属于危险货物？在《关于柴油是否纳入危险货物运输管理有关问题的批复》（交函运〔2010〕172号）中指出，鉴于"瓦斯油或柴油或轻质柴油（UN 1202）"已列入《危险货物品名表》（GB 12268）中，因此，柴油属于危险货物。

《危险货物品名表》（GB 12268）中提到的"柴油"，没有进一步表述其闪点，即所有柴油都属于危险货物；柴油在生产、储存环节，要根据其闪点的不同，提出不同的生产工艺、储存要求。据此，国家有关部门将柴油划分为化学品和危险化学品。

（2）着火、着火点。

可燃物质受到外界火源的直接作用而开始的持续燃烧现象叫作着火。这是日常生活中最常见的燃烧现象，如用火柴点燃柴草，就会引燃着火。

气体、液体和固体可燃物与空气共存，当达到一定温度时，与火源接触即自行燃烧。火源移走后，仍能继续燃烧的最低温度，称为该物质的燃点或着火点。燃点（着火点）是指可燃性混合物能够持续燃烧的最低温度，高于闪点，燃点越低，越容易着火。

（3）自燃、自燃点。

可燃物不与明火接触而发生着火燃烧的现象称为自燃。可燃物质虽没有受到外界点火源的直接作用，但受热达到一定温度，或由于物质内部的物理（辐射、吸附等）、化学（分解、化合等）或生物（细菌、腐败作用等）反应过程所提供的热量聚积起来，使其达到一定温度，即可发生自行燃烧。

自燃有受热自燃和本身自燃两种。受热自燃是指可燃物质被加热到一定温度，即使不与明火接触也能自行燃烧的现象。可燃物无明火作用而能自行着火的最低温度，称为自燃点。在危险货物道路运输过程中，由于室外温度过高或太阳直接照射使得危险货物包装物的局部过热，温度高于自燃点时，一旦泄漏，均可发生自燃。本身自燃是指某些物质在没有外来热源的作用下，因受空气氧化或受外界温度、湿度影响，内部发生化学、物理和生物化学作用而产生热量，逐渐积聚使物质温度达到自燃点而发生燃烧的现象。如黄磷在空气中自燃；长期堆放的煤堆、湿木屑堆、湿稻草堆等由于生物作用而自燃；浸有植物油或动物油的纤维如油棉纱等堆积起来，由于油脂的氧化和聚合作用发热，散热不良就可能引起自燃；潮湿的棉花（UN 1365；CN 42505），在长期存放或海运（远洋）时会发生本身自燃。

知识链接

易于自燃的物质

易于自燃的物质的分类：

(1) 一级易于自燃的物质：在空气中剧烈氧化，以致引起自燃，如黄磷；或当受热，温度达到燃点时，放出大量热量，不需外部补给氧气，本身即分解出氧气继续燃烧，如硝化纤维胶片、铝铁熔剂等；

(2) 二级易于自燃的物质：在空气中缓慢氧化，但如果通风不良、积热不散达到物质自燃点即可自燃，如油布、油纸等含油脂的物品。

易于自燃的物质主要储运安全要求：

(1) 储运一级易于自燃的物质时，必须注意通风散热、隔绝热源和火源，不得与酸类的氧化剂共存共运，黄磷必须保存在水里；

(2) 储运二级易于自燃的物质时，也应注意通风散热，发现异常状况立即采取措施；易于自燃的物质着火时，一般可用水、砂扑灭，但铝铁熔剂只能用砂，不能用水。

2. 物质的化学性质

物质发生化学变化所表现出来的性质叫作化学性质，如化学变化时常伴随的放热、发光、产生气体(膨胀甚至爆炸)等。危险货物的危险性主要由其化学性质决定。掌握各类危险货物的化学性质，是确保安全运输的先决条件。

危险货物的物理性质和化学性质对安全运输和管理有很大的实际指导意义。如已知乙醚(UN1155；CN 3102)的沸点为34.5℃，闪点为-40℃，相对密度为0.71，有麻醉性，是极易燃且有毒、比水轻的强挥发性液体，应使用严密封口的铁桶、玻璃瓶或塑料瓶进行包装，防止乙醚气体挥发扩散到空气中引起人畜中毒、燃烧和爆炸。因乙醚的沸点较低，在夏季运输，应使用大容量的铁桶包装进行冷藏运输；而乙醚比水轻，在发生火灾时不能用水扑救。又如黄磷、镧、钠、钾等都是在空气中能引起自燃的物质，在保存时，应和空气严格隔离；黄磷(相对密度1.82)比水重又不和水发生化学反应，所以可以浸没在水中保存；镧(相对密度6.19)虽比水重，但能和水发生反应生成可燃性氢气，故只能置于不和镧发生反应的煤油或石蜡中；钠(相对密度0.97)、钾(相对密度0.86)均比水轻，且又能和水发生剧烈反应生成可燃性氢气，故只能存放于比其轻又不和其发生化学反应的煤油之中。

(四) 物质的化学反应

物质的化学反应主要有化合反应、分解反应、置换反应和复分解反应。

(1) 化合反应是由两种或两种以上的物质生成另一种物质的反应。

(2) 分解反应是由一种物质生成两种或两种以上其他物质的反应。

(3) 置换反应是由一种单质与一种化合物反应,生成另一种单质和另一种化合物的反应;置换反应能否进行是由金属或非金属的化学活泼性决定的,活泼性较强的金属或非金属可置换活泼性较差的金属或非金属。

(4) 复分解反应是两种化合物反应,生成两种新的化合物的反应;复分解反应能否进行,要考虑是否有沉淀、气体或水生成。具备上述任何一个条件,复分解反应便能进行。

任何一个物质都必须在一定的条件下才能发生化学反应,如在一定的温度、压力或与另一物质(用作催化剂的)相接触等。因此,要学习化学反应的规律,了解危险货物发生化学反应的特点、发生化学反应的条件(如遇热、遇潮、遇光或两种不同性质的货物混合),方可控制化学反应,确保安全运输。

(五) 化合物和溶液

1. 化合物

化合物按其组成与性质,可分为无机化合物与有机化合物两大类。

1) 无机化合物

无机化合物可以细分为:氧化物、碱、酸、盐等。

(1) 氧化物。任何元素和氧化合而生成的化合物称为氧化物。金属元素和氧化合得到金属氧化物,如危险货物中的氧化铍(BeO)、氧化汞(HgO)等;非金属元素和氧化合得到非金属氧化物,如二氧化碳(CO_2)、二氧化硫(SO_2)、五氧化二磷(P_2O_5)等。

一般来说,金属氧化物遇水呈碱性,故又称碱性氧化物,溶于水后生成相应的碱。非金属氧化物遇水呈酸性,故又称酸性氧化物,溶于水后生成相应的酸。列入危险货物的氧化物大致有这样几种:①所有的过氧化物和一部分易分解释放出氧的氧化物;②所有气体状态的氧化物;③所有遇水反应能生成酸或碱的氧化物;④一部分对人体有毒害作用的氧化物。显然,列入危险货物的氧化物,除气体外,大部分都会与水发生反应生成碱或酸或释放出氧,所以,在运输过程中必须注意防水。

(2) 碱。金属氧化物遇水后生成相应的氢氧化物,如氢氧化钾(KOH)、氢氧化钠($NaOH$)等,这些化合物称为碱。碱溶于水后能电离为金属正离子和氢氧根(OH^-)负离子,因此,电解质电离时所生成的阴离子全部是氢氧根离子的化合物叫作碱。碱分子中都含有氢氧根,具有一些共同的特性:碱能使紫色的石蕊试液变蓝色,能使无色的酚酞试液变红色;pH 值大于 7,pH 值越大,碱性越强(pH 值等于 7 时,溶液呈中性);碱的溶液有涩味,手上沾了碱溶液有滑腻感;碱能跟多数非金属氧化物发生反应,生成盐和水;碱能跟某些盐发生复分解反应,生成另一种盐和碱;碱能跟酸发生中和反应,生成盐和水。

由于组成碱的金属不同,所以各种碱的碱性强弱不同。活泼金属钾、钠等的氢氧化物,碱性很强,能强烈地腐蚀人体、织物、纤维等物品;很多不太活泼的金属的氢氧化物,如氢氧化镁、氢氧化铜,则因其碱性较弱,也没有其他突出的危险性,所以不属于危险货物。有的碱毒性更为突出,则列入毒性物质类。

(3) 酸。酸可分为含氧酸与不含氧酸。它们在水溶液中都能电离生成带正电的氢离子和带负电的酸根离子。因此，电离时所生成的阳离子全部是氢离子的化合物叫作酸。无氧酸常被称为氢"某"酸，如氢硫酸 H_2S、氢氟酸 HF。它们的气态分子常称为"某"化氢，如硫化氢 H_2S、氟化氢 HF 等。含氧酸的命名一般为"某"酸，如硫酸 H_2SO_4 硝酸 HNO_3 等。

大多数酸是液体，有些酸是气体物质的水溶液，如盐酸是氯化氢的水溶液。还有少数的酸是固体，如硼酸 H_3BO_3、磷酸 H_3PO_4 等。酸类在水溶液中都能电离出氢离子，具有一些相似的化学性质：酸溶液能使石蕊试液变红，无色酚酞试液遇酸不变色；pH 值小于 7，pH 值越小，酸性越强；酸能和多种活泼金属起反应，通常生成盐和氢气（但硝酸和浓硫酸除外）；酸能与金属氧化物起反应，生成盐和水；酸能和碱起中和反应，生成盐和水；含氧酸受热分解，生成酸性氧化物和水，有些含氧酸很不稳定，在很低的温度下就能分解。

与碱一样，酸的腐蚀性也有强弱之分。几乎所有的酸都被列为危险货物。但要注意的是，酸并非都被列入腐蚀性物质类。除了腐蚀这一共同特性外，有的酸，氧化性极强；有的酸，其毒性的危险性远远大于腐蚀性；有的酸，会剧烈分解发生爆炸。

(4) 盐。酸跟碱作用而生成盐和水的反应叫作中和反应，凡是电离时生成金属阳离子和酸根阴离子的化合物都叫作盐。盐具有一些共同的特性：能与金属发生置换反应；能与碱、酸、盐发生复分解反应。

盐的个性差异很大，危险货物中的盐散见于爆炸品、氧化性物质、毒性物质、腐蚀性物质等各类中。

2) 有机化合物

含有碳、氢两种元素的化合物称为有机化合物，简称有机物，又称碳氢化合物。

(1) 特征。有机物除分子中都含有碳元素外，一般都难溶于水，而易溶于有机溶剂；有机物分子结构复杂，分子中原子的数目有的多达成千上万个，少的也有近十个，而无机物分子中原子数目一般都较少；有机物种类繁多，达数百万种，而无机物仅几十万种；有机物对热不稳定，一般都能燃烧，第 3 类易燃液体几乎都是有机物。

(2) 分类。有机物数量很大，目前已知的估计已超过 500 万种，主要根据碳架和官能团分类。

①按碳架分类。有机化合物就是碳的化合物。绝大多数的有机物分子中的碳原子是相互联结的，构成了有机物分子的"骨架"。根据"骨架"的特点，一般把有机物分为脂肪族化合物（开链化合物）、脂环族化合物、芳香族化合物和杂环化合物四类。

②按官能团分类。官能团是指分子中比较活泼而容易发生反应的原子或基，它常常决定着化合物的重要性质。有机物独特的危险性与官能团的性质有关。一般常把以上两种分类方法结合起来应用，先按碳架分类，再按官能团分为若干系。

(3) 危险性。

①大多数有机物为易燃品或可燃品。有机物的熔点和沸点都较低，在室温下易于挥发，

并具有较低的比热❶和着火温度,因此,有机物易点燃。有机物的蒸气与空气的混合物达到一定浓度范围时,只要有微小的电火花即可点燃。有机物本身是极好的燃料,燃烧时放出的热量很大,过量的辐射热正是其火焰迅速蔓延的原因。大多数有机物对热的稳定性差,即使在没有空气的容器中受到射落其上的火焰热量时,也会炭化和分解。

一般说来,有机物的沸点随分子中含碳数目的增加而升高。在常温常压下,含4个碳以下的有机物是气体,由5个碳开始是液体,大于17个碳是固体。可燃物的沸点低,其闪点也相应较低,故有机物的燃烧危险性随着碳数目的增加而减弱。一般含10个以上碳的烷烃已不列入易燃的危险物质。

② 大多数有机物对健康有危害性。首先,由于其易于挥发,机体摄入这些有机物,极可能引起某些细胞功能的改变。不过有机物的毒性作用彼此有很大的差别,有的吸入时会产生麻醉作用;所有的有机物均有刺激性;还有不少有机物是有毒的。其次,由于绝大部分的有机物在燃烧时,即使有足量的空气,也不能完全燃烧,常生成大量的一氧化碳和其他有毒气体,对消防人员的危害极大。

③ 有机物火灾扑灭的困难大。大多数有机物不溶于水,故用水来扑灭有机物燃烧的火焰通常无效,而应用二氧化碳、泡沫或卤剂来扑救。

2. 溶液

溶液不是化合物也不是混合物,而是介于化合物和混合物之间的一种物质。凡是用来溶解其他物质的液体,称为溶剂;凡是被溶剂所溶解而成溶液的物质,称为溶质;溶质以单个分子(或离子)均匀地分散在溶剂分子间的液体叫作溶液,溶液具有澄清透明和均匀的外形。溶液的化学性质是由组成溶液的溶剂和溶质共同决定的,溶液兼有溶剂和溶质的化学性质。

知识链接

一种物质不是以单个分子而是以很多分子的聚集体,散布在另一种液态物质所形成的液体,称为浊液。固体小颗粒悬浮于液体里形成的混合物,称为悬浊液;小液滴悬浮于液体里形成的混合物,称为乳浊液。浊液的外形特征是浑浊、不透明、不均一、久置会分离。

危险货物中有大量的溶液,主要是以酒精为溶剂的各种化妆品,以苯为溶剂的各种农药、杀虫剂、黏胶剂,以香蕉水、溶剂油等为溶剂的各种油漆,还有以丙酮、乙醚为溶剂的各种制品等。这些以各种有机物为溶剂的商品,品种繁多,而且还在不断增加。它们的特性主要是由溶剂的特性决定的,溶剂属哪一类易燃液体,这些溶液就应按哪一类易燃液体的条件进行储运。所以在受理托运这一类货物时,不能仅写一个商品名称,还须注明其溶剂的名称。

溶质的性质有时也不容忽视。如乙醇无毒,为防止偷盗工业用酒精作为食用酒,就在乙

---

❶ 比热容又称比热容量,简称比热,是单位质量物质的热容量,即使单位质量物体改变单位温度时的吸收或释放的内能。比热容是表示物质热性质的物理量。

醇中掺入极少量的甲醇,整个溶液既有毒不能食用也不能做医药用,而其工业用途不受丝毫影响,这时的品名应是工业(或变性)酒精。

准确地知道溶液中含有多少溶质是很重要的。以乙醇为例,乙醇可无限溶于水,随着水的含量不同,酒精水溶液的参数也会发生变化:纯乙醇的沸点79℃,相对密度0.79,闪点13℃,爆炸极限3.3%~19%;30%的酒精水溶液闪点35.5℃;白酒的酒精含量50%~60%,闪点在22.5~25.5℃;75%以下硫酸水溶液不能用铁质容器包装。

1)浓度

一定量的溶液里所含溶质的量叫作溶液的浓度。溶液浓度的表示方法有百分比浓度、ppm浓度、当量浓度等。

(1)百分比浓度。溶液的浓度用溶质质量占全部溶液质量的百分比表示,叫作百分比浓度。

(2)ppm浓度。当溶液的浓度极稀时,用百分比表示很不方便,可用百万分比表示。溶液的浓度用溶质质量占全部溶液质量的百万分比表示,称为ppm浓度(ppm是百万分数的符号)。

2)溶解度

物质的溶解能力又叫作溶解性。在相同的条件下,各种溶质在一定量的溶剂中所能溶解的能力是不同的,同样的溶质,在不同的溶剂中的溶解性也是不同的。因此,要说某溶质在某溶剂里的溶解性,如果没有指明溶剂,则是指溶剂为水。一般认为,20℃时,在100g水中能溶解10g以上的物质是易溶物质,能溶解1g以上的是可溶物质,能溶解1g以下的是微溶物质,能溶解0.01g以下的是难溶物质(或不溶物质)。

物质的溶解性通常用溶解度来定量表示。在一定温度下,100g溶剂中最多可溶解的溶质克数,叫作这种溶质在某温度下某溶剂里的溶解度。通常所说的溶解度就是某物质在水里的溶解度。温度、压强都对溶解度有一定的影响,但影响程度因溶质而异。

在危险货物的储运工作中,了解各种危险货物尤其是液体危险货物对水的溶解性是很重要的。水是重要的消防手段,发生火灾或泄漏事故的液体危险货物,若溶于水,则可以用水扑救,不溶于水而密度又小于水,则会浮在水面上流淌,使火势蔓延;有毒气体泄漏时,如该气体溶于水,也可用水扑救,或将气瓶抛于水中以应急。

第二节　危险货物的定义和分类

本节以《危险货物分类和品名编号》(GB 6944)为依据,介绍危险货物的有关概念。《危险货物分类和品名编号》(GB 6944—2012)❶由中国国家标准化管理委员会于2012年5月11日修订发布,2012年12月1日实施,以代替原标准GB 6944—1986和GB 6944—2005。新标准修订了原标准中的术语和定义,不同危险货物类、项的判断依据,增加了爆炸品配装

---

❶ (1)GB是"国标"汉语拼音的缩写;(2)本书所涉及《危险货物分类和品名编号》(GB 6944)的内容,均为2012年版的内容;(3)标准以最新年号(版)为准。今后《危险货物分类和品名编号》(GB 6944)如有修订,将以新版标准为准。

组分类和组合,危险货物危险性的先后顺序和危险货物包装类别。新标准规定了危险货物分类、危险货物危险性的先后顺序和危险货物编号。

一、危险货物的定义

1. 危险货物的定性表述

危险货物(也称危险物品或危险品)是指"具有爆炸、易燃、毒害、感染、腐蚀、放射性等危险特性,在运输、储存、生产、经营、使用和处置中,容易造成人身伤亡、财产损毁或环境污染而需要特别防护的物质和物品"❶。该定义是对危险货物的定性表述,强调了对危险货物的性质、危险后果及特别防护三方面的要求。

(1)具有爆炸、易燃、毒害、感染、腐蚀、放射性等危险特性。非常具体地指明了危险货物本身所具有的特殊性质,是造成火灾、灼伤、中毒等事故的先决条件。

(2)容易造成人身伤亡、财产损毁或环境污染等危险后果。指出了危险货物在一定条件下,如受热、明火、摩擦、振动、撞击、洒漏或与性质相抵触物品接触等,发生化学变化所产生的危险效应,不仅会使货物本身遭到损失,而且危及人身安全、破坏周围环境。

(3)在运输、储存、生产、经营、使用和处置中需要特别防护。这里所说的特别防护,不仅是普通货物运输必须做到的轻拿轻放、谨防明火,还要针对各种危险货物本身的特性所采取"特别"的防护措施。如有的爆炸品需添加抑制剂,有的有机过氧化物需控制环境温度。大多数危险货物的包装和配载都有特定的要求。

> **提　示**
>
> 以上三个要求,缺一则不成为危险货物。如贵重物品防丢失、精密仪器防振动、易碎器皿防破损都需要特别防护,但是这些物品不具特殊性质,一旦防护失措,不致造成人身伤亡或除货物本身以外财物毁损,所以不属危险货物。
>
> 另外,《危险货物分类和品名编号》(GB 6944—2012)在"危险货物"的定义中,首次提出了"危险货物也称危险物品或危险品"的说法,解决了以往人们提及的"危险品"没有定义的问题。需要注重的是,在《安全生产法》第一百一十二条中,"危险物品"被定义为"是指易燃易爆物品、危险化学品、放射性物品等能够危及人身安全和财产安全的物品",即"危险物品"的范围大于"危险货物",而不是等同的关系。

2. 危险货物的定量表述

危险货物的定量表述即为如何确定货物属于危险货物。《道路危险货物运输管理规定》(交通运输部令2016年第36号)第三条规定"危险货物以列入国家标准《危险货物品名表》

---

❶ 《危险货物分类和品名编号》(GB 6944—2012)3.1。此定义与《危险货物分类和品名编号》(GB 6944—2005)中的定义基本相同。

(GB 12268)❶的为准"。也就是说,凡是《危险货物品名表》(GB 12268)中列出名称的货物,均为危险货物。

二、危险货物的分类、分项

1. 危险货物的分类

物质的理化性质是决定其是否具有燃烧、爆炸或其他危害性的重要因素。如有些物质本身的原子比较活泼,能与空气中的氧在常温下进行反应,并放出热能;有些物质能与水进行反应,置换出氢气,在常温下反应也极为剧烈;有的物质有氧化性或还原性;有的在常温下是气态的物质,与空气混合能形成易燃易爆的混合蒸气;有的物质是液态或固态,但暴露在空气中,遇明火极易燃烧;还有的物质本身就不稳定,当受热、振动或摩擦时极易分解导致危害;有的物质具有毒性等。因此,危险货物是一个总称,且因其种类繁多,性质各异,有些还相互抵触。为了安全储运,方便运输,有必要根据各种危险货物的主要特性对其进行分类。

在《危险货物分类和品名编号》(GB 6944—2012)4.1.1 "类别和项别"中,首先明确了"按危险货物具有的危险性或最主要的危险性分为9个类别"。危险货物的类别如下：

第1类:爆炸品;
第2类:气体;
第3类:易燃液体;
第4类:易燃固体、易于自燃的物质、遇水放出易燃气体的物质;
第5类:氧化性物质和有机过氧化物;
第6类:毒性物质和感染性物质;
第7类:放射性物质;
第8类:腐蚀性物质;
第9类:杂项危险物质和物品,包括危害环境物质。

在对危险货物命名时,有的是根据货物的物理性质,有的是根据货物的化学性质(如氧化性物质和腐蚀性物质),有的是结合货物的物理和化学性质(如易燃液体和易燃固体),还有的是根据货物对人身伤害的情况(如毒性物质)。总之,哪一种危险特性在运输中居主导地位,就把该货物归为哪一类危险货物。上述的分类标准,并不是相互排斥的,大多数危险货物都兼有两种及以上的性质。因此,在注意到某种货物的主要特性时,必须注意到该货物的其他性质。

2. 关于第7类危险货物放射性物质运输

《危险化学品安全管理条例》《道路危险货物运输管理规定》不涉及放射性物品道路运输管理,故在道路运输业内所称的"危险货物"不应当包括"放射性物品"。由此可知,《放射性物品道路运输管理规定》和《道路危险货物运输管理规定》是两个同一级别的部门规章,

---

❶ 本书所涉及《危险货物品名表》(GB 12268)的内容,均为2012年版的内容;(2)标准以最新年号(版)为准。今后《危险货物品名表》(GB 12268)如有修订,将以新版标准为准。

不存在相互包含关系。

鉴于《危险化学品安全管理条例》第九十七条"用爆炸物品、烟花爆竹、放射性物品、核能物质以及用于国防科研生产的危险化学品的安全管理,不适用本条例"和《道路危险货物运输管理规定》第二条"法律法规对民用爆炸物品、烟花爆竹、放射性物品等特定种类危险货物的道路运输另有规定的,从其规定"的有关要求,根据"专项法规优于一般法规","放射性物品"的道路运输应执行《放射性物品运输安全管理条例》(国务院令第562号)、《放射性物品道路运输管理规定》(交通运输部令2010年第6号)的有关规定,在我国道路货物运输业内提及的"危险货物道路运输",不应再涉及放射性物品道路运输。这也是本书不涉及放射性物品相关内容的原因❶。

《道路危险货物运输管理规定》和《放射性物品道路运输管理规定》的上位法及适用范围如图1-6所示。

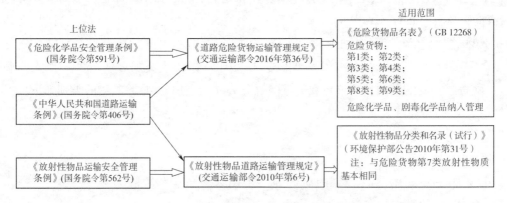

图1-6　危险货物与放射性物品的关系

3. 危险货物的分项

《危险货物分类和品名编号》(GB 6944—2012)4.1.1"类别和项别"中,还提出了"第1类、第2类、第4类、第5类和第6类再分为项别"。也就是说,第3类、第7类、第8类、第9类不再分项别。

危险货物类别、项别、举例见表1-3。

危险货物类别、项别、举例　　　　　　　　　　　表1-3

危险类别	危险小类别或项别	举　例
第1类 爆炸品	1.1项:有整体爆炸危险的物质和物品	苦味酸铵、火箭发动机等
	1.2项:有迸射危险但无整体爆炸危险的物质和物品	火箭发射药、枪榴弹等
	1.3项:有燃烧危险并有局部爆炸或局部迸射危险或这两种危险都有、但无整体爆炸危险的物质和物品	二亚硝基苯、弹药曳光剂等
	1.4项:不呈现重大危险的物质和物品	引信点火器、信号弹等
	1.5项:有整体爆炸危险的非常不敏感物质	非常不敏感爆炸性物质
	1.6项:无整体爆炸危险的极端不敏感物品	极端不敏感爆炸性物品

---

❶　放射性物品道路运输从业人员培训可使用人民交通出版社出版的图书《放射性物品道路运输从业人员培训教材》。

续上表

危险类别	危险小类别或项别	举 例
第2类 气体	2.1项:易燃气体	异丁烯、乙烷等
	2.2项:非易燃无毒气体	三氯氧甲烷、二氧化碳等
	2.3项:毒性气体	氟、甲基溴等
第3类 易燃液体	易燃液体(极端易燃液体、高度易燃液体、易燃液体)	乙醛(极端)、丙酮(高度)、正丁醇(易燃)等
	液态退敏爆炸品	—
	其他液体(①运输温度大于或等于闪点;②等于或低于最高运输温度时会放出易燃蒸气)	—
第4类 易燃固体、易于自燃的物质、遇水放出易燃气体的物质	4.1项:易燃固体、自反应物质、固态退敏爆炸品、聚合物质(第19th新增)	乒乓球(易燃)、苯磺酰肼(自反应)等
	4.2项:自热物质和发火物质	动物纤维(自热)、硫化钠(发火)等
	4.3项:遇水放出易燃气体的物质	碳化钙、锂金属等
第5类 氧化性物质和有机过氧化物	5.1项:氧化性物质	高锰酸钾、高氯酸钾
	5.2项:有机过氧化物	过氧化苯甲酰、过乙酸等
第6类 毒性物质和感染性物质	6.1项:毒性物质	砒霜、甲醇等
	6.2项:感染性物质	医院诊所废弃物等
第7类 放射性物质	—	钚、铀等
第8类 腐蚀性物质	金属腐蚀品	氯酸溶液、硫黄羟胺等
	皮肤腐蚀品	氢氧化钠、硫酸等
第9类 杂项危险物质和物品,包括危害环境物质	杂项危险物质和物品	聚合珠粒、锂电池组
	危害环境物质	氯苯胺、炔咪菊酯原药等

三、危险货物的品名、编号

1. 危险货物的品名

2012年5月11日修订的《危险货物品名表》(GB 12268—2012),规定了3000多种危险货物的品名,且采用了联合国编号(UN 号)❶,取消了原有的中国编号(即 CN 号)。一般地讲,危险货物的每个品名都有对应的编号,但由于"品名"在《危险货物品名表》中对应的是"名称和说明",故准确地表述是"《危险货物品名表》中的每个条目都对应一个编号❷"。每个危险货物类别下设有众多条目,每个条目都有一个联合国编号用以识别,条目分为 A、B、

---

❶ 《危险货物分类和编号》(GB 6944—2012)3.2 联合国编号 UN:由联合国危险货物运输专家委员会编制的四位阿拉伯数编号,用以识别一种物质或物品或一类特定物质或物品。

❷ 《危险货物品名表》(GB 12268—2012)4.2 危险货物品名表的每个条目都对应一个编号,该编号采用联合国编号(以下简称 UN 号)。危险货物品名表的条目包括以下四类……

C、D四类,且B、C和D类的条目统称为类属条目,具体定义见表1-4。

《危险货物品名表》中四类条目内容　　　　表1-4

条目类别	条目解释	举例
A类	单一条目,适用于意义明确的物质或物品,包括含有若干个异构体的物质条目	UN 1090 丙酮 UN 1104 乙酸戊酯 UN 1194 亚硝酸乙酯溶液
B类	通用("类属❶")条目,适用于意义明确的一组物质或物品,不含"未另作规定的"条目	UN 1133 胶黏剂 UN 1266 香料制品 UN 2757 氨基甲酸酯农药,固体的,有毒的 UN 3101 有机过氧化物,B型,液体的
C类	"未另作规定的"特定条目,适用于一组具有某一特定化学性质或特定技术性质的物质或物品,未另作规定	UN 1477 硝酸盐,无机的,未另作规定的 UN 1987 醇类,未另作规定的
D类	"未另作规定的"通用条目,适用于一组符合一个或多个类别或项别标准的物质或物品,未另行规定	UN 1325 易燃固体,有机的,未另作规定的 UN 1993 易燃液体,未另作规定的

由于《危险货物品名表》的每个条目都对应一个编号,而其条目又有四类,尤其是"类属"条目和"未另作规定的"一般条目对应一组或多个物质,故给实际工作中危险货物的确定带来了不便。为了在实际工作中更好地确定危险货物,编者编写出版了《危险货物品名及安全卡实用大全》❷,并在书中给出了危险货物的别名。

另外,即便是同一种货物,运输状态、包装形式等存在差异时也可导致其分类鉴定结论有所不同,示例见表1-5。

同一货物不同鉴定结论示例　　　　表1-5

货物名称	说明	分类结论	
		UN 编号	正确运输名称
硫黄	固态运输	1350	硫
	熔融运输	2448	熔融硫黄
二氧化碳	压缩状态	1013	二氧化碳
	冷冻液态	2187	冷冻液态二氧化碳
	固化(干冰)	1845	固态二氧化碳(干冰)
乙醇	用作工业或医药等用途	1170	乙醇(酒精)
	用作酒精饮料	3065	酒精饮料

2.危险货物的编号及有关变化情况简介

在《危险货物品名表》(GB 12268—2012)中,危险货物的编号采用了联合国编号(UN

---

❶ "类属(Collectiveentry)"指用于意义明确的一组物质或物品的条目。

❷ 本书编写组.危险货物品名表及安全卡实用大全[M].北京:人民交通出版社股份有限公司,2015.

号)。下面介绍危险货物品名中国编号(CN 号)的产生和废止情况。

(1)1990 年版的《危险货物品名表》使用了 CN 号,将 UN 号作为备注。

1990 年 9 月 1 日颁布实施的国家标准《危险货物品名表》(GB 12268—1990),规定了 4000 多种危险货物的品名,且每个品名都有对应的危险货物编号,这个编号称为"中国编号(CN 号)"。该编号由 5 位阿拉伯数字组成,第 1 位数字表明危险货物的类别(即其主要危险特性),第 2 位数字代表危险货物的项别,第 3~5 位数字为顺序号。

危险货物品名编号表示如下:

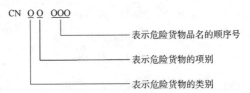

CN 号的后 3 位"第 3~5 位数字为顺序号",小于 500 的,表示其危险性高;大于 500 的,表示其危险性低。

由于中国编号具有很强的规律性,便于记忆、辨别、使用,在国内危险货物制造、储存尤其运输业很受欢迎。

在《危险货物品名表》(GB 12268—1990)的备注中,有联合国危险货物运输专家委员会制定的关于危险货物的联合国编号(UN 号),为进、出口运输危险货物提供了方便。

(2)2005 年版的《危险货物品名表》采用了 UN 号,将 CN 号作为备注。

《危险货物品名表》(GB 12268—2005)修改了原标准中危险货物品名的编号方法,采用了 UN 号,将原标准中的 CN 号作为过渡列在"备注"栏。

(3)2012 年版的《危险货物品名表》采用了 UN 号,废止了 CN 号,增加了"特殊规定"条款。值得注意的是,国家标准虽然废止了 CN 号,但我国铁路系统还在使用 CN 号并将其编号作为中国铁路运输危险货物的编号。

第三节 《危险货物品名表》(GB 12268) 及其《危险货物品名表》

本章第二节中给出了危险货物的定义(定性表述)。为了在实际工作和操作中能够明确哪些是危险货物,我国在《道路危险货物运输管理规定》中明确规定"危险货物以列入国家标准《危险货物品名表》(GB 12268)的为准"。《危险货物品名表》(GB 12268)的表 1 危险货物品名表中共列出了 3000 多种在运输中常见的危险货物,并给出了危险货物编号、名称和说明、英文名称、类别或项别、次要危险性、包装类别、与运输有关的特殊规定等详细资料,而这些信息又是从事危险货物运输各方人员必须掌握的,所以说,《危险货物品名表》(GB 12268)是危险货物运输不可缺少的重要技术文件之一。

一、危险货物品名表的结构

危险货物品名表由联合国编号、名称和说明、英文名、类别或项别、次要危险性、包装类别、特殊规定共计 7 栏组成。其具体格式见表 1-6。

表 1-6 危险货物品名表的格式

联合国编号	名称和说明	英 文 名	类别或项别	次要危险性	包装类别	特殊规定
0004	苦味酸铵,干的,或湿的,按质量含水低于10%	AMMONIUMPICRATE dry or wetted with less than 10% water, by mass	1.1D			
0005	武器弹药筒,带有爆炸装药	CARTRIDGES FOR WEAP ONS with bursting charge	1.1F			
0006	武器弹药筒,带有爆炸装药	CARTRIDGES FOR WEAP ONS with bursting charge	1.1E			
0007	武器弹药筒,带有爆炸装药	CARTRIDGES FOR WEAP ONS with bursting charge	1.2F			
0009	燃烧弹药,带有或不带有起爆装置、发射剂或推进剂	AMMUNITION, INCENDIARY with or without burster, expelling charge or propelling charge	1.2G			
0010	燃烧弹药,带有或不带起爆装置、发射剂或推进剂	AMMUNITION, INCENDIARY with or without burster, expelling charge or propelling charge	1.3G			
0012	武器弹药筒,带惰性射弹或轻武器弹药筒	CARTRIDGES FOR WEAPONS, INERTPROJECTILE or CAR TRIDGES, SMALL ARMS	1.4S			
0014	武器弹药筒,无弹头或轻武器弹药筒,无弹头	CARTRIDGES FOR WEAPONS, BLANK or CARTRIDGES, SMALLARMS, BLANK	1.4S			
0015	发烟弹药,带有或不带起爆装置、发射剂或推进剂	AMMUNITION, SMOKE with or without burster, expelling charge or propelling charge	1.2G			204
0016	发烟弹药,带有或不带起爆装置、发射剂或推进剂	AMMUNITION, SMOKE with or without burster, expelling charge or propelling charge	1.3G			204
0018	催泪弹药,带有起爆装置、发射剂或推进剂	AMMUNITION, TEAR - PRODUCING with burster, expelling charge or propelling charge	1.2G	6.1 8		
0019	催泪弹药,带有起爆装置、发射剂或推进剂	AMMUNITION, TEAR - PRODUCING with burster, expelling charge or propelling charge	1.3G	6.1 8		

危险货物品名表分为 7 栏:

第 1 栏 "联合国编号"——即危险货物编号,是根据联合国危分类制度给危险货物划分的编号。每一常用的危险货物的编号,它由4位阿拉伯数字组成。

第2栏"名称和说明"——危险货物的中文正式名称,用黑体字(加上名称一部分的数字、希腊字母、"特""另""间""正""邻""对"等)表示;也可以附加中文说明,用宋体字表示(其中"%"符号代表:

a. 如果是固体或液体混合物以及溶液和用液体湿润的固体,为根据混合物、溶液或湿润固体的总质量计算的质量分数,单位为10^{-2};

b. 如果压缩气体混合物,按压力装载时,用占气体混合物总体积的体积分数表示,单位为10^{-2};或按质量装载时,用占混合物总质量的质量分数表示,单位为10^{-2};

c. 如果是液化气体混合物和加压溶解的气体,用占混合物总质量的质量分数表示,单位为10^{-2})。

第3栏"英文名称"——危险货物的英文正式名称,用大写字母表示;附加说明用小写字母表示。

第4栏"类别或项别"——危险货物的主要危险特性,其中第1类危险货物还包括其所属的配装组,危险货物的类别或项别以及爆炸品配装组划分按GB 6944确定。

第5栏"次要危险性"——除危险货物主要危险特性以外的其他危险性的类别或项别,按GB 6944确定。

第6栏"包装类别"——按照联合国包装类别给危险货物划分的包装号码(即Ⅰ、Ⅱ或Ⅲ),按GB 6944确定。

除了第1类、第2类、第7类、5.2项和6.2项物质以及4.1项自反应物质以外的物质,按照它们具有的危险程度划分为三个包装类别:

Ⅰ类包装——显示高度危险性的物质;

Ⅱ类包装——显示中等危险性的物质;

Ⅲ类包装——显示轻度危险性的物质。

第7栏"特殊规定"——与物品或物质有关的任何特殊规定,其适用于特定物质或物品的所有包装类别。特殊规定,即包含的号码是指《关于危险货物运输建议书 规章范本》的第3.3.1章中所载的与物品或物质有关的任何特殊规定。

二、危险货物品名表的作用

《危险货物品名表》(GB 12268)是从事危险货物运输作业的重要依据,危险货物运输各方人员从中可以获取各种有用的信息,用以确保危险货物运输、装卸作业的安全。另外,由于国家有关法规引用了《危险货物品名表》(GB 12268),故其具有法律效力,危险货物运输各方人员都必须严格遵守其各项规定。

1. 确定了危险货物的范围

根据危险货物品名表列出名称的物质,可以首先确定货物是否属于危险货物,即危险货物以列入国家标准《危险货物品名表》(GB12268)的为准。危险货物品名表中列出名称的危险货物均为根据分类、试验和标准确定的危险货物,必须按该表中适用的要求进行运输。没有列出名称的货物有两种情况:一种是已知的排除在危险货物以外的普通货物;另一种是化工新产品,不能确定是否为危险货物或是属于哪一类的危险货物。根据《道路危险货物运输管理规定》和《汽车运输危险货物规则》(JT 617—2004),托运人应该对化工新产品等不能确定的货物作出鉴定,出具《危险货物鉴定表》(表1-7),从而确定该货物的品名、分类或分项、特性、运输规定,根据其规定进行运输。

危险货物性质鉴定表　　　　　　　　　　　表1-7

品名		别名	
英文名		分子式	
理化性能[a]			
主要成分[b]			
包装方法[c]			
中毒急救措施			
撒漏处理和消防方法			
运输注意事项[d]			
鉴定单位意见	属于_____类_____项危险货物 比照_____品名办理 比照危规第_____号包装		

鉴定单位联系人:　　　　电话:　　　　传真:
地址:　　　　　　　　　　邮编:
鉴定单位及鉴定人_____(盖章)　　　年　月　日

申请单位联系人:　　　　电话:　　　　传真:
地址:　　　　　　　　　　邮编:
申请鉴定单位_____(盖章)　　　年　月　日

注:鉴定单位由国家安全生产监督管理局指定。

[a] 性能包括色、味、形态、比重、熔点、沸点、闪点、燃点、爆炸极限、急性中毒极限及危险程度;
[b] 凡危险货物系混合物,应该详细填写所含危险货物的主要成分;
[c] 包装方法应注明材质、形状、厚度、封口、内部衬垫物、外部加固情况及内包装单位质量(重量)等;
[d] 对该种货物遇到何种物质可能发生的危险,提出防护措施

第一章　危险货物的基本概念

> **知识链接**

关于柴油是否纳入危险货物运输管理有关问题的批复

交函运〔2010〕172号

云南省交通运输厅：

你厅《关于柴油是否纳入危险货物运输管理有关问题的请示》（云交运管〔2010〕511号）收悉。经研究，现批复如下：

根据《中华人民共和国道路运输条例》《危险化学品安全管理条例》《道路危险货物运输管理规定》等有关法律法规规定，认定危险货物，以其是否列入国家标准《危险货物品名表》（GB12268）为准。鉴于"瓦斯油或柴油或轻质柴油（联合国编号：1202）"已列入《危险货物品名表》中，因此，柴油应属危险货物。

二○一○年七月二十三日

抄送：各省、自治区、直辖市交通运输厅（委）。

2. 规定了危险货物运输的正式名称

化学物品的命名是一个非常复杂和混乱的问题。同一个物品有工业名称、商业名称、习惯名称、民俗名称、译名和学名等；同是译名，从英语、日语、俄语译过来又各不相同；同是学名又有习惯命名法和系统命名原则之别。如氯苯，又称为氯化苯、一氯化苯、苯基氯；硫氰酸甲醋，又称为甲基芥子油、甲基硫代碳酰胺；2-甲基吡啶，又称为 α-甲哥啉、α-皮考啉；甲基叔丁基甲酮，又称为 3.3-二甲基-2-丁酮、2.2-二甲基-3-丁酮、频呐酮等。

危险货物名称不统一，将会给运输带来很大的隐患，可能会导致对危险货物性质认定上的错误，进而造成一系列如货物包装、适用运输规定、注意事项、应急措施等错误，甚至会导致灾难性事故。因此，为规范统一危险货物运输的正式名称，国家制定颁布了《危险货物命名原则》（GB 7694—2008），该标准规定，对无国家标准确定名称的危险货物，其正式名称原则上应按中国化学会在1980年修订的《无机化学命名原则》和《有机化学命名原则》所确定的系统命名原则命名；对于按上述系统命名原则确定的名称过于复杂时，可采用通用的商业名称和习惯名称作为正式名称；当危险货物的有效成分含量、溶液的浓度、是否含水、含水量、稳定剂量、状态及运输限定条件等，对其所在类、项或级有影响时，应在品名之后的括号内注明附加条件，该附加条件作为名称的组成部分。

所以，为了避免名称不统一所造成的麻烦，以防运输过程中发生错误，必须按《危险货物品名表》（GB 12268）上的正式名称来制作各种运输单据和凭证。在国际运输中，遵照国际"危险货物运输"的要求，也必须按危险货物一览表❶中列出的正确运输名称来制作各运输单据与凭证。

3. 有关问题的说明

《危险货物品名表》（GB 12268—2012）由中国国家标准化管理委员会于2012年5月11日

---

❶ 《关于危险货物运输的建议书　规章范本》（TDG）中的《危险货物一览表》。

修订发布,2012年12月1日实施,以代替原标准GB 12268—2005。该标准是依据《危险货物分类和品名编号》(GB 6944—2012)的分类定义和编号规定,把所能收集到的国际、国内危险货物品名,逐一分类、分项、编号,形成单独一册的品名表,便于查找。新标准对原标准的结构进行了调整和补充,删除了"备注"栏(取消了危险货物的中国编号),增加了"特殊规定"栏。

1)危险货物编号在国际上是统一的

鉴于《危险货物品名表》(GB 12268)中表1危险货物品名表与联合国危险货物运输专家委员会❶《关于危险货物运输建议书 规章范本》(第16修订版)第3部分:危险货物一览表、特殊规定和例外的技术内容一致,故我国《危险货物品名表》(GB 12268)的有关内容是与国际接轨、保持一致的,符合世界各国进出口、国际贸易的基本要求。另外,联合国危险货物运输专家委员会下设国际海事组织(MSC)、国际民航组织(ICAO)、国际铁路运输组织(OTIF)。这些组织都有相应的危险货物运输规则和危险货物品名表,且无论是中国的、联合国的,还是联合国所属国际组织的,其危险货物的编号都使用"联合国编号",做到了全球统一。

知识链接

不同运输方式运输危险货物的相关规定

由于《危险货物品名表》(GB 12268)是我国强制性标准,其规定的危险货物的品名、编号与国际上保持了统一,具有唯一确定性,且适用于道路、铁路、民用航空、水路等各种运输方式:通过道路运输危险货物时应遵守《道路危险货物运输管理规定》,通过铁路运输危险货物时应遵守《铁路危险货物运输安全监督管理规定》(交通运输部令2015年第1号),通过水路运输危险货物时应遵守《水路危险货物运输规则》(交通部令1996年第10号),且三个法规文件均规定危险货物以列入国家标准《危险货物品名表》(GB 12268)的为准;通过民用航空运输危险货物时应遵守《中国民用航空危险品运输管理规定》(中国民用航空局令第216号),其中规定危险品以国际民航组(织理事会)的品名表[与《危险货物品名表》(GB 12268)一致]为准。

《危险化学品安全管理条例》第四十三条强调,"从事危险化学品道路运输的,应当取得危险货物道路运输许可",其中使用的是"危险化学品道路运输""危险货物道路运输道路运输"。

也就是说,危险货物与运输方式没有直接的关系,不宜用某一种运输方式来确定危险货物,如"道路危险货物""铁路危险货物""民用航空危险品""水路危险货物"等,容易造成误解,而应科学地表述为"危险货物道路运输""道路运输危险货物""通过道路运输危险货物"等。

2)表中的"未另作规定的"项

目前世界上存在的化学品超过1000万种,日常使用的有700万余种,每年还会有千余

---

❶ 为了保障危险货物运输安全,保证人民财产和环境安全,为了研究各种运输方式载运危险货物的国际问题,联合国经济与社会理事会任命了一个危险货物运输专家委员会(UN Committee of Experts)。

种新化学品问世,随着化工生产的发展,新品种不断涌现,危险货物品名表不可能无遗漏地列举。因此,危险货物品名表中设有"未另作规定的"项,主要用于危险性质属于本类、而表中未列明的危险货物。

3) 在执行标准时要注意的问题

(1) 国家标准、行业标准要以最新颁布的为准。

(2) 标准由"中国国家标准化管理委员会"发布(以公告形式),而不是政府部门以文件形式下发。

(3) 标准由标准的归口单位负责解释。《危险货物品名表》(GB 12268—2012)的归口单位是全国危险化学品管理标准化技术委员会(SAC、TC251),故"全国危险化学品管理标准化技术委员会"负责对《危险货物品名表》(GB 12268—2012)的解释。各级交通运输管理部门和道路运输企业都是《危险货物品名表》(GB 12268—2012)的执行单位,不能对其进行解释。

三、关于"危险货物的分类与相关特性"的几点说明

1. 一种危险货物具有多种危险特性

《危险货物分类和品名编号》(GB 6944—2012)将危险货物按其主要特性和运输要求分为9类。通过前面各类危险货物的特性介绍可以发现,某类危险货物除具有本类危险货物的主要特性外,还具有一些次要特性,也称为副特性,即次要危险性。如列入易爆易燃类的不少物质具有毒害性和腐蚀性,列入毒性物质类的不少物质具有易燃性和腐蚀性,列入腐蚀性物质类的不少物质具有易燃性、毒害性和氧化性,列入氧化性物质类的不少物质具有毒害性和腐蚀性,有机过氧化物还具有易爆易燃性等。危险货物品名表除了列出某危险货物所属的类别和项别,也列出了其次要危险性。

一种危险货物的多种危险特性,除了由危险货物本身的物理、化学、生化等特性所决定以外,还与确定各类危险货物性能标志的非互排斥性有关,即可确定各类危险货物性能的指标——爆速、闪点、爆炸极限、燃点、自燃点、遇水反应、获得电子的能力、半数致死量、半数致死浓度、腐蚀性等。用不同的指标可以衡量不同的危险特性。若用不同的指标测定某种货物,有两个以上的测定值在危险货物的定义参数范围内,则该货物就具有两种以上的危险特性。如闪点低于61℃的液体可以列入易燃液体;毒性物质和腐蚀性物质中有不少有机物,而有机物都是可燃物,其中有不少液体的闪点低于61℃,也称得上具有易燃性;若用毒性物质的衡量标准来衡量列入各类危险货物的毒害性,有很多物质都能达到毒性物质的标准。如列入易燃气体中的一甲胺、二甲胺、三甲胺、煤气、石油气、环氧乙烷等;列入易燃液体的甲醇、乙硫醇、乙腈、乙酸烯丙酯、乙硫醚、二甲基肼、苯、二硫化碳、二氟苯、二氯乙烷等;列入易燃固体的二硝基苯肼、二硝基苯酚、对二氯苯、四聚乙醛、金属粉末等;列入氧化性物质的五氟化碘、亚硝酸钠、硝酸钡、氯酸钡等;列入腐蚀性物质的二氯化硫、五氧化二磷、五氯化磷等,所有的腐蚀性物质接触人体都会对人体造成伤害,口服一口硫酸或液碱足以致死,此时就不必研究硫酸或液碱等腐蚀性物质的半数致死量了。

2.危险货物的次要危险性

不少货物表现出错综复杂的危险特性,因此,在确定一种危险货物的主要危险特性时,需同时指出此种危险货物具有的次要危险性,并分别用危险货物包装主标志和副标志表示,以引起运输装卸储存人员的注意。如亚硝酸钠是氧化性物质,副特性是"毒性物质",因亚硝酸钠的氧化性而发生事故的很少,而把亚硝酸钠误作食盐食用造成中毒死亡的事件却较常见。由此可知,危险货物的次要危险性也会酿成大事故,在储运过程中,要同时注意一种危险货物的主要危险特性和次要危险性。有关危险货物的次要危险性,可以根据危险货物的品名、编号,查看危险货物品名表的第 5 栏"次要危险性"。

第四节 《关于危险货物运输的建议书 规章范本》（TDG）及其《危险货物一览表》

一、《关于危险货物运输的建议书 规章范本》

20 世纪 50 年代,为了保障危险货物运输安全,保证人民财产和环境安全,联合国经济社会理事会任命了一个危险货物运输专家委员会（UN Committee of Experts）,负责研究各种运输方式载运危险货物的国际问题。该危险货物运输专家委员会根据技术的进展状况和新物质、新材料的出现,研究制定了《关于危险货物运输的建议书 规章范本》（TDG）,在我国也称为国际"危规""橘皮书"❶,封面如图 1-7 所示。《关于危险货物运输的建议书 规章范本》给出了有关危险货物运输的基本规定,包括对危险货物的分类、定义、包装、标记、标签、检验及各种运输方式运输托运等一系列问题的规定和建议,还制定了《危险货物一览表》❷（以下简称联合国《危险货物一览表》）,其中危险货物品名编号为联合国编号（UN 号）,使得各国和国际上有关危险货物运输的管理规章在一定范围内得以统一并加以发展。《关于危险货物运输的建议书 规章范本》促进了世界范围（跨境）、各种运输工具（多式联运）的危险货物安全运输。

图 1-7 《关于危险货物运输的建议书 规章范本》（橘皮书、TDG）封面

---

❶ 由于《关于危险货物运输的建议书 规章范本》的封面是橘皮色,故称为"橘皮书"。
❷ 由于翻译原因,也称为《常用危险货物品名表》或《最常见运输危险货物品名表》。

二、联合国《危险货物一览表》简介

联合国《危险货物一览表》采用了联合国编号、名称和说明、类别或项别、次要危险性、联合国包装类别、特殊规定、有限和例外数量、容器和中型散货箱、便携式罐体和散装货箱,其格式见表1-8。

联合国《危险货物一览表》格式　　　　　　表1-8

联合国编号	名称说明	类别或项别	次要危险性	联合国包装类别	特殊规定	有限和例外数量		容器和中型散货箱		便携式罐体和散装货箱	
								包装规范	特殊规定	规范	特殊规定
(1)	(2)	(3)	(4)	(5)	(6)	(7a)	(7b)	(8)	(9)	(10)	(11)
—	3.1.2	2.0	2.0	2.0.1.3	3.3	3.4	3.5	4.1.4	4.1.4	4.2.5/4.3.2	4.2.5
1078	制冷气体,未另作规定的	2.2			274	120mL	E1	P200		T50	
1079	二氧化硫	2.3	8			0	E0	P200		T50	TP19
1080	六氟化硫	2.2				120mL	E1	P200		T50	
1081	四氟乙烯,稳定的	2.1				0	E0	P200			
1082	三氟氯乙烯,稳定的(制冷气体 R1113)	2.3	2.1			0	E0	P200		T50	
1083	无水三甲胺	2.1				0	E0	P200		T50	

第1栏"联合国编号"——引用了联合国危险货物运输专家委员会对每一种常用的危险货物的编号,它由4位阿拉伯数字组成。

第2栏"名称和说明"——包括英文用大写字母、中文用黑体字表示的正式运输名称,可能附加英文用小写字母、中文用宋体字写出的说明文字。

第3栏"类别或项别"——包括类别或项别,如果是第1类,还包括按照该类货物的分类制度给物品或物质划定的配装组(共有13个配装类,用英文字母 A~L,不包括 I,再加上 N 和 S 表示)。根据本栏目显示的内容在包装件上粘贴相应的主标志。

第4栏"次要危险性"——包括采用危险货物分类制度确定的任何重要次要危险性的类号或项号。

第5栏"联合国包装类别"——包括给物品或物质划定的联合国包装类别号码(即Ⅰ、Ⅱ或Ⅲ)。如果条目列出的包装类别超过一个,待运输物质或配制品的包装类别必须根据其性质,通过使用危险类别标准确定。

除了第1类、第2类、第7类、5.2项和6.2项物质以及4.1项自反应物质以外的物质,按照它们具有的危险程度划分为三个包装类别:

Ⅰ类包装——显示高度危险性的物质;

Ⅱ类包装——显示中等危险性的物质;

Ⅲ类包装——显示轻度危险性的物质。

第6栏"特殊规定"——包含的号码是指《关于危险货物运输的建议书 规章范本》的第3.3.1章中所载的与物品或物质有关的任何特殊规定。特殊规定适用于允许用于特定物质或物品的所有包装类别,除非其措辞表明不同的情况。

第7a栏"有限数量"——本栏对按照第3.4章准许运输的有限数量危险货物,规定了每个内容器或物品所装的最大数量。

第7b栏"有限数量"——本栏列出第3.5.1.2节所述之字母数字编码,表明根据第3.5章准许之例外数量,每件内容器和外容器可运输的危险货物最大数量。

第8栏"包装规范"——列出的字母数字编码,是指《关于危险货物运输的建议书 规章范本》第4.1.4节中规定的有关包装规范。包装规范表明可用于运输物质和物品的容器(包括中型散货箱和大型容器)。

包含字母"P"的编码,是指使用除中型散货箱和大型容器以外的包装规范。包含字母"IBC"的编码,是指使用中型散货箱的包装规范。包含字母"LP"的编码,是指使用大型容器的包装规范。当未列出具体编码时,表明该物质不准装入按照标有该编码的包装规范可以使用的那一类型容器。当本栏中列出 N/A 时,这意味着物质或物品不需要包装。

第9栏"特殊包装规定"——列出的字母数字编码,是指特定危险货物的特殊包装规定。特殊包装规定表明适用于容器(包括中型散货箱和大型容器)的特殊规定。

包含字母"PP"的特殊包装规定,是指适用于使用编码"P"的包装规范的特殊包装规定。包含字母"B"的特殊包装规定,是指适用于使用编码"IBC"的包装规范的特殊包装规定。包含字母"L"的特殊包装规定,是指适用于使用编码"LP"的包装规范的特殊包装规定。

第10栏"便携式罐体和散装货箱规范"——列出一个前加字母"T"的号码,是指物质使用便携式罐体运输时所要求的罐体型号。

带有字母"BK"的编码是指散装货物运输使用的散装货箱类型。允许用多元气体容器运输的气体,在4.1.4.1中包装规范 P200 表1和表2的"多元气体容器"栏内标明。

第11栏"便携式罐体和散装货箱特殊规定"——列出一个前加字母"TP"的号码,是指适用于物质用便携式罐体运输的任何特殊规定。

第五节 《危险货物国际道路运输欧洲公约》(ADR)及其《危险货物一览表》

鉴于联合国危险货物运输专家委员会制定的《关于危险货物运输的建议书 规章范本》和联合国《危险货物一览表》适用于多种运输方式,联合国欧洲经济委员会(UNECE)根据《关于危险货物运输的建议书 规章范本》《危险货物一览表》制定了《危险货物国际道路运输欧洲公约》(ADR)及其《危险货物一览表》(以下简称 ADR《危险货物一览表》)。由于 ADR 是针对道路运输的,因此,我国从事危险货物道路运输的有关人员可以在安全管理方面更多、更好地借鉴 ADR 的管理模式和经验,进一步提高我国危险货物道路运输管理水平。

一、《危险货物国际道路运输欧洲公约》

《危险货物国际道路运输欧洲公约》(以下简称 ADR)是由联合国欧洲经济委员会(UN-ECE)根据《关于危险货物运输的建议书　规章范本》的规定,结合道路运输的特点制定的,并经联合国危险货物运输专家委员会批准发布实施。ADR 分上下两册,共 9 个部分,包括危险货物的一般规定,分类,危险货物一览表,包装和罐体规定,托运程序,包装等的制造和试验要求,运输,装卸及操作条件的规定,以及运输车组人员、设备、作业和单据的要求,车辆制造和批准的要求,为道路运输危险货物的生产经营、包装的生产经营、仓储运输及管理等部门提供了最具权威性的国际准则,是道路运输危险货物及包装检验管理的必备技术法规。其封面如图 1-8 所示。

图 1-8　ADR 的中英文版本出版物封面

ADR 中说明,"本出版物所用名称及材料的编制方式并不意味着联合国秘书处对任何国家、领土、城市、地区、当局的法律地位,或对于其边界或界线的划分,表示任何意见"。

2016 年 11 月,根据交通运输标准化计划的安排,在交通运输部运输服务司的统筹组织下,交通运输部公路科学研究院等单位牵头开展了交通运输行业标准《危险货物道路运输规则》的修订工作❶。该标准的修订依据以 ADR 为主,其征求意见稿主要内容分为 9 个部分:第 1 部分:通则;第 2 部分:分类;第 3 部分:道路运输危险货物一览表;第 4 部分:包装和罐体使用规定;第 5 部分:托运程序;第 6 部分:包装容器及罐体的制造与试验;第 7 部分:装卸条件及作业要求;第 8 部分:运输条件及作业要求;第 9 部分:车辆技术要求。

---

❶ 《关于征求〈危险货物道路运输规则〉行业标准(征求意见稿)意见的通知》(全道运标字〔2016〕46 号)。

知识链接

《危险货物国际道路运输欧洲公约》

目 录

危险货物国际道路运输欧洲公约(ADR)

签署备忘录

附录A 关于危险物质和物品的一般规定和要求

第1部分 一般规定

 第1.1章 范围适用

 第1.2章 定义和度量单位

 第1.3章 与危险货物运输相关的人员培训

 第1.4章 参与方的安全义务

 第1.5章 免除

 第1.6章 过渡措施

 第1.7章 第7类物质的一般要求

 第1.8章 确保符合安全要求的检查和其他支持措施

 第1.9章 主管机关的运输限制

 第1.10章 安保规定

第2部分 分类

 第2.1章 一般规定

 第2.2章 分类的特殊规定

 第2.3章 试验方法

第3部分 危险货物一览表,特殊规定,有限数量和例外数量危险货物的豁免

 第3.1章 通则

 第3.2章 危险货物一览表

 第3.3章 适用于某些物质或物品的特殊规定

 第3.4章 有限数量包装的危险货物

 第3.5章 例外数量包装的危险货物

第4部分 包装和罐体规定

 第4.1章 包装、中型散装容器(IBCs)和大型包装的使用

 第4.2章 可移动罐柜和UN多单元气体容器(MEGCs)的使用

 第4.3章 固定式罐体(罐式车辆)、可拆卸罐体、罐式集装箱,以及金属罐式交换箱体、管束式车辆和多单元气体容器(MEGCs)的使用

 第4.4章 纤维增强塑料(FRP)罐体、固定式罐体(罐式车辆)、可拆卸式罐体、罐式集装箱和罐式交换箱体的使用

第4.5章 真空操作危废罐的使用

第4.6章 （保留）

第4.7章 移动式爆炸品制造单元的使用

第5部分 托运程序

第5.1章 一般规定

第5.2章 标记和标志

第5.3章 集装箱、MEGCs、MEMUs、罐式集装箱、可移动罐柜和车辆的揭示牌和标记

第5.4章 单据

第5.5章 特殊规定

第6部分 包装、中型散装容器(IBCs)、大型包装、罐体和散装容器的制造和试验要求

第6.1章 包装的制造和试验要求

第6.2章 压力容器、气溶胶喷罐和盛装气体的小容器(储气筒)和盛装易燃液化气体的燃料盒制造和试验要求

第6.3章 第6.2类A级感染性物质包装的制造和试验要求

第6.4章 用于放射性物质包件的制造、试验以及对该类放射性物质的批准要求

第6.5章 中型散装容器(IBCs)的制造和试验要求

第6.6章 大型包装的制造和试验要求

第6.7章 可移动罐柜和UN多单元气体容器(MEGCs)的设计、制造、检验和试验要求

第6.8章 由金属材料制成壳体的固定式罐体(罐式车辆)、可拆卸式罐体、罐式集装箱和罐式交换箱体以及管束式车辆和多单元气体容器(MEGCs)的制造、配备、型式认可、检查、试验和标记要求

第6.9章 纤维增强塑料(FRP)的固定式罐体(罐式车辆)、可拆卸式罐体、罐式集装箱和罐式交换箱体的设计、制造、配备、型式认可、试验和标记要求

第6.10章 真空操作危废罐的制造、配备、型式认可、检查和标记要求

第6.11章 散装容器的设计、制造、检验及试验要求

第6.12章 移动式爆炸品制造单元(MEMUs)的罐体、散装容器及爆炸物用特殊隔仓的制造、配备、型式认可、检验、试验和标记要求

第7部分 运输、装卸及操作条件的规定

第7.1章 一般规定

第7.2章 运输包件的有关规定

第7.3章 散装运输的有关规定

第7.4章 罐装运输的相关规定

第 7.5 章　装卸与操作的有关规定

附录 B　关于运输设备和运输作业的规定

第 8 部分　车组人员、设备、作业和单据的要求

　　第 8.1 章　运输单元及其设备配备一般规定

　　第 8.2 章　车组人员培训的有关规定

　　第 8.3 章　车组成员应遵守的各项规定

　　第 8.4 章　车辆监护的有关规定

　　第 8.5 章　对特殊类别或物质的附加规定

　　第 8.6 章　运载危险货物车辆通过公路隧道的限制

第 9 部分　车辆制造和批准的要求

　　第 9.1 章　车辆批准的范围、定义及要求

　　第 9.2 章　车辆制造要求

　　第 9.3 章　运输包件的爆炸性物质和物品（第 1 类）EX/Ⅱ或EX/Ⅲ型成品车或完整车辆附加技术要求

　　第 9.4 章　用于运输包件危险货物的成品车或完整车辆（不包括EX/Ⅱ或EX/Ⅲ型）的车体制造附加技术要求

　　第 9.5 章　用于运输散货固体危险货物的成品车或完整车辆的车体制造附加技术要求

　　第 9.6 章　用于运输温度控制物质的成品车或完整车辆的附加技术要求

　　第 9.7 章　针对固定罐体（罐式车辆）、管束式车辆、用于运输容积大于 $1m^3$ 危险货物可卸式罐体或体积大于 $3m^3$ 的罐式集装箱、移动罐柜或 MEGCs 成品车或完整车辆（EX/Ⅲ、FL、OX 和 AT 型车辆）附加要求

　　第 9.8 章　移动式爆炸品制造单元（MEMU）成品车完整车辆附加要求

　　由于联合国《危险货物一览表》是针对下设国际民航组织（ICAO）、国际海事组织（IMO）、国际铁路组织（OTIF）制定的，故该表适用于国际民航、国际海事、国际铁路等多种运输方式。同时，联合国欧洲经济委员会的内陆运输（道路、水路运输）也遵循联合国的有关规定。联合国危险货物运输专家委员会与其下属机构和欧盟的关系及有关规则、协议的关系如图 1-9 所示。

二、ADR《危险货物一览表》简介

　　ADR《危险货物一览表》是结合道路运输的特点制定的，有联合国编号、名称和描述、类别、分类代码、包装类别、标志、特殊规定、有限和例外数量、容器（包括包装指南、特殊包装规定、混合包装规定）、可移动罐柜和散货箱（包括指南、特殊规定）、ADR 罐体（包括罐体代码、特殊规定）、运输罐体车辆、运输类别（隧道限制代码）、运输特殊规定（包括包件、散装、装卸和操作、作业）、危险性识别号共 20 栏，其格式见表 1-9。

1) ADR《危险货物一览表》注释

表中每一行的物质或物品都对应一个特定的联合国编号。当相同联合国编号下的物质或物品具有不同的化学、物理性质和/或不同的运输条件时，这种联合国编号将分为连续的几行说明。

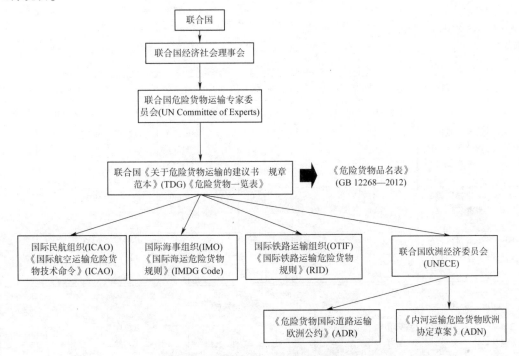

图1-9 联合国危险货物运输专家委员会机构设置

表中每一栏专门用于一个特定的科目，以下的注释对此进行了说明，在栏与行交叉部分所包含的是该行物质或物品在该栏所对应的科目信息：

①表中前四栏确定了该行所属的物质或物品［有关附加信息在第(6)栏所涉及的特殊规定中加以注明］；

②接下来的一栏用完整的信息或编码形式表示适用的特殊规定，在本部分、章、节和/或节的说明性注释中解释了编码和详细信息的对应关系，空格表示该处只适用一般要求，并没有特殊规定，或者表示适用于说明性注释中的运输限制。

适用的一般要求没有在相应的格中标明，这些都可以在本部分、章、节和/或节的说明性注释中找到。

2) ADR《危险货物一览表》每个栏目的解释

第(1)栏"联合国编号"——包括：

①危险物质或物品的联合国编号，如果这些物质或物品分配了明确的联合国编号；

②类属条目或未另作规定的联合国编号，危险物质或物品没有提到名称，应根据第2部分的标准进行分配。

第(2)栏"名称和描述"——本栏包括物质或物品的名称，物质或物品分配了明确的联合国编号,或者根据第2部分的标准分配为类属条目或未另作规定的。名称应使用正式运输名称或正式运输名称的一部分(关于正式运输名称的详细信息见3.1.2)。

ADR《危险货物一览表》格式　　　　　　　　　　　　　　　　　　　　　表1-9

联合国编号	名称和描述	类别	分类代码	包装类别	标志	特殊规定	有限和例外数量	容器			可移动罐柜和散装容器	
								包装指南	特殊包装规定	混合包装规定	指南	特殊规定
3.1.2	2.2	2.2	2.1.1.3	5.2.2	3.3	3.4	3.5.1.2	4.1.4	4.1.4	4.1.10	4.2.5.2	4.2.5.3
(1)	(2)	(3a)	(3b)	(4)	(5)	(6)	(7a)	(7b)	(8)	(9a)	(9b)	(10)	(11)
0004	苦味酸铵,干的或湿的,按质量含水低于10%	1	1.1D		1		0	E0	P112(a) P112(b) P112(c)	PP26		MP20	
0005	武器弹药筒,带有爆炸装药	1	1.1F		1		0	E0	P130			MP23	
0006	武器弹药筒,带有爆炸装药	1	1.1E		1		0	E0	P130 LP101	PP67 L1		MP21	

ADR 罐体		运输罐体车辆	运输类别(隧道限制代码)	运输特殊规定				危险性识别号	联合国编号	名称和描述
罐体代码	特殊规定			包件	散装	装卸和操作	作业			
4.3	4.3.5,6.8.4	9.1.1.2	1.1.3.6	7.2.4	7.3.3	7.5.11	8.5	5.3.2.3		3.1.2
(12)	(13)	(14)	(15)	(16)	(17)	(18)	(19)	(20)	(1)	(2)
			1 (B1000C)	V2 V3		CV1 CV2 CV3	S1		0004	苦味酸铵,干的或湿的,按质量含水低于10%
			1 (B1000C)	V2		CV1 CV2 CV3	S1		0005	武器弹药筒,带有爆炸装药
			1 (B1000C)	V2		CV1 CV2 CV3	S1		0006	武器弹药筒,带有爆炸装药

第(3a)栏"类别"——本栏包括类别,类别是根据第2部分的程序和标准确定。

第(3b)栏"分类代码"——本栏包括危险物质或物品的分类代码:

①对第1类危险物质或物品,根据2.2.1.1.4,分配分类代码,分类代码包括项别和配装组别。

②对第2类危险物质或物品,分类代码由一个数字和危险性组别组成,在2.2.2.1.2和2.2.2.1.3中有相应的解释。

③对第3类,第4.1、4.2、4.3、5.1、5.2、6.1、6.2项,第8类和第9类危险物质或物品,分类代码在2.2.x.1.2❶中有相应的解释。

④对第7类危险物质或物品,没有分类代码。

第(4)栏"包装类别"——根据第2部分的程序和标准,分配物品或物质的包装类别(即Ⅰ、Ⅱ或Ⅲ)。部分物品和物质没有包装类别。

第(5)栏"标志"——本栏包括标志/标记(见5.2.2.2和5.3.1.7)的式样号,被粘贴于包件、集装箱、罐式集装箱、可移动罐柜、多单元气体容器和车辆。对于第7类物质或物品,7X是指根据类别(见5.1.5.3.4和5.2.2.1.11.1)确定的标志式样号7A、7B、7C或者标记号7D(见5.3.1.1.3和5.3.1.7.2)。

标志/标记的一般性条款见5.2.2.1(对于包件)和5.3.1(对于集装箱、罐式集装箱、可移动罐柜、多单元气体容器和车辆)。第(6)栏的特殊规定也许会改变以上标志的规定。

第(6)栏"特殊规定"——本栏包括必须遵守的特殊规定的数字代码。这些规定主要与第(1)栏至第(5)栏的内容有关,在第3.3章中按数字顺序依次列出。如果第(6)栏是空的,表示有关的危险货物根据第(1)栏至第(5)栏的内容没有特殊的规定。

第(7a)栏"有限数量"——本栏规定了按照第3.4章有限数量危险货物运输时,每个内包装或物品的最大数量。

第(7b)栏"例外数量"——本栏包括具有以下含义的字母数字代码:

①"E0"表示对于例外数量危险货物,不存在ADR规定的豁免;

②所有其他字母"E"开头的字母数字代码,表示当第3.5章的要求都满足时,ADR的规定不适用。

第(8)栏"包装指南"——本栏包括适用包装指南的字母数字代码:

①字母"P"开头的字母数字代码,是针对包装和容器的包装指南(中型散装容器和大型包装除外);字母"R"开头的字母数字代码,是针对薄壁金属包装的包装指南。这些在4.1.4.1中按数字顺序依次列出,并详细说明认可的包装和容器。4.1.1,4.1.2和4.1.3的一般性包装规定,以及4.1.5,4.1.6,4.1.7,4.1.8和4.1.9的特殊包装规定也要遵守。如果第(8)栏中没有字母"P"或"R"开头的字母数字代码,相关的危险货物也许没有以包装的形式进行运输;

②字母"IBC"开头的字母数字代码,是针对中型散装容器的包装指南。这些在4.1.4.1中按数字顺序依次列出,并详细说明认可的中型散装容器。4.1.1,4.1.2和4.1.3的一般性包装规定,以及4.1.5,4.1.6,4.1.7,4.1.8和4.1.9的特殊包装规定也要遵守。如果第(8)

---

❶ X-危险物质或物品的类别或项别,去除分隔点。

栏中没有字母"IBC"开头的字母数字代码,相关的危险货物也许没有以中型散装容器的形式进行运输;

③字母"LP"开头的字母数字代码,是针对大型包装的包装指南。这些在4.1.4.1中按数字顺序依次列出,并详细说明认可的大型包装。4.1.1.4.1.2和4.1.3的一般性包装规定,以及4.1.5,4.1.6,4.1.7,4.1.8和4.1.9的特殊包装规定也要遵守。如果第(8)栏中没有字母"LP"开头的字母数字代码,相关的危险货物也许没有以大型包装的形式进行运输。

第(9a)栏"特殊包装规定"——本栏包括适用特殊包装规定的字母数字代码:

①字母"PP"或"RR"开头的字母数字代码,是针对包装和容器需要额外遵守的特殊包装规定(中型散装容器和大型包装除外)。这些可以在4.1.4.1中找到,在按照第(8)栏的相关包装指南(字母"P"或"R"开头)的最后。如果第(9a)栏中没有字母"PP"或"RR"开头的字母数字代码,则在相关包装指南的最后没有列出特殊包装规定。

②字母"B"或"BB"开头的字母数字代码,是针对中型散装容器需要额外遵守的特殊包装规定。这些可以在4.1.4.2中找到,在按照第(8)栏的相关包装指南(字母"IBC"开头)的最后。如果第(9a)栏中没有字母"B"或"BB"开头的字母数字代码,则在相关包装指南的最后没有列出特殊包装规定。

③字母"L"开头的字母数字代码,是针对大型包装需要额外遵守的特殊包装规定。这些可以在4.1.4.3中找到,在按照第(8)栏的相关包装指南(字母"LP"开头)的最后。如果第(9a)栏中没有字母"L"开头的字母数字代码,则在相关包装指南的最后没有列出特殊包装规定。

第(9b)栏"混合包装规定"——包括:

①以字母"MP"开头的字母数字编码,适用于混合包装规定,按数字顺序列于4.1.10。

②如果第(9b)栏没有包含以字母"MP"开头的编码,则只适用于一般要求(见4.1.1.5和4.1.1.6)。

第(10)栏"可移动罐柜和散货箱的指南"——包括:

按照4.2.5.2.1至4.2.5.2.4以及4.2.5.2.6中的内容,一个字母数字代码代表一个可移动罐柜的指南。该可移动罐柜的指南严格规定了允许可移动罐柜运输物质的最低要求。其他适用于可移动罐柜运输物质的指南代码可以在4.2.5.2.5中找到。如果无代码,除非主管机关批准,则可移动罐柜不允许运输,详细信息见6.7.1.3。

在第6.7章可以找到关于可移动罐柜的设计,制造,装置,批准型号,试验和标记的一般性要求,这些使用(如充装)的一般性要求可以在4.2.1至4.2.4中找到。

字母"M"表示该物质可以在联合国多单元气体容器中运输。

注:在第(11)栏中叙述的特殊规定可能改变以上要求。

字母"BK"开头的字母数字代码,指的是6.11中描述的散货箱的类型,在按照

7.3.1.1(a)和7.3.2进行散装货物运输时可能会用到。

第(11)栏"可移动罐柜和散货箱的特殊规定"——本栏包括需要额外满足的可移动罐柜特殊规定的字母数字代码。以字母"TP"开头,表示该可移动罐柜的制造或使用的特殊规定。这些都可以在4.2.5.3中查到。

注:如果有技术上的相关,这些特殊规定不只适用于第(10)栏明确的可移动罐柜,同样适用于根据4.2.5.2.5表中使用的可移动罐柜。

第(12)栏"ADR罐体的罐体代码"——本栏包括描述罐体类型的字母数字代码,与4.3.3.1.1(针对第2类气体)或4.3.4.1.1(针对第3至9类物质)一致。该罐体类型对应于允许ADR罐体运输相关物质的最低严格罐体规定。其他允许的罐体类型代码,能在4.3.3.1.2(针对第2类气体)或4.3.4.1.2(针对第3至9类物质)找到。无编号表示不允许在ADR罐体中运输。

本栏中针对固体(S)和液体(L)的罐体代码,表示这类物质应该在固体或液体(熔融)状态下运输。一般这种规定适用于熔点在20℃~180℃的物质。对于固体,如果本栏只有液体(L)的罐体代码,这表示该物质只能在液体(熔融)状态下运输。

关于制造、装置、批准型号、试验和标记的一般性要求,没有以罐体代码表示,可以在6.8.1、6.8.2、6.8.3和6.8.5中找到。关于使用的一般性要求(如最大充罐度,最小试验压力)见4.3.1至4.3.4。

罐体代码之后的"M"表示这类物质同样适用于管束式车辆或多单元气体容器的运输。

罐体代码之后的"+"表示罐体的替代使用,只有当批准型号证书中明确指出时,才是允许的。

对于纤维增强塑料罐,见4.4.1和第6.9章;对于真空处理的废罐体,见4.5.1和第6.10章。

注:第(13)栏叙述的特殊规定可能改变以上要求。

第(13)栏"ADR罐体的特殊规定"——本栏包括需要额外满足的ADR罐体特殊规定的字母数字代码:

①以字母"TU"开头的字母数字代码,表示罐体使用的特殊规定。这些在4.3.5中可以找到。

②以字母"TC"开头的字母数字代码,表示罐体制造的特殊规定。这些在6.8.4(a)中可以找到。

③以字母"TE"开头的字母数字代码,表示关于罐体装置的特殊规定。这些在6.8.4(b)中可以找到。

④以字母"TA"开头的字母数字代码,表示罐体批准型号的特殊规定。这些在6.8.4(c)中可以找到。

⑤以字母"TT"开头的字母数字代码,表示罐体试验的特殊规定。这些在6.8.4(d)中可

以找到。

⑥以字母"TM"开头的字母数字代码,表示罐体标记的特殊规定。这些在 6.8.4(e)中可以找到。

注:如果有技术上的相关,这些特殊规定不只适用于第(12)栏明确的罐体,同样适用于根据4.3.3.1.2 和4.3.4.1.2 使用的罐体。

第(14)栏"运输罐体车辆"——本栏包括一个根据 7.4.2 中指定用于运输罐体车辆(包括拖车或半挂车的牵引车)的代码(见 9.1.1)。关于车辆制造和批准的要求在第 9.1.9.2 和 9.7 章可以找到。

第(15)栏"运输类别/(隧道限制代码)"——包括在格的上部,包含一个表示运输类别的数字,表示每个运输单元载运量的豁免(见1.1.3.6)。

在格的下部,括号之内,包含隧道限制代码,针对运输物质或物品的车辆通过道路隧道的限制要求。这些可以在第 8.6 章中找到。如果没有分配隧道限制代码,用"(—)"表示。

第(16)栏"运输包件的特殊规定"——本栏包括以字母"V"开头,适用于包件运输的特殊规定的字母数字代码,列于 7.2.4。包件运输的一般性规定可以在第 7.1 和 7.2 章中找到。

注:此外,应当注意第(18)栏关于装卸和操作的特殊规定。

第(17)栏"散装运输的特殊规定"——本栏包括以字母"VC"或"AP"开头,适用于散装运输的特殊规定的字母数字代码,列于7.3.3。

无编码,或者给出一个特定段落的参考,表示不允许散装运输。关于散装运输的一般性和额外规定可以在第 7.1 和 7.3 章中找到。

注:此外,应当注意第(18)栏关于装卸和操作的特殊规定。

第(18)栏"运输装卸的特殊规定"。——本栏包括以字母"CV"开头,适用于装卸和操作的特殊规定的字母数字代码,列于 7.5.11。无编码表示只适用于一般性规定(见 7.5.1 至 7.5.10)。

第(19)栏"运输操作的特殊规定"——本栏包括以字母"S"开头,适用于操作的特殊规定的字母数字代码,列于第 8.5 章。除了应遵守这些规定,还要遵守 8.1 至 8.4 章的要求。但当两者冲突时,优先采用特殊规定。

第20栏"危险性识别号"——本栏包括一个由两个或三个数字组成的号码(某些时候有字母"X"的前缀),用于第 2 类至第 9 类的物质和物品;对于第 1 类的物质和物品,则为分类代码(见第(3b)栏)。按照5.3.2.1的规定,这个号码需要出现在橘黄色标记的上半部分。对危险性识别号的解释在5.3.2.3。

值得注意的是,ADR《危险货物一览表》在联合国《危险货物一览表》的基础上,增加了9b 和 12~20 栏。

第六节　危险货物特殊规定、例外数量、有限数量

由于危险货物的危险性,其必须在一些特定的条件下方可运输。为确保运输安全,联合国危险货物运输专家委员会对危险货物的本身状态以及危险货物的包装、包装件限量、运输量、运输和装卸操作、车辆等作了一系列的限定。根据限定的种类,大体可以分为:特殊规定、例外数量和有限数量。

一、特殊规定

在《危险货物品名表》(GB 12268—2012)的表 1 危险货物品名表中,第 7 栏是"特殊规定"。"特殊规定"规定了"与物品或物质有关的任何特殊规定,其适用于特定物质或物品的所有包装类别"。具体地讲,"特殊规定"可分为限制运输和豁免。

(1)限制运输,即不可以运输或者有特殊运输要求。如"特殊规定"的"48"规定:"如含氰氧酸高于20%,除非经有关主管机关特别批准,否则禁止运输";"60"规定:"高氯酸,如按质量含酸浓度大于2%,除非经有关主管机关特别批准,否则禁止运输"。

此外,从危险货物自身来说,某些危险货物自身具有不稳定性,会产生各种不同的危险性,如爆炸性、聚合性、遇热分解出易燃、有毒、腐蚀或窒息性气体等。对于大多数危险性物质,自身的不稳定性可以通过适合的包装、稀释、添加稳定剂、添加抑制剂、控制温度或采取其他特殊措施来控制其不稳定性,以达到运输要求。如未加抑制剂的正丁基乙烯(基)醚、未经稀释或含量大于27%的过氧化(二)丙酰都是禁运物品。

(2)豁免,即不作为危险货物运输。如"特殊规定"的"37"规定:"硅铝粉,如有涂料,即不作为危险货物运输";"106"规定:"仅在空运时作为危险货物";"117"规定:"仅海空运时作为危险货物"。

在实际工作中,如根据危险货物品名表的"特殊规定"中查找豁免条件,比较烦琐且不便于执法,因此,针对需要豁免运输危险货物的,可按照《道路危险货物运输管理规定》的豁免程序❶确认并操作。

二、例外数量

《危险货物例外数量及包装要求》(GB 28644.1—2012)提出了"例外数量"的概念,5.8 条款规定"对按照本标准准许运输的例外数量危险货物,列出了例外数量编码,规定了每个内容器和外容器可以运输的危险货物的最大数量。"具体见表 1-10 中的第 7 栏。

---

❶ 《道路危险货物运输管理规定》第七十条　交通运输部可以根据相关行业协会的申请,经组织专家论证后,统一公布可以按照普通货物实施道路运输管理的危险货物。

危险货物例外数量表　　　　　　　　　　　　　表1-10

联合国编号	名称和说明	英 文 名	类别和项别	次要危险性	包装类别	例外数量
1002	压缩空气	AIR, COMPRESSED	2.2	—		E1
1051	氰化氢,稳定的,含水少于3%	HYDROGEN CYANIDE, STABILIZED containing less than 3% water	6.1	3	Ⅰ	E5
1080	六氟化硫	SULPHUR HEXAFLUORIDE	2.2	—		E1
1088	乙缩醛	ACETAL	3	—	Ⅱ	E2
1089	乙醛	ACETALDEHYDE	3	—	Ⅰ	E2
1090	丙酮	ACETONE	3	—	Ⅱ	E3
1558	砷	ARSENIC	6.1	—	Ⅱ	—

知识链接

GB 28644.1 与 GB 12268 的比较

《危险货物例外数量及包装要求》(GB 28644.1—2012)中"危险货物例外数量表"(表2-20)的前6栏与《危险货物品名表》(GB 12268—2012)和联合国《危险货物一览表》的前6栏完全一样。唯一变化为"危险货物例外数量表"的第7栏对应联合国《危险货物一览表》的第7b栏。

联合国《危险货物一览表》第7b栏"例外数量"列出了第3.5.1.2节所述之字母数字编码,表明根据第3.5章准许之例外数量,每件内容器和外容器可运输的危险货物最大数量。

GB 28644.1中的表2-20明确了以下内容:一是列出按照本标准准许运输的例外数量危险货物的编码,编码是E1~E5,其具体内容见表1-11;二是规定了每个内容器和外容器可以运输的危险货物的最大数量。

例外数量编码 E1~E5 的含义　　　　　　　　　　表1-11

编码	每件内容器的最大净装载量(固体为g,液体和气体为mL)	每件外容器的最大净装载量(固体为g,液体和气体为mL,在混装情况下为g和mL之总和)
E1	30	1000
E2	30	500
E3	30	300
E4	1	500
E5	1	300

由表1-11可以看出,"每个内容器和外容器的最大净装载量"中最大值分别为30g(mL)

和 1000g(mL),"每个内容器和外容器的最大净装载量"中最小值分别为 1g(mL)和 300g(mL)。即当化学品在移交运输时,如数量非常少(如 1g 或 1mL),且采用非常坚固和耐用并经测试满足一定要求的包装,只需满足表 1-11 等相关要求,即可免除危险化学品运输的所有要求。例外数量也指小包装限量豁免。同时,考虑到该标准对其使用包装物(包括内容器和外容器)的要求很高,例外数量危险货物主要应用于航空货物运输,也可以用于道路运输的零担货运。

例外数量运输还考虑了一个运输工具(载货汽车)在一次装载运送中危险货物的最大允许载运量。《危险货物例外数量及包装要求》(GB 28644.1—2012)的 4.4 条款规定"任何货运车辆、铁路货车或多式联运集装箱所能装载的以例外数量运输的危险货物包件,最大数量不应超过 1000 个"。如按"每个外容器的最大净装载量"的最大值 1000g 计算,1 车最多可以载重 1000kg(1 吨);如按"每个外容器的最大净装载量"的最小值 300g 计算,1 车最多可以载重 300kg(0.3 吨)。这也说明,例外数量危险货物的量较少。

以例外数量运输的危险货物包件,应做永久、清楚的标记,如图 1-10 所示。

最小尺寸 100mm

注 1:影线和符号使用同一颜色,红或黑,白底或适当反差底色。
注 2:*此处显示类别,或如果已经划定,显示项别。
注 3:**如果包件没有在其他位置显示发货人或收货人的姓名,则在此处显示。

图 1-10 例外数量标记

当危险货物运输从业人员的培训要求、有关包装要求和危险货物分类、分类程序和包装组标准符合《关于危险货物运输的建议书 规章范本》❶,以及以例外数量运输的危险货物满足《危险货物例外数量及包装要求》(GB 28644.1—2012)的规定时,可免除危险货物运输的任何其他要求。

---

❶ 联合国危险货物运输专家委员会《关于危险货物运输的建议书 规章范本》第 4.1 章使用容器,包括中型散货集装箱(中型散货箱)和大型容器;第 3.5 章例外数量包装的危险货物。

知识链接

危险货物运输从业人员的培训要求

《关于危险货物运输的建议书 规章范本》 第1.3章 培训

1.3.1 从事危险货物运输的人员,必须接受过与所承担责任相应的有关危险货物要求方面的培训。工作人员在上岗前必须接受1.3.2所要求的培训,对尚未接受所要求之培训者,必须在接受过培训人员的直接监督下从事有关工作。并应包括第1.4章中对危险货物安全的具体培训要求。

1.3.2 凡从事诸如危险货物分类、危险货物包装、为危险货物作标记或贴标签、编制危险货物运输单据、提供或接受危险货物运输、在运输中搬运或经手危险货物、为危险货物包件作标记或揭示牌,或将包件装上或卸下运输车辆、散装货物容器或货运集装箱,或以其他方式直接参与主管部门所确定的危险货物运输的个人,必须受过以下培训:

1)一般认识/熟习培训
(1)每个人都必须接受培训,熟悉了解危险货物运输要求的一般规定;
(2)此种培训必须包括危险货物类别的说明;标签、标记、揭示牌和容器、隔离和配装的要求;危险货物运输单据的目的和内容的说明,和可得的应急措施文件的说明。

2)具体职能培训
每个人必须经过适用于该个人所从事职能的危险货物运输要求的专门培训。

3)安全培训
为预防万一发生泄漏和在工作中可能遇到的危险,每个人都必须接受下述培训:
(1)避免事故的办法及程序,诸如正确使用包件装卸设备和适当的危险货物存放办法;
(2)可得的应急措施资料及如何利用这一资料;
(3)各类危险货物存在的一般性危险及如何避免暴露于这些危险,包括酌情使用个人防护服装及设备;
(4)在危险货物意外泄漏的情况下应立即采取的程序,包括该个人负责采取的任何应急程序以及应遵循的个人防护程序。

1.3.3 根据本章所接受的培训,应由雇主保管培训记录,如雇员或主管机关提出要求,应向其提供。雇主保管培训记录的时间期限,由主管机关确定。

1.3.4 危险货物运输岗位上的人员,在其受雇用之时必须对其进行1.3.2要求的培训,或核实已接受过这种培训,并定期辅以主管部门认为适当的再培训。

符合例外数量运输规定时,运输单证需满足特殊规定,即危险货物在以例外数量运输时,在运输单证的危险货物说明处应写入"例外数量的危险货物",并注明包件的数量。

三、有限数量

《危险货物有限数量及包装要求》(GB 28644.2—2012)提出了"有限数量"的概念,5.8

条款规定"对按照本标准准许运输的有限数量危险货物,规定了每个内容器或物品所装的最大数量。"具体见表1-12中的第7栏。

危险货物有限数量表 表1-12

联合国编号	名称和说明	英 文 名	类别和项别	次要危险性	包装类别	有限数量
1002	压缩空气	AIR,COMPRESSED	2.2	—	—	120mL
1051	氰化氢,稳定的,含水少于3%	HYDROGEN CYANIDE,STABILIZED containing less than 3% water	6.1	3	I	E5
1080	六氟化硫	SULPHUR HEXAFLUORIDE	2.2	—	—	120mL
1088	乙缩醛	ACETAL	3	—	II	1L
1090	丙酮	ACETONE	3	—	II	1L
1109	甲酸戊酯	AMYL FORMATES	3	—	III	5L
1110	正甲基·戊基酮	n-AMYL METHYL KETONE	3	—	III	5L
1558	砷	ARSENIC	6.1	—	II	550g

知识链接

GB 28644.2 与 GB 12268 的比较

《危险货物有限数量及包装要求》(GB 28644.2—2012)中"危险货物例外数量表"(表2-20)的前6栏与《危险货物品名表》(GB 12268—2012)和联合国《危险货物一览表》的前6栏完全一样。唯一变化为"危险货物有限数量表"的第7栏对应联合国《危险货物一览表》的第7a栏。

联合国《危险货物一览表》第7a栏"有限数量"对按照第3.4章准许运输的有限数量危险货物,规定了每个内容器或物品所装的最大数量。

当满足表1-12的"有限数量"要求和《危险货物有限数量及包装要求》(GB 28644.2—2012)关于包装、标记等要求时,有限数量危险货物可以豁免,按普通货物运输,即当危险货物在移交运输时,如数量较少,且包装满足一定要求,可免除部分运输要求的规定。

有限数量的最大值为5kg(5L),最小值为500g(100mL)。同时,有限数量危险货物最小值为500g(100mL)时,远远大于"每个内容器的最大净装载量"中的最小值为1g,由此可见,有限数量危险货物所涉及的最小重量大于例外数量危险货物所涉及的最小重量的500倍,故有限数量危险货物运输主要用于道路运输,也可以说是危险货物道路运输限量豁免。如小包装5L以下的白酒(乙醇饮料,按体积含乙醇高于24%,但不超过70%,UN 3065),可以豁免按普通货物运输。另外,有限数量对其包装、容器也有较高、较明确的要求。

知识链接

危险货物在满足"有限数量"规定时,可和普通货物混装,无须特殊隔离,而且免除了联合国《关于危险货物运输的建议书 规章范本》(TDG)第 1.4 节第 2 条"发货人只能将危险货物交给有适当身份的承运人"的要求,即以"有限数量"运输时,发货人可将货物交付给交通运输主管部门认定的有危险货物运输资质的运输公司,也可以交付给普货运输公司。

符合"有限数量"运输的要求主要有:

(1)运输数量不可超过有限数量上限。每个 UN 编号对应的有限数量一栏都有一个具体的数值和单位,其含义为危险化学品在有限数量运输时,其单一内包装或物品所盛装的危险货物数量不可超过此上限。

(2)产品包装要满足特定要求。危险货物在有限数量运输时,虽然其量少,危险性低,但其包装也不是没有要求,无论是内包装还是外包装都应符合联合国《关于危险货物运输的建议书 规章范本》(TDG)或我国《危险货物有限数量及包装要求》(GB 28644.2—2012)的要求。

(3)包装要加贴特殊标记。为了在运输环节能够快速识别有限数量运输的危险货物包装件,联合国《关于危险货物运输的建议书 规章范本》(TDG)以及我国《危险货物有限数量及包装要求》(GB 28644.2—2012)均要求在有限数量运输的包装件外表面加贴统一的标记,具体如图 1-11 所示。

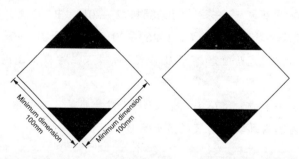

图 1-11 有限数量包件标记(除航空运输外)

(4)运输单证需满足特殊规定。在航空运输和水路运输时,危险货物以有限数量运输时,在运输单证的危险货物说明处应写入"有限数量"或"LTDQTY"一词。

四、有关概念的关系

1. 特殊规定、例外数量和有限数量的对比关系

例外数量和有限数量规定了限量运输的相关危险货物及每一内包装可运输的最大数量。有限数量大于例外数量可运输的数量。

特殊规定、例外数量、有限数量的关系如图 1-12 所示。

第一章 危险货物的基本概念

```
                    ┌ 全部豁免——GB 12268 中的"特殊规定"
                    │   △无容器限制
                    │   如2807 磁化材料
                    │   106 号规定,"仅在空运时作为危险货物"
                    │   117 号规定,"仅海空运时作为危险货物"
危险货物道路运输豁免─┤ 限量豁免——GB 28644.2 中的"有限数量"
                    │   △内容器限制:500g(100mL)~5000g(5L)。
                    │   如小包装5L以下的白酒
                    │ 例外❶(小包装)豁免——GB 28644.1 中的"例外数量"
                    │   △内容器限制:1g(mL)~30g(mL)。
                    └   如内容器包装的1g 三氧化二砷❷
```

说明:全部豁免、限量豁免,在超过车辆核定载荷的情况下,不受装载量限制;而例外(小包装)豁免,1 辆车最多装载1t 货物或不应超过1000 个容器❸。

图1-12　特殊规定、例外数量、有限数量的关系图

2. 我国《危险货物品名表》与联合国《危险货物一览表》的关系

我国现有涉及危险货物的品名表有:《危险货物品名表》(GB 12268—2012)、《危险货物例外数量及包装要求》(GB 28644.1—2012)、《危险货物有限数量及包装要求》(GB 28644.2—2012)。这三个国家标准的前言及表格结构(表1-13)说明了其与联合国《危险货物一览表》(表1-13)的关系。

GB 12268、GB 28644.1、GB 28644.2 的前言及表格结构　　　　表1-13

标　准	前　言	联合国《危险货物一览表》
GB 12268—2012	本标准与联合国《关于危险货物运输的建议书　规章范本》(第16 修订版)第3 部分:危险货物一览表、特殊规定和例外的技术内容一致	危险货物一览表(第1 栏~第5 栏+第6 栏)
GB 28644.1—2012	本标准与联合国《关于危险货物运输的建议书　规章范本》(第16 修订版)第3 部分:危险货物一览表、特殊规定和例外中,3.2 章危险货物一览表(第1 栏~第5 栏和第7b 栏)和3.5 章的技术内容一致	危险货物一览表(第1 栏~第5 栏+第7b 栏)
GB 28644.2—2012	本标准与联合国《关于危险货物运输的建议书　规章范本》(第16 修订版)第3 部分:危险货物一览表、特殊规定和例外中3.2 章危险货物一览表(第1 栏~第5 栏和第7a 栏)和3.4 章的技术内容一致	危险货物一览表(第1 栏~第5 栏+第7a 栏)

由表1-13 可知,我国的GB 12268、GB 28644.1、GB 28644.2 是分别照抄❹(技术内容一致)联合国《危险货物一览表》的"第1 栏~第5 栏+第6 栏""第1 栏~第5 栏+第7b 栏"

---

❶ Exception:例外,除外;反对,批评。据此,例外数量,可以解释为除外的数量或危险货物除外。

❷

| 1561 | 三氧化二砷 | ARSENIC IRIOXIDE | 6.1 | Ⅱ | E5 |

❸ 外容器的最大净载量是1kg;GB 28644.1—2012 4.4 规定,任何货运车辆、铁路货车或多式联运集装箱所能装载的以例外数量运输的危险货物包件,最大数量不应超过1000 个。

❹ 技术术语称为"技术内容一致"。

"第1栏~第5栏+第7a栏"。相互关系如图1-13所示。

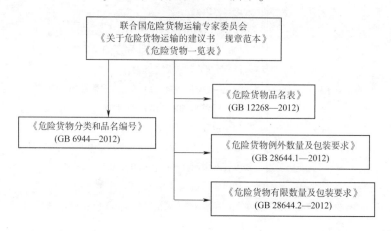

图1-13 国内外品名表对比

第七节 危险废物、医疗废物、城镇燃气

一、危险废物道路运输

《中华人民共和国固体废物污染环境防治法》(中华人民共和国主席令第31号,自2005年4月1日起施行)第八十八条规定,危险废物是指列入国家危险废物名录或者根据国家规定的危险废物鉴别标准和鉴别方法认定的具有危险特性的固体废物。

1. 危险废物的标志

根据《中华人民共和国固体废物污染环境防治法》,运输危险废物应当遵守国家有关危险货物运输管理的规定,在有关道路运输证件的经营范围上,应直接标注"危险废物"。在运输危险废物时,车辆需悬挂的标识如图1-14所示。

2. 危险废物道路运输要求

(1)运输危险废物时必须采取防止污染环境的措施,并遵守国家有关危险货物运输管理的规定。禁止将危险废物与旅客在同一运输工具上载运。

(2)对危险废物的容器和包装物以及收集、储存、运输、处置危险废物的设施、场所,必须设置危险废物识别标志。

(3)收集、储存危险废物时必须按照危险废物特性分类进行,禁止混合收集、储存、运输、处置性质不相容而未经安全性处置的危险废物。禁止将危险废物混入非危险废物中储存。

图1-14 危险废物标志

(4)直接从事收集、储存、运输、利用、处置危险废物的人

员,应当接受专业培训,经考核合格后,方可从事该项工作。

3. 危险废物道路运输注意事项

(1)根据交通运输部办公厅《关于做好〈道路危险货物运输管理规定〉贯彻实施有关工作的通知》(厅函运[2013]74号)附件1"道路危险货物运输经营申请表"(表1-14),危险货物道路运输企业可以向道路运输管理机构申请"危险废物"道路运输。

道路危险货物运输经营申请表　　　　　表1-14

受理申请机关专用 道路危险货物运输经营申请表
说明 　1. 本表根据《道路危险货物运输管理规定》制作,申请从事道路危险货物运输经营应当向所在地设区的市级道路运输管理机构提出申请,填写本表,并同时提交其他相关材料(材料要求见第6页)。 　2. 本表可向道路运输管理机构免费索取,也可自行从交通运输部网站(www.mot.gov.CN)下载打印。 　3. 本表需用钢笔填写或者计算机打印,请用正楷,要求字迹工整。
申请人基本信息 　申请人名称 　要求填写企业(公司)全称或企业预先核准全称 　负责人姓名　　　　　经办人姓名 　通信地址 　邮编电话 　手机电子邮箱
申请许可内容(首次申请道路危险货物运输经营的填写) 一、类别 　□第1类　　□第2类　　□第3类　　□第4类 　□第5类　　□第6类　　□第8类　　□第9类 　□剧毒化学品　　□医疗废物　　□危险废物 二、项别(剧毒化学品除外) 　□1.1项　　□1.2项　　□1.3项　　□1.4项 　□1.5项　　□1.6项　　□2.1项　　□2.2项 　□2.3项　　□4.1项　　□4.2项　　□4.3项 　□5.1项　　□5.2项　　□6.1项　　□6.2项 三、品名【如是剧毒化学品,应在品名后括号标注"剧毒",如"液氯(剧毒)"】 注: 　1.勾选某类经营范围的,不必再勾选该类内的项别,反之亦然;按品名申请的,不必勾选该品名对应的类别或项别(下同)。 　2.如许可内容没有剧毒化学品,要在《道路运输经营许可证》经营范围内标注"剧毒化学品除外"。

(2)危险废物以《国家危险废物名录》为准。

2008年6月6日,环境保护部、国家发展和改革委员会公布了《国家危险废物名录》(自2008年8月1日起施行,2016年6月14日修订)。具有下列情形之一的固体废物和液态废

物,列入本名录:

①具有腐蚀性、毒性、易燃性、反应性或者感染性等一种或者几种危险特性的;

②不排除具有危险特性,可能对环境或者人体健康造成有害影响,需要按照危险废物进行管理的。

二、医疗废物道路运输

《医疗废物管理条例》(国务院令第380号,自2003年6月16日起施行)第二条规定,医疗废物是指医疗卫生机构在医疗、预防、保健以及其他相关活动中产生的具有直接或者间接感染性、毒性以及其他危害性的废物。《国家危险废物名录》中规定,医疗废物属于危险废物。目前,执行的《医疗废物分类目录》是于2003年10月10日由卫生部、国家环境保护总局联合下发的《关于印发〈医疗废物分类目录〉的通知》(卫医发〔2003〕287号)中所公布的版本。

1. 医疗废物的标志

根据《医疗废物管理条例》,运输医疗废物应当遵守国家有关危险货物运输管理的规定,包括《道路危险货物运输管理规定》,在其有关道路运输证件的经营范围上,直接标注"医疗废物"。在运输医疗废物时,车辆需悬挂的标识如图1-15所示。

2. 医疗废物道路运输要求

(1)医疗废物集中处置单位运送医疗废物时,应当遵守国家有关危险货物运输管理的规定,使用有明显医疗废物标识的专用车辆。医疗废物专用车辆应当达到防渗漏、防遗撒以及其他环境保护和卫生要求。运送医疗废物的专用车辆不得运送其他物品。

图1-15 医疗废物标志

(2)医疗卫生机构和医疗废物集中处置单位,应当采取有效的职业卫生防护措施,为从事医疗废物收集、运送、储存、处置等工作的人员和管理人员,配备必要的防护用品,定期进行健康检查;必要时,对有关人员进行免疫接种,防止其受到健康损害。

(3)禁止任何单位和个人转让、买卖医疗废物。禁止在运送过程中丢弃医疗废物;禁止在非储存地点倾倒、堆放医疗废物或者将医疗废物混入其他废物和生活垃圾。禁止将医疗废物与旅客在同一运输工具上载运。禁止在饮用水源保护区的水体上运输医疗废物。

(4)转让、买卖医疗废物,邮寄或者通过铁路、航空运输医疗废物,或者违反本条例规定通过水路运输医疗废物的,由县级以上地方人民政府环境保护行政主管部门责令转让、买卖双方,邮寄人,托运人立即停止违法行为,给予警告,没收违法所得;违法所得5000元以上的,并处违法所得2倍以上5倍以下的罚款;没有违法所得或者违法所得不足5000元的,并处5000元以上2万元以下的罚款。

3. 医疗废物道路运输注意事项

(1)根据交通运输部办公厅《关于做好〈道路危险货物运输管理规定〉贯彻实施有关工

作的通知》(厅函运〔2013〕74号)附件1"道路危险货物运输经营申请表",危险货物道路运输企业可以向道路运输管理机构申请"医疗废物"道路运输。

(2)医疗废物以《医疗废物分类目录》为准。

(3)针对危险废物、医疗废物道路运输的有关问题,交通运输部于2012年下发了《关于危险废物是否纳入道路危险货物运输管理有关问题的复函》(交函运〔2012〕309号),作出明确答复。

三、城镇燃气道路运输

根据《城镇燃气管理条例》(国务院令第583号,自2011年3月1日起施行),通过道路运输燃气的,还应当分别依照有关道路运输的法律、行政法规的规定,取得危险货物道路运输许可。

《城镇燃气管理条例》有关城镇燃气道路运输的规定:

(1)本条例所称燃气,是指作为燃料使用并符合一定要求的气体燃料,包括天然气(含煤层气)、液化石油气和人工煤气等。

(2)城镇燃气发展规划与应急保障、燃气经营与服务、燃气使用、燃气设施保护、燃气安全事故预防与处理及相关管理活动,适用本条例。

(3)通过道路运输燃气的,应当遵守法律、行政法规有关危险货物运输安全的规定以及国务院交通运输部门的有关规定;通过道路运输燃气的,还应当分别依照有关道路运输的法律、行政法规的规定,取得危险货物道路运输许可。

(4)燃气经营者应当对其从事瓶装燃气送气服务的人员和车辆加强管理,并承担相应的责任。

第二章　危险货物的分类和特性

本节依据《危险货物分类和品名编号》(GB 6944—2012)"4 危险货物分类"的有关内容和相关资料,介绍各类危险货物的定义及特性。

第一节　第1类　爆炸品

一、爆炸品的定义

爆炸是指物质从一种状态,经过物理变化或化学变化,突然变成另一种状态,并释放出巨大的能量,产生光、热或者机械功。一般爆炸会使周围的物体遭受猛烈的冲击和破坏。日常生产活动中,违背人的意愿发生的爆炸,叫作事故性爆炸,如常见的煤矿瓦斯爆炸、锅炉爆炸、粮食粉尘爆炸等。

1. 爆炸的分类

爆炸按照物质爆炸前后发生的变化,可以分为物理爆炸、化学爆炸和核爆炸三类。

1) 物理爆炸

物理爆炸是由物理变化引起的,爆炸前后,爆炸物质的性质及化学成分均不改变,如物质因状态或压力发生突变而形成的爆炸。它和化学爆炸的明显区别在于,物理爆炸前和爆炸后物质的性质及化学成分并没有发生改变,如常见的轮胎充气过多导致的爆炸,只是发生了空气压力减小的变化;液化气储罐在夏天经高温暴晒导致压力过高,罐体破裂的爆炸也属于物理爆炸。物理爆炸的共同特点是容器内气体压力超过了容器的承受能力,某部位发生破裂,内部物质迅速膨胀并释放大量能量。

2) 化学爆炸

化学爆炸是由化学变化造成的,如在外界作用下(如受热、撞击等),物质以极快的反应速度发生放热的化学反应,并产生高温高压所引起的爆炸。爆炸前后的物质成分❶和性质发生了根本性变化,如爆炸品的爆炸等。化学爆炸同时具备反应速度快、释放出大量的热、产生大量气体等特点。

3) 核爆炸

核爆炸是指原子核发生聚变或裂变反应,释放出巨大能量而发生的爆炸。核爆炸形成数百万到数千万摄氏度的高温,爆炸中心区可产生数十万兆帕的高压,能量释放相当于数万

---

❶　成分指混合物(包括溶液)中的各个成分。例如黑火药中的炭、硫黄和硝酸钾,蔗糖溶液的蔗糖和水等。

到数千万吨梯恩梯(TNT)炸药的爆炸能量,同时伴随大量的热辐射、强光和有害的放射性粒子。其破坏力要比物理和化学爆炸大得多。

物理爆炸、化学爆炸、核爆炸示意图如图 2-1 所示。

图 2-1　物理爆炸、化学爆炸、核爆炸示意图

2. 爆炸的特征

一般爆炸表现有两个特征:

(1)爆炸的内部特征。大量气体和能量在有限的体积内突然释放或急剧转化,并在极短时间内,在有限体积中积聚,造成的高温高压等非正常状态,对邻近介质形成急剧的压力升高和随后的复杂运动,显示出不寻常的移动或机械破坏效应。

(2)爆炸的外部特征。爆炸将能量以一定方式转变为原物质或产物的压缩能,随后物质由压缩态膨胀,在膨胀过程中做机械功,进而引发附近介质的变形、破坏和移动。同时,由于介质受振动而发生一定的声响。

知识链接

化学爆炸的发生因素

化学爆炸必须同时具备三个因素:

(1)反应过程的放热性。热量是爆炸做功的能量来源。没有大量的热放出,爆炸反应不可能完成,更不能形成高温、高压、高能量气体而膨胀做功。爆炸反应过程所放出的热量称为爆炸热(或爆热),是爆炸破坏能力的标志,也是爆炸品的重要危险特性。如 1kgTNT 爆炸能产生 4200kJ 的热量,1kg 硝化甘油爆炸可放出 6196kJ 的热量。

(2)反应速度快。变化以高速进行,并在瞬间完成。只有高速才能使爆炸产物的体积、能量、密度急骤增大而致爆。许多化学品反应释放出的热量比爆炸品放出的热量大得多,但未能形成爆炸,其根本原因还在于反应速度慢。如煤炭虽然所含热量比同样重量的 TNT 高 1 倍多,但由于燃烧速度缓慢而不能形成爆炸;而 TNT 完全反应所需时间约为 10^{-5}s,瞬间所产生的热量来不及消散,气体产物就可升温到 2000~3000℃,压力达到 10~14GPa,因而发生爆炸。

为了衡量爆炸品的反应速度,常使用爆速这个参数。爆速是指爆轰波在炸药中稳定传播的速度(m/s),也可以理解为"爆炸品本身在进行爆炸反应时的传播速度"。爆速值的大小除与炸药种类有关外,还与炸药密度、装药直径、炸药中的添加物及外壳等有关。只有在一定的装药条件下,爆轰波的传播速度才为特定值。猛炸药的爆速为 6~9km/s(如 TNT 为

6990m/s，黑索金为8380m/s），工业炸药爆速为2～4km/s。

(3) 变化过程中能产生大量气体。爆炸品在爆炸瞬间生成大量气体产物，由于爆炸反应速度极快，来不及扩散膨胀，被压缩在爆炸物质原来所占有的体积内；爆炸过程在产生气态产物的同时释放大量的热量，这些热量也来不及逸出，转嫁给了生成的气体产物，这样在爆炸物质原来所占有的体积内就形成了高温高压状态的气体。这种气体作为工作介质，在瞬间膨胀就可以做功，由于功率巨大，对周围物体会造成巨大的破坏作用。如1kgTNT爆炸后能生成727.2L气体，是爆炸前体积的1130倍。1kg硝铵炸药爆炸后能生成906L气体，体积膨胀1530倍。

3. 爆炸品的定义

《道路运输爆炸品和剧毒化学品车辆安全技术条件》（GB 20300—2006）中，将爆炸品定义为："在外界作用下（如受热、撞击等），能发生剧烈的化学反应，瞬时产生大量的气体和热量，使周围压力急剧上升，发生爆炸，对环境造成破坏的物品。民用爆炸器材除外"。该定义表述简单，在实际工作中经常使用。

《危险货物分类和品名编号》（GB 6944—2012）中，将"爆炸性物质"定义为："固体或液体物质（或物质混合物），自身能够通过化学反应产生气体，其温度、压力和速度高到能对周围造成破坏。烟火物质即使不放出气体，也包括在内❶"。爆炸性物质，不包括那些太危险以致不能运输或主要危险特性符合其他类别的物质。将"爆炸性物品"定义为："含有一种或几种爆炸性物质的物品❷"。爆炸品就是各种爆炸性物质、爆炸性物品和为产生爆炸或烟火实际效果而制造的爆炸性物质和爆炸性物品中未提及的物质或物品的总称。由此可知，"爆炸品"是一个总称，涵盖较大范畴；爆炸现象属于化学爆炸，即指物质因得到起爆的能量而迅速分解，释放出大量的气体和热量的过程。

此外，对于那些太危险以致不能运输或其主要危险特性符合其他类别的物质，即使其具有爆炸性物质的某些特性，也不能将这些物质界定为"爆炸性物质"。对于某些装置，如果其所含爆炸性物质数量或特性，不会使其在运输过程中偶然或意外被点燃或引发后，因迸射、发火、冒烟、发热或巨响而在装置外部产生任何影响的，这些装置也不属于"爆炸性物品"。

以上定性地介绍了爆炸品的概念和特性。在具体的道路运输中，爆炸品以列入《危险货物品名表》（GB 12268）中的第1类危险货物为准，即通过表1危险货物品名表中的"第4栏类别或项别"进行确定。

爆炸品的定义明确地指出"爆炸品"的爆炸现象属于化学爆炸。"爆炸品"的化学爆炸是指物质因得到起爆的能量而迅速分解，释放出大量的气体和热量的过程。炸药、炮弹、爆竹以及爆炸性药品的爆炸都是化学爆炸。

---

❶ 《危险货物分类和品名编号》（GB 6944—2012）4.2.1.3。
❷ 《危险货物分类和品名编号》（GB 6944—2012）4.2.1.2。

第二章 危险货物的分类和特性

知识链接

联合国《关于危险货物运输的建议书 规章范本》中的爆炸品,适用下述定义:

(1)爆炸性物质是固体或液体物质(或物质混合物),自身能够通过化学反应产生气体,其温度、压力和速度高到能对周围造成破坏。烟火物质即使不放出气体也包括在内;

(2)烟火物质是用来产生热、光、声、气或烟的效果的一种物质或混合物。这些效果是由不起爆的自持放热化学反应产生的;

(3)爆炸性物品是含有一种或几种爆炸性物质的物品;

(4)减敏的,是将一种物质(或减敏剂)加入爆炸物中,以增加搬运和运输过程中的安全性。减敏剂使爆炸物不敏感或降低爆炸物对以下情况的敏感度:热、振动、撞击、打击或摩擦。典型的减敏剂有蜡、纸、水、聚合物(如氯氟聚合物)、酒精和油(如凡士林油和石蜡)等,但不限于此。

一般地,爆炸反应过程释放出的热量越大、爆炸的反应速度越快、爆炸的变化过程中能产生的气体越多,爆炸品的爆炸威力就越大。一般常见炸药的爆速、气体量和热量参数,见表2-1。

常见炸药的爆速、气体量和热量　　　　　　　　　　表2-1

炸药品名	爆速(m/s)	1kg炸药爆炸后所产生的气体量(L)	1kg炸药爆炸后所产生的热量(kJ)
UN 0027;CN 11096 黑火药(火药),颗粒状或粉状	500	280	2784
UN 0143;CN 11033 减敏硝酸甘油,按质量含有不低于40%不挥发、不溶于水的减敏剂	8400	716	4196
UN 0340、UN 0341;CN 11032 硝化纤维素,干的,或湿的,按重量含水(或酒精)低于25% 硝化纤维素,未改型的,或增塑的,按重量含有低于18%的增塑剂	6300	765	4291
UN 0388;CN 11040 三硝基甲苯(梯恩梯)和三硝基苯混合物或三硝基甲苯(梯恩梯)和六硝基芪混合物	6990	727	4187
UN 0208;CN 11037 三硝基苯基甲硝胺(特屈儿炸药)	7740	710	4564

续上表

炸药品名	爆速(m/s)	1kg 炸药爆炸后所产生的气体量(L)	1kg 炸药爆炸后所产生的热量(kJ)
UN 0391；CN 11044 环三亚甲基三硝胺(旋风炸药;黑索金❶;RDX)与环四亚甲基四硝胺(HMX;奥克托金炸药)的混合物,湿的,按重量含水不低于15%;或环三亚甲基三硝胺(旋风炸药;黑索金;RDX)与环四亚甲基四硝胺(HMX;奥克托金炸药)的混合物,减敏的,按重量含减敏剂不低于10%	8380	908	6280
UN 0411；CN 11049 季戊四醇四硝酸酯,按重量含蜡不低于7%(季戊炸药、泰安、太安)	8400	780	6389
UN 0135；CN 11025 雷酸汞(雷汞)	4500	315	1541
UN 0129；CN 11019 叠氮化铅(叠氮铅)	4500	310	1089

二、爆炸品的分项

根据各种爆炸物品特性,《危险货物分类和品名编号》(GB 6944—2012)将第1类爆炸品划分为6项。

(1)爆炸品的1.1项:有整体爆炸危险的物质和物品(图2-2)。所谓的整体爆炸是指瞬间能影响到几乎全部载荷的爆炸,如表2-2所列举的爆炸品。

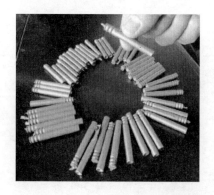
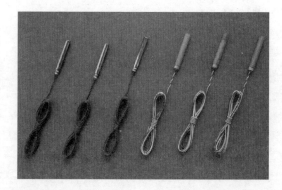

图2-2 爆炸品1.1项

---

❶ 黑索金有不同种,如黑索金,钝感的 UN 0483;黑索金,湿的 UN 0072。

爆炸品 1.1 项示例　　　　　　　　　　　　　　　　　　　　表 2-2

联合国编号	名 称 和 说 明	类别或项别❶
0004	苦味酸胺,干的,或湿的,按质量含水低于 10%	1.1D
0005	武器弹药筒,带有爆炸装药	1.1F
0006	武器弹药筒,带有爆炸装药	1.1E
0027	黑火药(火药),颗粒状或粉状	1.1D
0028	压缩黑火药(火药)或丸状黑火药(火药)	1.1D
0029	非电引爆雷管,爆破用	1.1B

(2)爆炸品的 1.2 项:有迸射危险,但无整体爆炸危险的物质和物品,如表 2-3 所列举的爆炸品。

爆炸品 1.2 项示例　　　　　　　　　　　　　　　　　　　　表 2-3

联合国编号	名 称 和 说 明	类别或项别
0007	武器弹药筒,带有爆炸装药	1.2F
0009	燃烧弹药,带有或不带起爆装置、发射剂或推进剂	1.2G
0015	发烟弹药,带有或不带起爆装置、发射剂或推进剂	1.2G
0018	催泪弹药,带有或不带起爆装置、发射剂或推进剂	1.2G
0035	炸弹,带有爆炸装药	1.2D
0039	摄影闪光弹	1.2G

(3)爆炸品的 1.3 项:有燃烧危险并有局部爆炸危险或局部迸射危险或这两种危险都有,但无整体爆炸危险的物质和物品。爆炸品 1.3 项包括满足下列条件之一的物质和物品:一是可产生大量辐射热的物质和物品;二是相继燃烧产生局部爆炸或迸射效应或两种效应兼而有之的物质和物品,如表 2-4 所列举的爆炸品。

爆炸品 1.3 项示例　　　　　　　　　　　　　　　　　　　　表 2-4

联合国编号	名 称 和 说 明	类别或项别
0010	燃烧弹药,带有或不带起爆装置、发射剂或推进剂	1.3G
0016	发烟弹药,带有或不带起爆装置、发射剂或推进剂	1.3G
0019	催泪弹药,带有或不带起爆装置、发射剂或推进剂	1.3G
0050	闪光弹药筒	1.3G
0054	信号弹药筒	1.3G
0077	二硝基苯酚的碱金属盐,干的,或湿的,按质量含水低于 15%	1.3C

爆炸品 1.1 项、1.2 项、1.3 项运输车辆标志牌图形如图 2-3 所示❷。

---

❶ 其中第 1 类危险货物还包括其所属的配装组。
❷ 国内有关标准对爆炸品标志的表述不一致。在危险货物道路运输过程中,要执行《道路运输危险货物车辆标志》(GB 13392)的有关要求。

(底色:橙红色,图案:黑色)

图 2-3 爆炸品 1.1 项、1.2 项、1.3 项标志

(4)爆炸品的 1.4 项:不呈现重大危险的物质和物品。本项包括运输中万一点燃或引发时仅出现较小危险的物质和物品;其影响主要限于包件本身,且预计射出的碎片不大、射程也不远,外部火烧不会引起包件内全部内装物的瞬间爆炸,如表 2-5 所列举的爆炸品。

爆炸品 1.4 项示例 表 2-5

联合国编号	名称和说明	类别或项别
0044	帽型起爆器	1.4S
0055	空弹药筒壳,带有起爆器	1.4S
0066	点燃导火索	1.4G
0131	引信点火器	1.4S
0197	发烟信号器	1.4G
0312	信号弹药筒	1.4G

爆炸品 1.4 项运输车辆标志牌图形如图 2-4 所示。

(5)爆炸品的 1.5 项:有整体爆炸危险的非常不敏感物质。本项包括有整体爆炸危险性、但非常不敏感以致在正常运输条件下引发或由燃烧转为爆炸的可能性很小的物质。

爆炸品 1.5 项运输车辆标志牌图形如图 2-5 所示。

(底色:橙红色,图案:黑色)　　　　(底色:橙红色,图案:黑色)

图 2-4 爆炸品 1.4 项标志　　　图 2-5 爆炸品 1.5 项标志

(6)爆炸品的 1.6 项:无整体爆炸危险的极端不敏感物品。本项包括仅含有极端不敏感

起爆物质、并且其意外引发爆炸或传播的概率可忽略不计的物品。同时本项货物的危险仅限于单个物品的爆炸。如 UN 0486 极端不敏感爆炸性物品(1.6N)。

爆炸品 1.6 项运输车辆标志牌图形如图 2-6 所示。

《危险货物品名表》(GB 12268—2012)中,爆炸品 1.5 项仅有"UN 0482 非常不敏感爆炸性物质,未另作规定的"、1.6 项仅有"UN 0486 极端不敏感爆炸性物品",由此可知第 1 类爆炸品中 1.5 项、1.6 项所占的比例很小。

由图 2-2 可知,爆炸品 1.1 项、1.2 项、1.3 项使用同一个标志。但在联合国《关于危险货物运输的建议书 规章范本》中,分别使用了 3 个不同的标志❶,如图 2-7 所示。

(底色:橙红色,图案:黑色)

图 2-6 爆炸品 1.6 项标志

图 2-7 联合国爆炸品 1.1 项、1.2 项、1.3 项标志

三、爆炸品的特性

爆炸品的特性决定了爆炸品爆炸性能的强弱,主要体现在感度、威力和猛度、安定性三个方面。

1. 感度(亦称敏感度)

感度是指爆炸品在外界作用下,发生爆炸反应的难易程度。爆炸品需要外界提供一定的能量才能触发爆炸反应,否则爆炸反应不能进行。外界提供的能量也称起爆能,通常是以引起爆炸反应的最小外界能量来表示。显然,引起某爆炸品爆炸所需的起爆能量越小,该爆炸品的敏感度越高,危险性也越大。

不同的爆炸品所需起爆能的大小是不同的,其敏感度也是不同的,如 TNT 对火焰的敏感度较小,但如用雷管引爆则立即爆炸。即使同一种炸药,所需起爆能大小也不是固定不变的,如同样是 TNT,在缓慢加压的情况下,它可以经受数千牛顿压力也不爆炸,但在瞬间撞击

---

❶ 《化学品分类和标签规范第 2 部分:爆炸物》表 B.1 爆炸物标签的分配。

情况下,即使冲击力很小,也会引起爆炸。这就是爆炸品在运输装卸作业中不能摔碰、撞击的原因之一。

起爆能有多种能量形式,如机械能(冲击、摩擦、针刺)、热能(高温、明火、火花、火焰)、电能(电热、电火花)、光能(激光及其他光线)、爆炸能(雷管、起爆药)等。在运输装卸过程中,温度的变化及机械作用(振动、撞击、摩擦)的影响是不可避免的,所以在各种形式的感度中,主要是确定爆炸品的热感度和撞击感度。

(1)热感度。指爆炸品在外界热能的作用下,发生爆炸反应的难易程度,一般用"爆发点"来表示。爆发点是指物质在一定延滞期内发生爆炸的最低温度。延滞期是指从开始对炸药加热到其发生爆炸所需要的时间。不同延滞期下TNT的爆发点见表2-6。可见,由于加热速度的不同,同一爆炸品,延滞期越短,爆发点越高;延滞期越长,爆发点越低。虽未受高热,但受低热时间足够长的话,也会诱发爆炸。因此,在运输中一定要使爆炸品远离热源或采取严格的隔离措施。

TNT炸药在不同延滞期下的爆发点　　　　　　　　表2-6

延滞期	5s	1min	5min	10min
爆发点(℃)	475	320	285	270

(2)撞击感度。指爆炸品在机械冲击的外力作用下对冲击能量的敏感程度,用发生爆炸次数的百分比表示。撞击感度高(百分比的数值大),说明其对外界冲击能量的敏感度高,易于引起爆炸。反之,撞击感度低,说明其对冲击能量的感度低,不易引起爆炸。如装卸时不慎由高空落下,车辆在行驶中发生剧烈的冲击、振动等均属这一类。目前,各国大都采用立式落锤感度试验机测定爆炸品的撞击感度。几种常用炸药的撞击感度见表2-7。

几种常用炸药的撞击感度　　　　　　　　表2-7

(锤重10kg,落高25cm,试样量0.05g,标准装置)

炸药品名	爆炸百分数(%)	炸药品名	爆炸百分数(%)
梯恩梯	4~8	黑索金	70~80
苦味酸	24~32	泰安	100
2,4,6三硝基苯甲硝胺	50~60	无烟火药	70~80

炸药的纯净度对其撞击感度有很大的影响。当炸药内混入坚硬物质,如玻璃、铁屑、砂石等时,其撞击感度增加,危险性增大。当炸药中混入惰性物质(如石蜡、硬脂酸、机油等)时,其撞击感度降低。因此,在运输装卸过程中,严禁混入坚硬杂物,车厢应保持干净,炸药撒漏物绝不能再装入原包装内。有些比较敏感的炸药(如黑索金、泰安等),在运输过程中为确保安全,可加入一些石蜡(这些附加物称为钝感剂)使其钝化,以增加安全系数。

2. 威力和猛度

(1)威力。指炸药爆炸时的做功能力,即炸药爆炸时对周围介质的破坏能力。其大小主要取决于爆热的大小、爆炸后气体生成量的多少以及爆温的高低。

(2)猛度(又称猛性作用)。指炸药爆炸后爆轰产物对周围物体(如弹壳、混凝土、建筑物或矿石层等)破坏的猛烈程度。其大小可用爆轰压和爆速来衡量。

爆炸品的威力和猛度越大,则破坏作用越强。衡量威力和猛度的参数很多,运输中采用爆速来表示。当药量相当时,爆速的大小能在一定程度上反映出炸药的爆炸功率及破坏能力,且不同的爆炸品具有不同的爆速。爆速越大,单位时间内进行爆炸反应的爆炸物品越多,其爆炸威力也越大。通常将爆速是否大于 3000m/s 作为衡量爆炸品威力强弱的一个参考指标。常见炸药的爆速等参数见表 2-8,且从表 2-8 中可以看出,黑索金、泰安、特曲儿、硝化甘油等都是爆炸威力很强的炸药。

常见炸药的爆速、气体量和热量参数表　　　　　　　　　　表 2-8

炸 药 品 名	爆速 (m/s)	1kg 炸药爆炸后所产生的气体量(L)	1kg 炸药爆炸后所产生的热量(kJ)
UN 0027;CN 11096 黑火药(火药),颗粒状或粉状	500	280	2784
UN 0143;CN 11033 减敏硝化甘油,按质量含有不低于 40% 不挥发、不溶于水的减敏剂	8400	716	4196
UN 0340;UN 0341;CN 11032 硝化纤维素,干的,或湿的,按质量含水(或酒精)低于 25% 硝化纤维素,未改型的,或增塑的,按质量含有不低于 18% 的增塑剂	6300	765	4291
UN 0388;CN 11040 三硝基甲苯(梯恩梯)和三硝基苯混合物或三硝基甲苯(梯恩梯)和六硝基芪混合物	6990	727	4187
UN 0208;CN 11037 三硝基苯基甲硝胺(特屈儿炸药)	7740	710	4564

3. 炸药的安定性(稳定性)

炸药的安定性是指炸药在一定的储存期间内,不改变自身的物理性质和化学性质(即爆炸性能)的能力。它主要取决于炸药的物理状态、化学结构、环境温湿度、密度、杂质等因素。爆炸品本身不稳定,即使在正常的保管条件下,也会产生某种程度的物理或化学变化,所以,长期储存不安定的爆炸品或在一定外界条件(如环境温、湿度等)影响下,不仅会改变爆炸品的爆炸性能,影响正常使用,而且还可能发生燃烧和爆炸事故。

根据汽车运输的特点,我国以保持在环境温度不超过 45℃(可允许短期略超过 45℃)的条件下,运输期间货物不发生分解,不改变其使用效能,即可认为该货物安定性符合安全运输要求。同时,为增加运输过程中炸药的安定性,对某些炸药,在运输途中必须加入一定量的水、酒精,或其他钝感剂(如萘、二苯胺、柴油等)。

综上所述,爆炸性是运输过程中对安定性的最大威胁。其中感度和安定性主要用来衡量货物起爆的难易程度,而威力和猛度则关系到一旦发生爆炸所产生的破坏效果。一般来讲，可选用爆发点低于350℃、爆速大于3000m/s、撞击感度在2%以上为爆炸性的3个主要参考数据。三者居其一，即可认为具有爆炸性。

> **知识链接**

爆炸品还有其他特性：

(1) 爆炸性。爆炸品的爆炸性是由本身的组成和性质决定的，而爆炸的难易程度则取决物质本身的敏感度。一般来讲，敏感度越高的物质越易爆炸。在外界条件作用下，炸药受热、撞击、摩擦、遇明火或酸碱等因素的影响都易发生爆炸。

(2) 殉爆。当炸药爆炸时，能引起位于一定距离之外的炸药也发生爆炸，这种现象称为殉爆，这是炸药所具有的特殊性质。殉爆的发生是冲击波的传播作用，距离冲击波越近，强度越大。

四、爆炸品的配装

1. 配装组划分

首先，除有特殊规定外，爆炸品不得与其他类危险货物一起混装运输。爆炸品如与其他危险货物混装，应符合《汽车危险货物运输规则》(JT 617)的附录D《危险货物配装表》有关危险货物间的配装规定。其次，爆炸品间混装应符合爆炸品配装组要求，属于同一配装组的爆炸品可以放在一起运输，不同配装组的爆炸品一般不能放在一起运输。以下介绍爆炸品的配装组。

1) 配装组

爆炸品由于性质上的差异，考虑到如果彼此在一起能安全积载或运输，而不会明显地增加事故的概率或在一定数量情况下不会明显提高事故后果的等级，可视为"相容的"或"可配装的"。根据这一原则，爆炸品被分成若干配装组。在《危险货物分类和品名编号》(GB 6944—2012)的4.2.3.1中，将配装组定义为"在爆炸品中，如果两种或两种以上物质或物品在一起能够安全积载或运输，而不会明显增加事故概率或在一定数量情况下不会明显提高事故危害程度的，可将其归为同一配装组"。

按爆炸品的物理性质、爆炸性能、内外包装方式、特殊危险性等不同特点，将爆炸品划分为A、B、C、D、E、F、G、H、J、K、L、N、S共13个配装组，见表2-9。

爆炸品配装组划分　　　　　　　　　　　　　　　　　　表2-9

配装组	待分类物质和物品的说明
A	一级爆炸性物质
B	含有一级爆炸性物质，而不含有两种或两种以上有效保护装置的物品。某些物品，如爆破用雷管、爆破用雷管组件和帽形起爆器包括在内，尽管这些物品不含有一级炸药
C	推进爆炸性物质或其他爆燃爆炸性物质或含有这类爆炸性物质的物品

续上表

配装组	待分类物质和物品的说明
D	二级起爆物质或黑火药或含有二级起爆物质的物品,无引发装置和发射药;或含有一级爆炸物质和两种或两种以上有效保护装置的物品
E	含有二级起爆物质的物品,无引发装置,带有发射药(含有易燃液体或胶体或自燃液体的除外)
F	含有二级起爆物质的物品,带有引发装置,带有发射药(含有易燃液体或胶体或自燃液体的除外)或不带有发射药
G	烟火物质或含有烟火物质的物品或既含有爆炸性物质又含有照明、燃烧、催泪或发烟物质的物品(水激活的物品或含有白磷、磷化物、发火物质、易燃液体或胶体、自燃液体的物品除外)
H	含有爆炸性物质和白磷的物品
J	含有爆炸性物质和易燃液体或胶体的物品
K	含有爆炸性物质和毒性化学剂的物品
L	爆炸性物质或含有爆炸性物质并且具有特殊危险(如由于水激活或含有自燃液体、磷化物或发火物质)需要彼此隔离的物品
N	只含有极端不敏感起爆物质的物品
S	如下包装或设计的物质或物品,除了包件被火烧损的情况外,能使意外起爆引起的任何危险效应不波及包件之外,在包件被火烧损的情况下,所有爆炸和迸射效应也有限,不至于妨碍或阻止在包件紧邻处救火或采取其他应急措施

因此,《危险货物品名表》(GB 12268—2012)中属同一配装组的爆炸品可以配装。如闪光弹药筒(UN 0049)1.1G、摄影闪光弹(UN 0039)1.2G、燃烧弹药(UN 0009)1.3G、点燃导火索(UN 0066)1.4G 等爆炸品可以配装。

2) 配装组的确定

根据定义,配装组是拟适用于彼此不兼容的物质或物品,属于配装组 S 的物质或物品除外。爆炸品配装组的确定按表 2-8 的规定进行。

由于配装组 S 的判定是以试验为依据的,配装组 S 的确定要与确定 1.4 项的试验相结合。此外,配装组 N 的确定要与确定 1.6 项的试验相结合,见表 2-10。

2. 项别与配装组代号

1) 爆炸品项别与配装组代码

爆炸品项别与配装组代码由表示类、项的两个阿拉伯数字(中间加一圆点)和一个表示配装组的字母组成。如项别为 1.1,配装组为 A 的爆炸品,其分项与配装组代号为 1.1A。由此,可以进一步了解《危险货物品名表》(GB 12268—2012)中爆炸品的"类别或项别"的含义。如:

(1) 黑火药(UN 0027;CN 11096),配装组代号为:1.1D,即黑火药为爆炸品的 1.1 项,配装组划分为 D。

爆炸品可能的项别与配装组代码号　　　　　表 2-10

配装组	组　合	配装组	组　合
A	1.1A	H	1.2H 1.3H
B	1.1B 1.2B 1.4B	J	1.1J 1.2J 1.3J
C	1.1C 1.2C 1.3C 1.4C	K	1.2K 1.3K
D	1.1D 1.2D 1.4D 1.5D	L	1.1L 1.2L 1.3L
E	1.1E 1.2E 1.4E	N	1.6N
F	1.1F 1.2F 1.3F 1.4F	S	1.4S
G	1.1G 1.2G 1.3G 1.4G	—	—

（2）叠氮化铅（UN 0129；CN 11019），配装组代号为：1.1A，即叠氮化铅为爆炸品的 1.1 项，配装组划分为 A。

（3）照明弹药（UN 0297；CN 14032），配装组代号为：1.4G，即照明弹药为爆炸品的 1.4 项，配装组划分为 G。

由此可知，《危险货物品名表》（GB 12268—2012）中，爆炸品的"类别或项别"的含义包括两个含义，一是表明爆炸品的项别，二是表明爆炸品的配装组的划分。

2) 爆炸品可能的项别与配装组代码

第 1 类危险货物爆炸品根据其具有的危险性分为 6 项，其中 1 项和 13 个配装组中的一个，被认为可以相容的各种爆炸性物质和物品列为一个配装组。爆炸品可能的项别与配装组组合的代码号，见表 2-9。

在实际工作中，为了使用方便，常将表 2-8 和表 2-9 合并为一个表，见表 2-11。

第二章 危险货物的分类和特性

爆炸品配装组划分   表2-11

待分类物质和物品的说明	配装组	组合
一级爆炸性物质	A	1.1A
含有一级爆炸性物质,而不含有两种或两种以上有效保护装置的物品。某些物品,如爆破用雷管、爆破用雷管组件和帽形起爆器包括在内,尽管这些物品不含有一级炸药	B	1.1B 1.2B 1.4B
推进爆炸性物质或其他爆燃爆炸性物质或含有这类爆炸性物质的物品	C	1.1C 1.2C 1.3C 1.4C
二级起爆物质或黑火药或含有二级起爆物质的物品,无引发装置和发射药;或含有一级爆炸物质和两种或两种以上有效保护装置的物品	D	1.1D 1.2D 1.4D 1.5D
含有二级起爆物质的物品,无引发装置,带有发射药(含有易燃液体或胶体或自燃液体的除外)	E	1.1E 1.2E 1.4E
含有二级起爆物质的物品,带有引发装置,带有发射药(含有易燃液体或胶体或自燃液体的除外)或不带有发射药	F	1.1F 1.2F 1.3F 1.4F
烟火物质或含有烟火物质的物品或既含有爆炸性物质又含有照明、燃烧、催泪或发烟物质的物品(水激活的物品或含有白磷、磷化物、发火物质、易燃液体或胶体、自燃液体的物品除外)	G	1.1G 1.2G 1.3G 1.4G
含有爆炸性物质和白磷的物品	H	1.2H 1.3H
含有爆炸性物质和易燃液体或胶体的物品	J	1.1J 1.2J 1.3J
含有爆炸性物质和毒性化学剂的物品	K	1.2K 1.3K
爆炸性物质或含有爆炸性物质并且具有特殊危险(如由于水激活或含有自燃液体、磷化物或发火物质)需要彼此隔离的物品	L	1.1L 1.2L 1.3L
只含有极端不敏感起爆物质的物品	N	1.6N
如下包装或设计的物质或物品,除了包件被火烧损的情况外,能使意外起爆引起的任何危险效应不波及包件之外,在包件被火烧损的情况下,所有爆炸和迸射效应也有限,不至于妨碍或阻止在包件紧邻处救火或采取其他应急措施	S	1.4S

63

3. 配装组组合

根据《危险货物分类和品名编号》(GB 6944—2012),配装组还需要与爆炸品6个项别进行组合。具体某个爆炸品属于哪个配装组,可以按照GB 12268中表1第4栏的标注进行判断。GB 6944对爆炸品划分配装组的方法、与各配装组有关的可能危险项别的组合进行了规定,具体见表2-12。

爆炸品危险项别和配装组的组合　　　　　表2-12

危险项别	配装组													ΣA~S
	A	B	C	D	E	F	G	H	J	K	L	N	S	
1.1	1.1A	1.1B	1.1C	1.1D	1.1E	1.1F	1.1G		1.1J		1.1L			9
1.2		1.2B	1.2C	1.2D	1.2E	1.2F	1.2G	1.2H	1.2J	1.2K	1.2L			10
1.3			1.3C			1.3F	1.3G	1.3H	1.3J	1.3K	1.3L			7
1.4		1.4B	1.4C	1.4D	1.4E	1.4F	1.4G						1.4S	7
1.5				1.5D										1
1.6												1.6N		1
Σ1.1~1.6	1	3	4	4	3	4	4	2	3	2	3	1	1	35

在确认货物配装组时,将待确定配装组的各种爆炸品特性与表2-9所给出的特征说明进行对照分析,确定该货物的配装组别。配装组的确定一般不必进行实验,但需要注意以下几点:

(1)配装组D和E的物品,可安装引发装置或与之包装在一起,但该引发装置应至少配备两个有效的保护功能,防止在引发装置意外启动时引起爆炸。此类物品和包装应划分为D或E配装组。

(2)配装组D和E的物品,可与引发装置包装在一起,尽管该引发装置未配备两个有效的保护功能,但在正常运输条件下,该引发装置意外启动不会引起爆炸。此类物品和包装应划为D或E配装组。

(3)划入配装组S的物质和物品需要经过爆炸品分项程序1.4项的实验确定。

(4)划入配装组N的物质和物品需要经过爆炸品分项程序1.6项的实验确定。

4. 爆炸品配装的要求

爆炸品运输作业人员在配装过程中,必须遵守以下几个方面的配装要求:

(1)分项及配装组代号相同的货物(L组除外)可以配装。如UN 0129叠氮化铅和UN 0130收敛酸铅,都属于1.1A配装组,可以进行混装运输。

(2)属于配装组L的货物不能同其他组的货物配装,而且只能与该组中同一危险类型的货物配装。

(3)分项及配装组代号不同的货物允许进行以下配装。

①属于配装组A~K的货物,配装组相同,但项别不同,只要全部视为属于具有较小号码的项就可以配装,但1.5D组的货物同1.2D组的货物配装时,整个货物应视为1.1D组。

②属于配装组C、D、E和F的货物可以配装,其总体应视为具有较后字母的配装组。

③属于配装组 G 的制品(不包括烟火剂制品和要求特殊装载的制品),只要在同一舱室中没有爆炸性物质,则可与配装组 C、D 和 E 的制品配装。

④配装组 N 的货物一般不与其他配装组(S 组除外)的货物配装,但是,弱配装组 N 的货物与配装组 C、D、E 的货物配装时,配装组 N 的货物应视为配装组 D。

⑤属于配装组 S 的货物可以同除配装组 A 和 L 以外的其他配装组的货物配装。

⑥一般来说,1.4S 的爆炸品可以与其他类危险货物混装运输;爆破炸药(UN 0083 的 C 型爆破炸药除外)可以与 5.1 项的硝酸铵和无机硝酸盐(UN 1942 和 UN 2067)一起运输,但在揭示牌、隔离、装载和最大许可载荷方面须把整个货物当作爆破炸药处理;装运爆炸品的救生设备(UN 3072 和 UN 2990)可以与设备中所装的相同危险货物一起运输;1.4G 的气袋充气器或气袋模件或安全带预拉装置(UN 0503)可以与第 9 类气袋充气器或充袋模件或安全带预拉装置(UN 3268)一起运输。

⑦点火器材、起爆器材不得与炸药、爆炸性药品以及发射药、烟火等其他爆炸品混装运输。

综上所述,爆炸品配装,要重点关注以下四方面的内容(图 2-8)。

(1)爆炸品分为 6 项(1.1 项、1.2 项、1.3 项、1.4 项、1.5 项、1.6 项)。

(2)爆炸品根据其性质,划分为 13 个配装组(表 2-9)。同一配装组的,可以配装。

(3)爆炸品不同的项与 13 个配装组中的一个,在一定条件下可以组合,即爆炸品的有配装组代号[表 2-9 及《危险货物品名表》(GB 12268)]。

(4)爆炸品不同的配装组,可以根据表 2-11 进行组合。

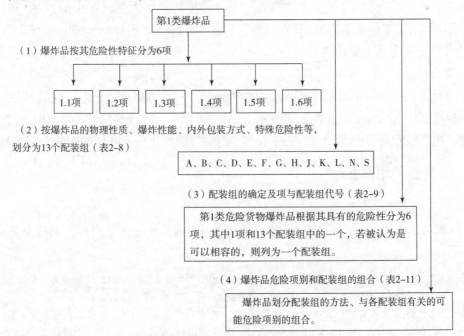

图 2-8 爆炸品配装的主要内容

五、常见的爆炸品

(一)爆炸性物质的分类

爆炸性物质按用途的不同,可分为起爆药、猛炸药、火药和烟火剂四大类。

1. 起爆药

起爆药又叫作初级炸药,它是四类爆炸性物质中最敏感的一种,受外界较小能量作用就能发生爆炸变化,而且在很短的时间内其变化速度可增至最大;但是它的威力较小,在许多情况下不能单独使用,只能用来作为火帽❶、雷管❷装药的一个组分,以引燃火药或引爆猛炸药。同时,起爆药受较小的激发冲能,如火焰、针刺、撞击、电能等激发就能引爆,而且只需少量的药量就可以达到稳定的爆轰。它主要用于火工品,用以起爆猛炸药。常用的起爆药有雷汞(UN 0135;CN 11025)、叠氮化铅(UN 0129;CN 11019)等。

2. 猛炸药

猛炸药又叫作次级炸药,习惯上称为炸药。它需要较大的外界能量作用才能激起爆炸变化,一般用起爆药来起爆。猛炸药典型的爆炸变化形式是爆轰,常用作各种弹药的主装药和火工品中的装药。常用的猛炸药有梯恩梯(UN 0388;CN 11040)、特屈儿(UN 0208;CN 11037)、太安(UN 0411;CN 11049)、黑索金(UN 0391;CN 11044)等。

3. 火药

火药典型的爆炸变化形式是燃烧,常用作枪炮弹的发射药与火箭推进剂,也广泛应用于火工品中。常用的火药有黑火药(UN 0027;CN 11096)、无烟火药(UN 0161;CN 13017)、单基药(硝化棉为主体的火药)、双基药(以硝化甘油和硝化棉为主体的火药)、推进火药(以高氯酸盐及氧化铅等为主要药剂)。

4. 烟火剂

烟火剂是一类以氧化剂和可燃物为主体的混合物,其典型爆炸变化形式也是燃烧,是利用其燃烧反应所产生的特定烟火效应,起照明、信号、光、烟幕及燃烧等作用。烟花爆竹就是民用烟火剂。由于雷管对明火、电火花、振动、撞击、摩擦敏感,故炸药不得与雷管同时装载、运输。

(二)常运的爆炸品

1. 火药、炸药及起爆药

(1)火药。火药又叫作发射药,是极易燃烧的固体物质,量大时或在密闭状态下也能转

---

❶ 火帽(UN 0377、UN 0378、UN 0044),由金属或塑料帽内装有少量易于点燃的起爆药制成的火工品。这种起爆药很容易由冲击点燃,通常用作轻武器弹药筒的点燃部件,或发射药的撞击起爆器。

❷ 雷管包括:弹药用雷管(UN 0073、UN 0364、UN 0365、UN 0366),专门用于起爆炸药的起爆元件;电雷管(UN 0030、UN 0255、UN 0456),各种用电流引发的、用于引爆起爆药的起爆元件,装有瞬发装置或延时装置;非电雷管(UN 0029、UN 0267、UN 0455),各种非电流引发的、用于引爆起爆药的起爆元件,装有瞬发装置或延时装置。雷管对明火、电火花、振动、撞击、摩擦敏感。

变为爆炸,但军事上主要利用其燃烧有规律的性质,用作火炮发射弹丸的能源。火药按其结构又分为:

①单基药,主要成分为硝化纤维素(UN 0340、UN 0341;CN 11032);

②双基药,主要成分是硝化纤维素(UN 0340、UN 0341;CN 11032)、硝化甘油和硝化甘油乙醇(UN 0144;CN 11034);

③三基药,主要成分是硝化纤维素(UN 0340、UN 0341;CN 11032)、硝化甘油与硝基胍(UN 0282;CN 11027);

④黑火药,主要成分是硝酸钾、硫黄、木炭的机械混合物,各成分配比不同,其性能也不同。

硝化纤维素(别名硝化棉)为纤维素与硝酸酯化反应的产物,是用精制棉与浓硝酸和浓硫酸酯化反应而得,广泛用于火工、造漆等行业,摄影胶片、赛璐珞、乒乓球都用其作原料。硝酸纤维素不仅易燃而且易分解。干燥的硝化棉极不稳定,易被点燃,松散的硝化棉在空气中燃烧不留残渣,增大密度时,燃速下降。大量硝化棉在堆积或密闭容器中燃烧能转化为爆轰。干燥的硝化棉极不稳定,能在较低温度下自行缓慢分解,放出大量的有毒气体并伴随放热,温度迅速上升而自燃,含水25%时较为安全。干燥的硝化棉易因摩擦而产生静电。硝化棉外观好像受过潮的棉花,色白而纤维长。误认其为棉花而发生事故的情况也时有发生。硝化棉中含氮量不超过12.5%时,只能引起自燃,不会爆炸。因此,含氮量在12.5%以上,所含水分不少于32%的硝化棉属于1.1项(爆炸品);含氮量在12.5%以下,所含水分不少于32%的硝化棉属于4.1项(易燃固体)。

火药是以燃烧反应为主要化学变化形式的爆炸性物质,它具有规定的几何形状和尺寸、一定的密度和足够的机械强度。当采用适当的方式点火后,能够按照平行层规律燃烧,放出大量热和气体,对弹丸做发射功,或对火箭做推进功。常见火药的形式有:带状、棍状、片状、长管状、七孔状、短管状和环状等。

(2)炸药(猛炸药)。炸药是相对稳定的物质,在一般情况下比较安定,能经受生产、储存、运输、加工和使用过程中的一般外力作用。只有在相当大的外力作用下才能引爆,通常是用装有起爆药的起爆装置来激发其爆炸反应。猛炸药按其组成情况可分为:

①单质炸药,如三硝基甲苯(梯恩梯)(UN 0209;CN 11035)、环三亚甲基三硝胺(旋风炸药、黑索金;RDX)(UN 0483;CN 11041)、季戊四醇四硝酸酯(季戊炸药、太安)(UN 0150;CN 11049)等;

②混合炸药,如三硝基甲苯(梯恩梯)(UN 0209;CN 11035)与环三亚甲基三硝胺(旋风炸药、黑索金;RDX)(UN 0483;CN 11041)或其他两种以上单质炸药的混合物;

③工程炸药,如硝酸铵类的混合爆炸物(UN 0222;CN 11082)。

炸药一旦起爆后就会发生高速反应,生成大量气体并放出大量热量,因而发生猛烈的爆炸,对周围环境造成破坏。一般炸药按不同的爆炸效应要求和不同的装药形状、条件填装于弹类的弹丸(战斗部),以达到爆炸后杀伤和破坏等作用。

知识链接

三硝基甲苯（干的或含水<30%），UN 0209；CN 11035，类别和项别：1.1D；CAS 号：118-96-7

别名：梯恩梯、茶色炸药

分子式：$CH_3C_6H_2(NO_2)_3$

性状：白色或黄色针状结晶，无臭，有吸湿性。

理化性质：白色或淡黄色针状结晶。无嗅，有毒，几乎不溶于水，微溶于乙醇，溶于苯、甲苯和丙酮；遇碱则生成不安定的爆炸物；撞击敏感度14.7N·m；暴露在日光下颜色会变深；是猛性炸药，也是多种混合炸药的组成部分。

主要用途：(1)除直接用作炸药外，还是许多炸药及其中间体的原料。爆炸力较苦味酸略小，但使用较安全，可单独使用或与其他炸药混合使用。TNT与RDX混熔制得的炸药，被广泛用于炮弹、航弹等。(2)用于制造染料、医药品、炸药，也作试剂等(图2-9)。

危险特性：撞击、摩擦、明火、高温，均能引起燃烧。

灭火剂：大量水；禁用砂土压盖。

图2-9 炸药

(3)起爆药(又称初级炸药)。常用的起爆药有雷汞、叠氮化铅、三硝基间苯二酚铅、二硝基重氮酚等。起爆药用作工业雷管的正装药，以加强起爆能力。对起爆药的基本要求是有足够的敏感度，以保证在使用时能准时起爆，起爆力大，并易于由燃烧变为爆轰，用少量的起爆药即可起爆其他猛炸药。

2.火工品及引信

(1)火工品。为了引起炸药爆炸所采取的各种机构和装置装备(以引燃火药、引爆炸药或做机械功的一次性使用的元器件和装置)统称火工品。它是靠简单的激发冲量(如加热、火焰、冲击、针刺、摩擦)引起作用，产生火焰，点燃发射药或引信药剂(延期药、加强药和时间药)以引爆雷管和炸药。

火工品都是小的炸药元件，具有比较高的感度。其大致可分为两种：一种为按输入冲量形式分为机械、热、电、爆炸装置等；另一种为按输出形式分为点火器(包括火帽、底火、延期药、点火索、点火具等)和起爆器材(包括雷管、导爆索、导爆管、传爆管等)。

(2)引信。引信是装配在弹药中，能够控制战斗部(如炮弹的弹丸，火箭的弹头，地雷的

第二章 危险货物的分类和特性

雷体和手榴弹的弹壳等),在相对目标最有利的地位或最有利的时间完全引起作用的装置。而引信中能够适时起激发作用的元件就是火工品。某些火工品不只装在引信中,它还装于发射装药或火箭发动机中,用来点燃发射药。所以火工品是引燃和引爆器材的总称。火工品、引信和战斗部三者是不可分割的一个整体。战斗部靠引信来控制,而引信的控制作用主要是由火工品来完成的。

引信的构造主要包括发火和保险两个部分。引信的机构由多种零件组成,其引爆过程是:击针冲击火帽,火帽的火焰能量引爆雷管产生爆轰波,此波再引爆传爆管药粒后产生较大的爆轰波,使整个弹丸爆炸。

知识链接

导火索(导爆索,软的;UN 0056;CN 11008;类别和项别:1.1D)

理化性质:导火索一黑火药为芯体,外形与棉绳相似,制成卷状,每卷长50m(图2-10)。对火焰敏感,爆燃点290~300℃,爆温2200~2380℃,燃速约1cm/s;能用明火或拉火管点燃。

危险特性:接触火焰、电火花或受到猛撞和摩擦,均能引起燃烧。

灭火剂:大量水;禁用砂土压盖。

当上述爆炸品作为民用爆炸物品时,应依据《民用爆炸物品安全管理条例》的有关规定,办理相关手续后进行运输。

图2-10 导火索

3.弹类

凡是在金属或其他材料壳体内填装火药或化学药剂等物质,在战斗中对敌人进行杀伤、破坏或达到其他战术目的的物质统称为弹药,如图2-11所示。

图2-11 弹药

4.烟花爆竹

烟花、爆竹是我国传统的手工艺品,其历史悠久,品种繁多,已有声、光、烟、色、造型等综合效果的产品约500多种。其中有欢庆节日的大型高空礼花,有应用于航海、渔业的求救信号弹,有体育、军事训练用的发令纸炮、纸壳手榴弹、土地雷,还有农业、气象用的土火箭等。但对撞击、摩擦引发的拉炮、摔炮(搅炮)以及穿天猴、地老鼠、土火箭之类的烟花,因为不安全,国家已明令严禁制造和销售。

烟花、爆竹大都是以氧化剂(如氯酸钾、硝酸钾、硝酸钡等)与可燃物质(如木炭、硫黄、赤磷、镁粉、铝粉等)再加以着色剂(如钠盐、锶盐、钡盐、铜盐等)、黏合剂(如酚醛树脂、虫胶、松香、糨糊等)为主体的物质,按不同用途,装填于泥、纸、绸质的壳体内。其组成成分不但与爆炸品相同,而且还有氧化剂成分,应该是很敏感、很危险的。但其大部分产品用药量甚少,最多占30%,其余70%为泥土、纸张等杂物,因此,其具有较好的安定性。如其包装不妥或对其爆炸危险性认识不足,同样也会造成爆炸事故。因此,不能降低对烟花、爆竹的包装要求,应绝对禁止旅客夹带烟花爆竹。

烟花爆竹应依据《烟花爆竹安全管理条例》的有关规定进行道路运输。

六、爆炸品火灾扑救

1. 火灾的危险特性

爆炸品的火灾危险性主要表现为极易发生局部或整体爆炸,尤其是存在整体爆炸危险的1.1项和1.5项危险货物,其发生整体爆炸的时间往往仅需几分钟甚至几秒钟,而且燃烧可能会产生刺激性、腐蚀性和/或毒性气体。

2. 火灾的扑救对策

爆炸物品发生火灾时,一般应采取的对策有以下几点。

(1)迅速判断并查明再次发生爆炸的可能性和危险性,紧紧抓住爆炸后和再次发生爆炸之前的有利时机,采取一切可能的措施,全力制止再次爆炸的发生。

(2)禁止用砂土盖压,以免增强爆炸物品爆炸时的威力。对于爆炸品无论是切断空气还是用窒息材料隔绝都是无效的,在最短时间内尽可能用大量的水灭火,以防止温度上升是唯一途径,因为温度的上升会影响爆炸品的化学稳定性。

(3)在确保人身安全的前提下,应迅速组织力量及时疏散着火区域周围的爆炸物品,在着火区周围形成一个隔离带。

(4)扑救爆炸物品堆垛时,水流应采用吊射方式,避免强力水流直接冲击堆垛,造成堆垛倒塌引起再次爆炸。

(5)为安全起见,最好采用消防移动炮、带架水枪等装备进行远距离射水。消防车辆严禁停靠在爆炸物品爆炸波及范围之内。

第二节　第2类　气体

一、气体的定义

气体是指满足下列条件之一的物质:

(1)在50℃时,蒸气压力大于300kPa的物质;

第二章 危险货物的分类和特性

(2)0°C 时在 101.3kPa 标准压力下完全是气态的物质。

以上定义是以物质(货物)的物理特性为依据的,即常温常压条件下的气态物质一般临界温度低于 50°C,或在 50°C 时的蒸气压力大于 300kPa,经压缩或降温加压后,储存于耐压容器或特制的高绝热耐压容器(俗称钢瓶)内或装有特殊溶剂的耐压容器中,均属压缩、液化或溶解气体货物。

第 2 类危险货物气体包括:压缩气体、液化气体、溶解气体和冷冻液化气体、一种或多种气体与一种或多种其他类别物质的蒸气混合物、充有气体的物品和气雾剂。

(1)压缩气体是指在 -50°C 下加压包装供运输时完全是气态的气体,包括临界温度小于或等于 -50°C 的所有气体,如空气、氧、氢、氮、氩、氖、氦、甲烷等气体。

(2)液化气体是指在温度大于 -50°C 时加压包装供运输时部分是液态的气体,可分为:①高压液化气体:临界温度在 -50~60°C 之间的气体,如压缩天然气(Compressed Natural Gas,简称 CNG);②低压液化气体:临界温度大于 60°C 的气体,如液化天然气(Liquefied Natural Gas,简称 LNG)。

(3)溶解气体是指加压包装供运输时溶解于液相溶剂中的气体。

(4)冷冻液化气体是指包装供运输时由于其温度低而部分呈液态的气体,如液氧、液氮、液氩等。

(5)具有两个项别以上危险性的气体和气体混合物,其危险性先后顺序为:①2.3 项优先于所有其他项;②2.1 项优先于 2.2 项。

知识链接

常温常压是指货物储存和运输的自然条件。常压是正常的 1 个自然大气压,一般情况下约等于 1atm、0.1MPa;常温是自然环境温度,它有一个比较宽的温度区间,如我国冬天北方室外的气温可达 -40°C,夏天在阳光直射下可达 50°C。常压下,环境温度高于沸点时,物质为气体;环境温度低于沸点时,物质则为液体。在常温常压下,临界温度低于 50°C 的物质为气态,如乙醛的沸点 20.8°C,乙醚的沸点 34.6°C 等。

通常,增大压力、降低温度可以使气体液化。要使临界温度低于 50°C 的气体液化,至少需要 5MPa 的压力。

(6)气雾剂是指药物与适宜的抛射剂被装于带阀门系统的耐压容器中制成的制剂。使用时药物以雾状喷出,达到用药部位。杀虫气雾剂是指将有效成分、溶剂、助剂密封充装在气雾包装容器内,借助抛射剂的压力把内容物通过阀门和促动器按预定形态喷出,用于杀灭害虫的一种制品(图 2-12)。杀虫气雾剂的罐体上有关说明内容包括微毒、净含量、极易燃气溶胶,罐体属于压力容器,内含易燃物,切勿受太阳直射,切勿接近火源和电源。

气雾剂罐体由抛射剂、药物与附加剂、耐压容器、阀门系统组成(图2-13)。抛射剂是喷射药物的动力,有时兼有药物的溶剂作用。抛物剂多为液化气体,在常压下沸点低于室温,在常温下蒸气压高于大气压。

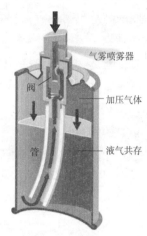

图2-12 家庭用的卫生杀蚊剂(杀虫气雾剂)

图2-13 气雾剂罐体构成和使用原理

知识链接

在"杀虫气雾剂"的道路运输业务中,部分托运单位认为其不属于危险货物。实际中,"家庭用的卫生杀蚊剂"具有毒性、易燃性,且其包装容器承压为0.5～1.0MPa;在碰撞、高温状况下,还会爆炸、燃烧。根据危险货物的定义,其具有危险货物特性,应属于第2类危险货物气体。

1.《危险货物分类和品名编号》(GB 6944)

《危险货物分类和品名编号》(GB 6944—2005)中使用的是"烟雾剂",《危险货物分类和品名编号》(GB 6944—2012)中使用的是"气雾剂"。

2.《危险货物品名表》(GB 12268)

气雾剂应该包括:

UN 1950 气雾剂;类别:2

UN 1967(CN 23051)气体杀虫剂,毒性,未另作规定的;项别:2.3

UN 1968 气体杀虫剂,未另作规定的;项别:2.2

UN 3354 气体杀虫剂,易燃,未另作规定的;项别:2.1

UN 3355 气体杀虫剂,毒性,易燃,未另作规定的;项别:2.3

3.《关于危险货物运输的建议书 规章范本》

第1.2章 定义和度量单位

烟雾剂或喷雾器,为不可再装填的储器,符合6.2.4中的要求,用金属、玻璃或塑料制成,装有压缩、液化或加压溶解的气体,同时装有或没有液体、糊状物或粉状物,带有释放装置,可使内装物变成悬浮于气体中的固体或液体颗粒而喷射出来,喷出物或呈泡沫状、糊状或粉状、液体或气体。

4.《危险货物国际道路运输欧洲公约》

第1.2章 定义和度量单位

气溶胶或气溶胶喷罐(Aerosol or aerosol dispenser)指符合6.2.6要求的不可重复充装容器,由金属、玻璃或塑料制成,装有压缩、液化或加压溶解的气体,装或未装液体、糊状物或粉状物,带有释放装置,可使内装物变成悬浮于气体中的固体或液体颗粒而喷射出来,喷出物或呈泡沫状、糊状或粉状、为液体或气体。

案例链接

河北某个体户使用货车运输家用杀虫气雾剂(易燃、有毒、有压力),在湖南境汨罗境内与客车追尾。货车将客车撞到路边的小池塘里,并扣在客车上。结果杀虫气雾剂燃烧、爆炸,导致死亡20余人,受伤数十人。货车报废,驾驶人员重伤。

分析事故原因,货车当日9时装载约8t罐装杀虫气雾剂和蚊香(限载6t)出发,驾驶人员连续行驶15h,属疲劳驾驶。当行至事发地段,在超越前方客车时,两车发生刮蹭,同时翻入坎下5.6m深的水塘中,两车高度损坏、变形,导致两车电路短路起火;加之货车上的罐装杀虫气雾剂持续燃烧,两车被烧毁。

杀虫气雾剂在运输过程中,受高温、振动、碰撞、挤压等,极易使罐内液体汽化,一旦压力超过罐体承压能力就会产生爆炸、燃烧。另外,杀虫气雾剂接近火源或喷量过大、浓度过高都可能发生爆炸,故在运输时要避免受太阳直射,避免接近火源和电源。

知识链接

此部分主要介绍气体定义中涉及的蒸气压力、临界温度等物理名词。

1. 蒸气压力

1)蒸气压力的概念

蒸气压力(简称蒸气压,以Pa或kPa为单位)是指在液体的表面存在的蒸气对液体表面产生的压强。

2)蒸气压的特征

(1)液体中能量较高的分子有脱离液面进入气相的倾向,这是产生气态分子的原因,是液体的本性。蒸气压正是用来衡量这一倾向程度的量,是液体的自有属性,若外界条件(温度、压力)一定,就有确定的数值。如在密闭容器中装满液体,没有空间形成蒸气,自然也不会对液体产生压力,但蒸气压作为液体本质属性依然存在,不能说此时液体的蒸气压为0。

(2)蒸气压本质上是描述单组分体系气液两相平衡时具备的特征,具有热力学上的意义。

(3)若将液体放入一真空容器中,当液体系统气液两相平衡时,外压相当于此条件下的液体蒸气压。此时,蒸气压会随温度增大而增大。

(4)若液体不是在真空容器中,而是在惰性气体中,外压不再相当于液体蒸气压。如液体置于空气中,且规定空气不溶于液体,此时的外压为大气压力。

(5)蒸气压越大表示液体内分子的逃逸倾向越大,即越容易挥发。

3)饱和蒸气压

液体气化过程中,分子不断从液体内逸出,形成蒸气;同时有分子从蒸气中进入液体,即气化和液化是同时进行的。在一个封闭的空间里,如果同一时间内气化和液化的分子数目相同,称该液体同其蒸气处于平衡状态,此时的蒸气称饱和蒸气,而此时的压力则称饱和蒸气压。

在同一温度下,各种物质的饱和蒸气压是不同的。液态物质的温度升高到其沸点时,其饱和蒸气压与外界压力相等,此时的气化可以在液体的表面和内部同时剧烈进行,这就是沸腾。饱和蒸气压是物质的一个重要性质,它的大小取决于物质的本性和温度。饱和蒸气压越大,表示该物质越容易挥发。

放在杯子里的水,会因不断蒸发变得愈来愈少。如果把纯水放在一个密闭的容器里,并抽走上方的空气,当水不断蒸发时,水面上方气相的压力,即水的蒸汽所具有的压力就不断增加。但是,当温度一定时,气相压力最终将稳定在一个固定的数值上,这时的气相压力称为水在该温度下的饱和蒸气压力。当气相压力的数值达到饱和蒸气压力的数值时,液相的水分子仍然不断地气化,气相的水分子也不断地冷凝成液体,只是由于水的气化速度等于水蒸汽的冷凝速度,液体量才没有减少,气体量也没有增加,液体和气体达到平衡状态。所以,液态纯物质蒸气所具有的压力为其饱和蒸气压力时,气液两相即达到了平衡。

注:气相压力是指同一容器中,液体上表面气体部分的压力,等同于液体上表面的压力。气相是相对液相而言的。

2. 临界温度

临界温度是指使物质由气态变为液态的最高温度。每种物质都有一个特定的温度,在这个温度以上,无论怎样增大压强,气态物质都不会液化,这个温度就是临界温度。因此,要使物质液化,首先要设法达到它自身的临界温度,临界温度越低,越难液化。在临界温度下,使气体液化所必需的压力叫作临界压力。如果对某种达到饱和状态的蒸气施加压力,外部压力大于蒸气压力时,蒸气就会液化。所以临界压力实质上是临界温度时的某物质的饱和蒸气压力。

二、气体的分项

气体按照化学性质可分为易燃气体、非易燃无毒气体、毒性气体3项。

(一) 2.1 项：易燃气体

易燃气体包括在 20°C 和 101.3kPa 条件下满足下列条件之一的气体：

(1) 爆炸下限❶小于或等于 13% 的气体；

(2) 不论其爆燃性下限如何，其爆炸极限（燃烧范围）大于或等于 12% 的气体（标志如图 2-14 所示）。

（底色：红色，图案：黑色）

图 2-14 2.1 项标志

知识链接

1. 爆炸极限

可燃物质（可燃气体、蒸气和粉尘）与空气（或氧气）必须在一定的浓度范围内均匀混合，形成预混气，遇着火源才会发生爆炸，这个浓度范围称为爆炸极限，或爆炸浓度极限。气体或蒸气爆炸极限是以可燃性物质在混合物中所占体积的百分比（%）来表示的，如氢气与空气混合物的爆炸极限为 4%～75%。

2. 爆炸下限和爆炸上限

可燃性混合物能够发生爆炸的最低浓度和最高浓度，分别称为爆炸下限和爆炸上限，这两者有时亦称为着火下限和着火上限。

在低于爆炸下限时不爆炸也不着火；在高于爆炸上限时不会爆炸，但能燃烧。这是由于前者的可燃物浓度不够，过量空气的冷却作用，阻止了火焰的蔓延；而后者则是空气不足，导致火焰不能蔓延。当可燃物的浓度大致相当于反应当量浓度时，具有最大的爆炸威力（即根据完全燃烧反应方程式计算的浓度比例）。

易燃气体泄漏时，遇明火、高温或光照即会发生燃烧或爆炸。燃烧或爆炸后的生成物对人体具有一定的刺激或毒害作用。

---

❶ 爆炸下限是指，可燃蒸气、气体或粉尘与空气组成的混合物遇火源即能发生爆炸的最低浓度（可燃蒸气、气体的浓度，按体积比计算）。

可以燃烧是易燃气体的根本化学特性。气体"容易"或"不容易"燃烧一般是以爆炸极限或燃烧范围来衡量的。

燃烧需要氧气,空气中含有1/5的氧气即可助燃。某种可燃气体散发在空间与空气混合后,如果可燃气体浓度太低,则可供燃烧的物质太少,燃烧不能进行;反之,如果可燃气体浓度太高,则供氧不足,也不能使燃烧进行。可燃气体或可燃液体的蒸气与空气混合后遇火花引起燃烧爆炸的浓度范围,称为该物质的爆炸极限,也称燃烧极限,用可燃物占全部混合物的百分比浓度来表示。混合气体能发生燃烧爆炸的最低浓度称爆炸下限,最高浓度称爆炸上限。在上、下限之间的混合气体叫作爆炸性混合气体。爆炸上限与爆炸下限之差,为爆炸范围。气体的爆炸下限越低或爆炸范围越大,则其燃烧的可能性越大,也就越易燃、越危险。常见的可燃气体、蒸气的参数见表2-13。

常见可燃气体、蒸气的参数表　　　　　　　　　表2-13

可燃气体	自燃点（°C）	爆炸极限(体积%)		危险度 $H = \dfrac{X_2 - X_1}{X_1}$
		下限 X_1	上限 X_2	
氢气	585	4.0	75	17.7
硫化氢	260	4.3	45	9.5
氰化氢	538	6.0	41	5.8
氨	651	15.0	28	0.9
一氧化碳	651	12.5	74	4.9
硫氧化碳	—	12.0	29	1.4
乙炔	335	2.5	81	31.4
甲烷	537	5.3	14	1.7
乙烷	510	3.0	12.5	3.2
丙烷	467	2.2	9.5	3.3
丁烷	430	1.9	8.5	3.5
戊烷	309	1.5	7.8	4.2
己烷	260	1.2	7.5	5.2
苯	538	1.4	7.1	4.1
甲苯	552	1.4	6.7	3.8
环己烷	268	1.3	8.0	5.1
环氧乙烷	429	3.0	80.0	25.6
乙醚	180	1.9	48.0	24.2
乙醛	185	4.1	55.0	12.5
丙酮	538	3.0	11.0	2.7
甲醇	464	7.3	36.0	3.9
乙醇	423	4.3	19.0	2.7

易燃气体中,爆炸下限小于10%的占92%,其余的燃烧范围大于12%。因此,可以用爆炸下限小于10%或燃烧范围大于12%作为衡量易燃气体的标准。只要参数满足上述两者

之一,即可被认为是易燃气体。

(二)2.2项:非易燃无毒气体

非易燃无毒气体包括窒息性气体、氧化性气体以及不属于其他项别的气体,但不包括在温度20℃时的压力低于200kPa、并且未经液化或冷冻液化的气体(标志如图2-15所示)。

非易燃无毒气体泄漏时,遇明火不燃。直接吸入体内无毒、无刺激、无腐蚀性,但高浓度时有窒息作用。

燃与不燃是相对的,有些气体在高温条件下遇明火会燃烧。不燃气体主要是惰性气体和氟氯烷类的制冷剂和灭火剂。有些气体如氧气、压缩空气、一氧化二氮等本身不可燃,但它们有强烈的氧化作用,可以帮助燃烧,称之为助燃气体。助燃气体实质上是气体状的氧化剂,它比液态或固态的氧化剂具有更强烈的氧化作用。所以不能忽视助燃气体的危险性,在储运危险货物时,必须把助燃气体与不燃气体区别开来。储运助燃气体要遵守储运第5类危险货物(氧化性物质与有机过氧化物)的各项要求和规定。

(三)2.3项:毒性气体

"毒性气体"包括,满足下列条件之一的气体:
(1)其毒性或腐蚀性对人类健康造成危害的气体;
(2)急性半数致死浓度LC_{50}值小于或等于$5000mL/m^3$的毒性或腐蚀性气体(标志如图2-16所示)。

(底色:绿色,图案:黑色)
图2-15 2.2项标志

(底色:白色,图案:黑色)
图2-16 2.3项标志

有毒气体泄漏时,对人畜有强烈的毒害、窒息、灼伤、刺激等作用。其中有些还具有易燃性或氧化性。

本项气体的毒性指标与第6类危险货物(毒性物质和感染性物质)的毒性指标相同。其储运的注意事项也必须遵守毒性物质的有关规定。具有两个项别以上危险性的气体和气体混合物,其危险性先后顺序为:2.3项优先于所有其他项;2.1项优先于2.2项。

2.3项毒性气体,不包括剧毒化学品。剧毒化学品应以《危险化学品目录(2015版)》中的备注为准(见本书第四章第二节)。因此,在确定货物属性时,应先判断其是否属于剧毒化学品,再根据危险货物品名表确定其是否属于危险货物。

三、气体的特性

气体是物质的一种聚集状态(又称气态),其分子可以自由移动,总要充满整个容器,气体的体积就是气体所充满的容器的容积;气体分子频繁地碰撞容器壁会对容器壁产生压力。体积、压力和温度是描述气体状态的重要的物理量,统称为气体的状态参量。

1. 气体的液化

分子在聚集成物体时,由于分子间的距离和作用力大小不同,而形成气体、液体和固体。这三种状态是可以相互转变的,与温度、压力有关。气体中分子间的距离最大而作用力最小,分子可以在任意范围内运动,所以气体有流动性、可压缩性,没有一定的形态和体积。任何气体都可以压缩,处于压缩状态的气体叫作压缩气体。如果在对气体进行压缩的同时进行降温,压缩气体就会转化为液体。气体转化为液体的过程叫作液化。

经加压降温后成为液态的而在常温常压下是气态的物质叫作液化气体。为了区别一种气体物质的两种不同状态,被液化的气体在气体名称之前应冠以"液化"或"液态"。如液化氢气、液态氧(可简称为液氢、液氧)和液化石油气等。

气体只有将温度降低到一定程度时施加压力才能被液化。若温度超过此值,则无论怎样增大压力都不能使之液化,这个加压使气体液化所允许的最高温度叫作临界温度。不同气体的临界温度不同。气体在临界温度时,还需施加压力才能被液化,且使气体液化所需要的最小压力叫作临界压力。不同气体的临界压力也各不相同。几种气体的临界温度和临界压力见表2-14。

几种气体的临界温度和临界压力　　　　　表2-14

气体名称	临界温度(°C)	临界压力(MPa)	气体名称	临界温度(°C)	临界压力(MPa)
氦气	-267.9	0.23	乙烯	9.7	5.07
氢气	-239.9	1.28	二氧化碳	31.0	7.29
氖气	-228.7	2.59	乙烷	32.1	4.88
氮气	-147.1	3.35	氨气	132.4	11.13
氧气	-118.8	4.97	氯气	143.9	7.61
甲烷	-82.0	4.63	二氧化硫	157.2	7.77
一氧化碳	-138.7	3.46	三氧化硫	218.3	8.38

通常气体的使用和储运都在常温下进行,而且灌装气体的容器不绝热,因而临界温度低于常温的气体是压缩气体,临界温度高于常温的气体是液化气体。无论是处于压缩状态,还是处于液化状态,气体的临界温度越低,危险性越大。

2. 气体的物理爆炸

物质因状态或压力发生突变而形成的爆炸现象称为物理爆炸,如锅炉的爆炸,气体钢瓶的爆炸等。

气体必须灌装在耐压容器中储存和运输。根据不同气体的临界温度和临界压力,气体耐压容器所承受的内压也不同,最低为1MPa,最高达15MPa。若在合乎质量要求和安全标准的容器内按照规定压力装灌气体,正常情况下不会发生危险,但当受到剧烈撞击、振动、高温、受热时,容器内压力骤增,一旦超过容器的耐受力就会发生气瓶爆炸。因此,防止气瓶的物理爆炸是保证气体储运安全的首要事项。储运气瓶应远离火源,防止日晒,注意通风散热。

3. 气体的相对密度

当温度压力相同时,两种气体的密度之比称为气体的相对密度。一般地,气体的相对密度以空气为标准。如在标准状况下,1L❶空气的质量为1.293g,1L氢气的质量为0.08987g;空气的平均分子量是29,氢气的分子量是2.016,则氢气对空气的相对密度D为:

$$D = \frac{0.08987}{1.293} = 0.0695 \quad \text{或} \quad D = \frac{2.016}{29} = 0.0695$$

一切比空气轻的气体都会蓄留在空间的封闭顶部,一切比空气重的气体都会沉积在低洼处。若任其蓄积,都有潜在的危险,会引起燃烧、爆炸、毒害、窒息等。如二氧化碳的相对密度是1.5862,空气中二氧化碳含量只要达到3%,就会使人窒息而死。所以储存危险货物的仓库必须有良好的通风排气设施;在装卸作业时应先开仓通风后作业,在拆卸货车车厢、集装箱和货舱时尤须注意。

4. 气体的溶解性

某些液体对某种气体有特大的溶解能力,如氨气、氯气可以大量溶解在水里,乙炔可以大量溶解在丙酮中。利用这个性质可以储运某些不易液化或压缩的气体。能够溶解在溶剂中的气体称为溶解气体。

溶解有气体的溶剂受热后,气体会大量逸出,从而引起容器爆炸。特别是乙炔钢瓶,如果从火灾中抢救出来,瓶内的多孔材料可能熔结,溶剂可能挥发,钢瓶就会失效。此时如果再用来灌装乙炔,就可能造成大事故。所以,乙炔钢瓶经火烤以后就不能再使用。利用气体在水中的溶解性,可以用水吸收、扑救某些泄漏的易溶于水的气体。

5. 气体的主要危险特性

1) 容器破裂甚至爆炸

气体都是灌装在耐压容器中,内部承受着几兆帕的容器本身就是一种危险货物。由于受热、撞击等原因造成容器内压力的急剧升高,或者由于容器内壁被腐蚀,容器材料疲劳等原因使容器的耐压强度下降,都会引起容器的破裂甚至爆炸。

2) 由气体物质本身的化学性质引起危险

各种气体的化学性质差别很大,有的易爆易燃,有的有毒,有的具有腐蚀性等。气体如

---

❶ $1L = 1dm^3 = 1000mL = 1000cm^3 = 1000000mm^3$。

果溢漏,因其本身的化学性质,可能引起火灾、爆炸、中毒、灼伤、冻伤等事故;即使是化学性质很不活泼的惰性气体的溢漏,也会引起窒息死亡。

盛装过危险货物的空容器(包括气瓶)内往往残留有危险货物,加之空容器可能密封不严,残留物会撒漏造成一定的危险,而易燃液体的空容器中残留液体挥发会与空气形成爆炸性混合气体,其危险性甚至比满桶更大。尤其是压力容器,不允许容器内的压力等同于大气压,而是要留有余压。因此,盛装过危险货物的空容器的运输,应与原装物品的条件相同,按危险货物运输。

四、常见的气体

1. 氧气(分子式:O_2;压缩氧 UN 1072;CN 22001;冷冻液态氧 UN 1073;CN 22002)

(1)氧气是空气的重要组成部分。空气中氧气占21%,其余主要为氮气(约占78%)。由于氮气的性质不活泼,空气的许多化学性质,实际上是氧气性质的表现。当有压缩空气装在15MPa以上高压钢瓶中运输时,应与氧气同样看待。

(2)氧气无色、无嗅、微溶于水,氧的临界温度为 -118.8°C,沸点为 -183°C,临界压力为4.97MPa,液氧为淡蓝色。氧几乎能与所有的元素化合。氧气的浓度对它的化学性质有很大的影响,如空气中氧气的含量不大,棉花、酒精等在空气中只能比较平缓地燃烧,超过正常比例的氧气能使燃烧迅猛;铁在空气中与氧的反应是生锈,而在液氧中,即使在 -120°C以下也会燃烧;油脂在纯氧中的反应要比在空气中剧烈得多,如高压氧气(即高压空气)喷射在油脂上就会引起燃烧或爆炸,实质就是油脂与纯氧的反应,所以氧气瓶(包括空瓶)绝对禁油;储氧钢瓶不得与油脂配装,不得用油布覆盖;储运氧气钢瓶的仓间、车厢、集装箱等不得有残留的油脂;氧气瓶及其专用搬运工具严禁与油脂接触,阀门、轴承都不得用油脂润滑;操作人员不能穿戴沾有油污的工作服和手套。氧气可用于炼钢、切割、焊接金属,制造医药、燃料、炸药等,还可用于废水处理,为航天、医疗供氧。

(3)灭火剂:水。

2. 氢气(分子式:H_2;压缩氢 UN 1049;CN 21001;冷冻液态氢 UN 1966;CN 21002)

(1)氢气是最轻的气体,约为空气的1/14。氢气无色、无嗅,极难溶于水,临界温度为 -239.9°C,临界压力为1.28MPa。在室内使用或储存氢气,当有漏气时,氢气会上升滞留屋顶,不易自然排出,遇到火星时会引起爆炸。

(2)氢气可燃,纯净的氢气在空气中燃烧平静,火焰为淡蓝色。燃烧温度可达2500~3000°C,可作焊接用。液氢可作火箭和航天飞机的燃料。氢气的爆炸极限极宽,为4.0%~75%,所以氢气是一种极危险的气体。氢气与空气或氧气混合后,遇明火会发生强烈爆炸。美国"挑战者号"航天飞机起飞时爆炸,其原因即是燃料箱渗漏,液氢与液氧在机体外相遇混合,而航天飞机外壳的温度足够点燃氢氧混合气,于是酿成了美国航天史上最惨重的失败。氢气瓶漏气后遇明火或高温会爆炸,在运输过程中要充分重视。氢气和氯气、氧气的储运占了气体储运量中的极大部分。

(3) 氢气有极强的还原性,能与许多非金属直接化合。同时,氢气在氯气中的爆炸极限为 5.5%~89%,氢和氯的混合气体在日光照射下就会发生剧烈的爆炸。所以,氢气不能与任何氧化剂尤其是氧气、氯气混储、混运。

(4) 灭火剂:雾状水、泡沫、二氧化碳、干粉。灭火时要先切断气源。

3. 氨(分子式:NH_3;无水氨 UN 1005;CN 23003;氨溶液 UN 2073;CN 22025)

(1) 氨是一种无色、有刺激性的气体,蒸气密度为 0.59,临界温度为 132.4°C,临界压力为 11.13MPa。在常温下 0.7~0.8MPa 就能使氨液化。氨极易溶于水,1 体积的水可以溶解 700 体积的氨。所以,当液氨钢瓶漏气时,以大量水浇之或将其浸入水中,就可暂时减少进入空气中的氨气量,以免发生更大事故。氨的水溶液叫作氨水,显碱性,属腐蚀性物品。氨水的含氨量一般在 20% 以下,含氨量大于 20%,需加压才能溶解,所以含氨量大于 20% 的氨的水溶液应作为溶解气体储运。氨遇酸化合生成铵盐,所以氨气钢瓶要远离任何酸类物质。

(2) 氨有强烈的刺激性气味,能使人窒息死亡,故属有毒气体。但少量的氨能刺激神经,昏迷的人嗅到氨的气味可以恢复知觉,所以,有时也用很稀的氨气来急救昏迷的病人。

(3) 氨能与氯气发生剧烈的反应,生成氯化氢。氯化氢吸湿性很强,能吸收空气中的水蒸气并立即形成白雾状的盐酸。工厂中利用这个原理,用喷洒微量氨水的方法来检验氯气瓶是否有微量的漏气。但如果不是微量的氨气与微量的氯气相遇,而是大量的氨和氯相遇,反应将会继续进行下去,生成氯化铵和三氯化氮等,三氯化氮的性质很活泼,很不稳定,与有机物接触、遇热或被撞击,立即会发生爆炸性分解,所以液氯和液氨不能在同一车厢配装,也不可在同一库房内混储。

(4) 氨不能在空气中燃烧,但能在纯净的氧气里燃烧。空气中氨蒸气浓度达 15.7%~27.4% 时,遇火星会引起燃烧爆炸,有油类存在时会增加燃烧危险。

(5) 灭火剂:雾状水、抗溶性泡沫、二氧化碳、砂土。消防人员须戴防毒面具,穿防护服;在上风处灭火。

4. 溶解乙炔(分子式:C_2H_2;UN 1001;CN 21024)

俗名电石气,纯净的乙炔无色、无嗅,工业乙炔因含有杂质磷化氢(PH_3)而具有特殊的刺激性气味,乙炔罐体如图 2-17 所示。

图 2-17 乙炔罐体

(1) 易燃烧,也极易爆炸。其闪点为 -17.8°C,爆炸极限为 2.5%~81%。危险度为 31.4,仅次于二硫化碳。当空气中含乙炔 7%~13% 或纯氧中含乙炔 30% 时,压力超过 0.15MPa 不需明火也会爆炸。因此,防止乙炔的泄漏非常重要。

(2) 未经净化的乙炔内可能含有 0.03%~1.8% 的磷化氢,气态磷化氢在 100°C 时会自燃,液态磷化氢的自燃点低于 100°C。因而在乙炔中含有空气、磷化氢等杂质时更容易燃烧爆炸。一般规定,乙炔中乙炔含量应在98%以上,磷化氢的含量不得超过0.2%,硫化氢的含量不得超过0.1%。乙炔气瓶经火烤后,不能再使用。

(3)微溶于水,易溶于乙醇、苯、丙酮等有机溶剂。与铜、银、汞等重金属或其盐类接触能生成乙炔铜、乙炔银等易爆炸物质,故凡涉及乙炔用的器材都不能使用银和含铜量70%以上的铜合金。乙炔能与氯气、次氯酸盐等化合成乙炔基氯,乙炔基氯极易爆炸。乙炔还能与氢气、氯化氢、硫酸等多种物质起反应。因而储运乙炔时,不能与其他化学物质放在一起。

(4)能在丙酮溶液中保持稳定。乙炔气瓶内填充有活性炭、木炭、石棉或硅藻土等多孔材料,再将丙酮注入,然后通入乙炔使之溶解于丙酮中。

(5)灭火剂:雾状水、泡沫、二氧化碳、干粉。灭火时要先切断气源,否则不许熄灭正在燃烧的气体。

在讨论气体的溶解性时,乙炔实际上是溶解气体。因为乙炔是在高压下具有爆炸性质的物质,它所受到的压力越高,越容易引起爆炸。具有这种性质的气体还有二氧化氯、偶氮化氢、氧化氮、氰化氢、氧化亚氮等。所以考察乙炔的临界温度和临界压力是没有实际意义的。

5. 天然气(压缩天然气 UN 1971;CN 21007;冷冻液态天然气 UN 1972;CN 21008)

天然气(含甲烷,液化的),别名液化天然气,是广泛用于工业、农业、家用及商业的动力燃料,化学及石油化学工业原料。天然气是无色无嗅液体,主要成分含83%~99%甲烷、1%~13%乙烷、0.1%~3%丙烷、0.2%~1.0%丁烷,也含有一定比例的氮气、水蒸气、二氧化碳、硫化氢,有时还含有一些数量不明显的稀有气体(氦、氩)。天然气在液化装置内液化,产生液化天然气,因为一部分组分在液化过程中被除去,其组成与气态稍有不同。沸点为 -160 ~ -164℃。

天然气极易燃。蒸气能与空气形成爆炸性混合物,在室温下的爆炸极限为5%~14%,在 -162℃左右的爆炸极限为6%~13%。当液化天然气由液体蒸发为冷的气体时,其密度与在常温下的天然气不同,约比空气重1.5倍,其气体不会立即上升,而是沿着液面或地面扩散,吸收水与地面的热量以及大气与太阳的辐射热,形成白色云团。由雾可察觉冷气的扩散情况,但在可见雾的范围以外,仍有易燃混合物存在。如果易燃混合物扩散到火源,就会发生闪燃着火。当冷气温热至 -112℃左右,就变得比空气轻,开始向上升。液化天然气比水轻(相对密度约0.45),遇水生成白色冰块。冰块只能在低温下保存,温度升高即迅速蒸发,如急剧扰动能猛烈爆喷。天然气主要由甲烷组成,其性质与纯甲烷相似,属"单纯窒息性"气体,高浓度时因缺氧而引起窒息。液化天然气与皮肤接触会造成严重灼伤。

五、气体火灾扑救

1. 火灾的危险特性

气体通常在不同压力下用钢瓶、可移动罐柜、喷雾器、管道等储存及使用。气体可能是易燃的、有毒的、氧化性的或腐蚀性的,气体状态可能是压缩的、液化的或冷冻的。此外,很多气体还具有一定的毒性和窒息性,少部分气体还具有氧化性及腐蚀性。在健康危害方面,接触气体或液化气体可产生灼伤、严重损伤和/或冻伤。

2. 火灾的扑救对策

气体发生火灾时,一般应采取的对策有以下几点。

(1)除非切断泄漏点,否则不要对正在燃烧的泄漏气体进行灭火。在没有采取堵漏措施的情况下,应使其处于稳定燃烧的状态,否则,泄漏出来的大量可燃气体与空气混合,遇火源就会发生爆炸,后果不堪设想。

(2)应首先扑灭外围被引燃的可燃物火势,切断火势蔓延途径,控制燃烧范围。

(3)如果火灾中有压力容器或有受到火焰辐射而产生热威胁的压力容器,能疏散的应尽量在水枪的掩护下疏散到安全地带,不能疏散的应部署足够的水枪进行冷却保护(进行冷却的人员应尽量采用低姿射水或利用现场坚实的掩蔽体防护),防止容器爆裂伤人。严禁将水枪阵地设在储罐的两端。

(4)如果是输气管道泄漏着火,应首先找到气源阀门。阀门完好时,只要关闭气体阀门,火势就会自动熄灭。

(5)储罐或管道泄漏关阀无效时,应根据火势大小判断气体压力和泄漏口的大小及其形状,准备好相应的堵漏器材。

(6)堵漏工作准备就绪后,即可用干粉、二氧化碳等灭火,但仍需用水冷却烧烫的储罐或管壁。火扑灭后,应立即用堵漏材料堵漏,同时用雾状水稀释和驱散泄漏出来的气体。不要在泄漏点或安全设备上用水直接喷洒,否则可能会导致结冰。

(7)一旦出现罐柜的通风安全阀发出危险的声音、罐柜变色、晃动、火焰变亮等爆裂征兆,应迅速撤离。

第三节 第3类 易燃液体

一、易燃液体的定义

易燃液体包括易燃液体和液态退敏爆炸品(标志如图2-18所示)。

(1)易燃液体是指易燃的液体或液体混合物,或是在溶液或悬浮液中有固体的液体,其闭杯试验闪点不高于60°C,或开杯试验闪点不高于65.6°C。易燃液体还包括满足下列条件之一的液体:

①在温度等于或高于其闪点的条件下提交运输的液体;

②以液态在高温条件下运输或提交运输并在温度等于或低于最高运输温度下放出易燃蒸气的物质。

(2)液态退敏爆炸品是指为抑制爆炸性物质的爆炸性能,将爆炸性物质溶解或悬浮在水中或其他液态物质后,而形成的均匀

(底色:红色,图案:黑色)

图2-18 第3类危险货物标志

液态混合物。

《危险货物分类和品名编号》(GB 6944—1986)将易燃液体按其易燃危险性分为3项❶。而《危险货物分类和品名编号》(GB 6944—2012)没再将第3类易燃液体分项。

知识链接

易燃液体在运输过程中最主要的危险是其挥发性蒸气导致的燃烧和爆炸。衡量液体易燃性和易爆性的重要特性参数是闪点、沸点、燃点、爆炸极限和蒸气压等,其中最主要的是闪点和沸点。

闪点是指可燃性液体挥发出的蒸气在与空气混合形成可燃性混合物并达到一定浓度之后,遇火源时能够闪烁起火的最低温度。闪点是衡量液体易燃性的最重要的指标。可燃液体的闪点分为闭杯闪点 T_{cc} 和开杯闪点 T_{oc},其测定原理如下。

(1)开杯闪点(T_{oc})的测定原理是把试样装入油杯中至规定的刻线。首先升高试样的温度,然后缓慢升温,当接近闪点时,恒速升温。在规定的温度间隔,以一个小的试验火焰横着通过试杯,用试验火焰使液体表面上的蒸气发生点火的最低温度作为开杯闪点的测定结果。

(2)闭杯闪点(T_{cc})的测定原理是把试样装入油杯中至环状标记处,在连续搅拌下对试样用很慢的、恒定的速度加热,在规定的温度间隔,同时中断搅拌的情况下,将一个小的试验火焰引入杯中,试验火焰引起试样上的蒸气闪火时的最低温度作为闭杯闪点的测定结果。

如果可燃液体温度高于其闪点,随时都有接触火源而被点燃的危险。为方便起见,闪点较高的液体,一般用开杯式容器测定。闪点在 5~150℃ 范围内的,开杯式测定的闪点比闭杯式测定的闪点高几度。世界各国的各种危规涉及闪点时,除有特别说明的,均是指闭杯闪点。

闪点的测试分为开杯闪点测试、闭杯闪点测试,如图2-19所示。

开杯闪点测试　　闭杯闪点测试

图2-19　开杯、闭杯闪点测试

---

❶　3.1 项低闪点易燃液体——闪点低于 -18℃ 的液体;
　　3.2 项中闪点易燃液体——闪点在 -18~23℃ 的液体;
　　3.3 项低闪点易燃液体——闪点在 23~61℃ 的液体。

闪点与爆炸极限有密切关系。当液体受热而迅速挥发时,如果液面附近的蒸气浓度正好达到其爆炸下限浓度,则此时的温度就是闪点。因此,闭杯试验得到的闪点更精确些。只要能给出液体的蒸气压曲线和爆炸下限,就可以通过理论计算求得该液体的闪点。闪点越低,液体的危险性越大。

温度达到沸点时液体的蒸气压等于大气压力,若此时液体继续受热,越来越多的液体转为气相,其蒸气压随之上升。液体的沸点越低,越容易气化,与空气形成爆炸性混合物。

二、易燃液体的特性

(一) 易燃液体的物理特性

1. 高度挥发性

液体物质在任何温度下都会蒸发,并在加热到沸点时,迅速变为气体。静置的液体,表面看似静止不动,但实际上其分子处于不停地运动之中。一些能量较高的液体分子在运动中会克服分子间的吸引力成为气体。这个过程一般称为"气化"。如果气化只发生在液体的表面,又称为"蒸发"。蒸发是液体分子从液体表面不断进入气相变为气体的过程。蒸发可以在低于沸点的温度下进行。液体在低于沸点温度下的蒸发现象又称"挥发"。不同液体的蒸发速度是不同的。同一液体,蒸发的速度受外界温度、液体的表面积大小和与液体表面接触的空气的流动速度三个因素的影响。

一般来讲,沸点低的液体,挥发性也大。易燃液体大多是低沸点液体,在常温下就能不断地挥发,如乙醚、乙醇、丙酮和二硫化碳等的挥发性都较大,这类物质也称为挥发性液体。不少易燃液体的蒸气又较空气重,易积聚不散,特别在低洼处所、通风不良的仓库内及封闭式货厢内易积聚产生易燃易爆的混合蒸气,造成危险隐患。

2. 高度流动扩散性

易燃液体的黏度一般都较小,而且大多数易燃液体的相对密度比较小,且不溶于水,会随水的流动而扩散。易燃液体还具有渗透、毛细管引力、浸润等作用,即使容器只有细微裂纹,易燃液体也会渗出容器壁外,扩大其表面积,源源不断地挥发,使空气中的蒸气浓度增高,从而增加燃烧爆炸的潜在危险。

3. 蒸气压及受热膨胀性

敞开的液体物质总是或快或慢地蒸发着,直至全部变为蒸气为止,但装在密闭容器内的液体则不然。如果将某种液体在一定温度条件下,盛装在一个留有空间的容器中,即有少量液体蒸气进入液体表面的空间,直到液体与其蒸气达到平衡为止(达到蒸气压)。温度越高,液体蒸气压力越大,且由于其沸点低、易挥发特性必然使其蒸气压也较高,危险性也越大。蒸气压高的易燃液体,易于产生能引起燃烧所需要的最低限度的蒸气量,因此,蒸气压越高,危险性也相对增加。运输途中很可能因为环境温度变化的影响,蒸气压高的易燃液体引起包装容器出现"鼓桶"现象,甚至爆炸。为此,盛装易燃液体的容器应有足够的安全系数,甚至在容器内还须加入某些性质相容的稳定剂以抑制其挥发。

热胀冷缩是物质的固有特性。液体物质的受热膨胀系数较大,加上易燃液体的易挥发性,受热后蒸气压也会增大,装满易燃液体的容器往往会造成容器胀裂而引起液体外溢。因此,易燃液体灌装时应充分注意,容器内应留有足够的膨胀余位。

4. 电阻率大,容易积聚静电

当两种不同性质的物体相互摩擦或接触时,由于它们对电子的吸力大小各不相同,发生电子转移,使甲物失去一部分电子而带正电荷,乙物获得一部分电子而带负电荷。如果该物体对大地绝缘,则电荷无法泄漏,停留在物体的内部或表面呈相对静止状态,这种电荷就称为"静电"。

静电的产生与物质的导电性能有很大关系,它以电阻率来表示,电阻率越小,导电性能越好,容易泄漏静电;电阻率大的则容易积聚静电。静电放电会引起火灾。

静电放电导致火灾必须具备4个条件:

(1) 必须有产生静电的条件,如摩擦起电、附着带电、感应器、极化起电;

(2) 必须具备静电积聚的条件;

(3) 积聚的静电必须产生火花放电;

(4) 火花间隙中必须有一定量的可燃气体。

易燃液体的着火能量较小,往往容易被静电火花点燃。如果静电放电的火花能量已达到或大于周围可燃物的最小着火能量,而且空气中的可燃物浓度或含量已达到燃烧、爆炸的范围,就能引起燃烧、爆炸。易燃液体积聚静电如再遇雷电,后果不堪设想。

常用的部分易燃液体如苯、汽油等中的烃、芳香烃或氯化烃的电阻率很大,在运输、装卸过程中,由于振动、摩擦的作用,极易积聚静电,特别是汽车罐车运输在灌装时的灌装流速过快也极易积聚静电,一旦发生静电放电,就可能引起可燃性蒸气的燃烧爆炸,后果严重。因此,装运易燃液体的罐车必须配备导除静电的装置(使易燃液体灌装时不具备静电放电的4个条件)。

(二) 易燃液体的化学特性

1. 高度易燃性

易燃液体的易燃性,取决于它们的化学构成。易燃液体几乎都是有机化合物,都含有碳原子和氢原子。在一定条件下(如加热、遇火等)与空气中的氧化合而引起燃烧。同时,由于这些液体的挥发性较大,因而在液面附近的蒸气浓度也较大,如遇火花即能与氧剧烈化合而燃烧。

易燃液体的燃烧,实质上是其蒸气与氧化合的剧烈反应,液体本身是不燃烧的。如点燃乙醇,则在乙醇表面产生火焰,火焰的热量会加快乙醇的蒸发,源源不断地提供蒸气与氧化合使燃烧持续。

闪点表示易燃液体的易燃程度,闪点越低,易燃性越大。此类物品闪点大都是比较低的,大多数都在常温以下,有的甚至在零下数十度。当液体温度升高、超过闪点温度之后,继续受热可达到足以维持燃烧的温度,这个温度称为燃点,也称着火点。一般燃点比闪点高出10℃。

2. 易爆性

易燃液体挥发成蒸气,与空气形成可燃性的混合物,当气体混合物的浓度达到一定范围(即爆炸极限)时,遇明火就会燃烧和爆炸。易燃液体爆炸极限范围越宽,燃烧、爆炸的可能性越大;温度升高,易燃液体挥发量增大,易燃易爆性增大;相同温度下,易燃液体闪点越低,越易挥发,易燃易爆性越高。

3. 能与强酸、氧化剂剧烈反应

易燃液体遇氧化剂或具有氧化性的强酸,如高锰酸钾、硫酸、硝酸会剧烈反应而自行燃烧。因此,装运时应注意易燃液体不得与强酸、氧化剂混装,或者采取有效措施隔离。

4. 有毒性

大多数易燃液体除具有易燃易爆的危险特性外,还具有大小程度不等的毒性。易燃液体可以通过皮肤、消化道或呼吸道被人体吸收而中毒。如长时间地吸入醚蒸气会使人麻醉,深度麻醉可致人死亡。所以,应该把易燃液体视作一般化学药品,是有毒有害的。特别是挥发性较大的易燃液体,其蒸气带来的毒性更不可忽视,即使是挥发性很小的易燃液体,直接与之接触也是有害的。易燃液体蒸气浓度越大,毒性也越大。

三、易燃液体的包装

易燃液体的包装类别是根据闪点(闭杯)和初沸点确定的,具体划分见表2-15。

按易燃液体包装类别的划分　　　　　　　表2-15

包装类别	闪点(闭杯)(℃)	初沸点(℃)
Ⅰ	—	≤35
Ⅱ	<23	>35
Ⅲ	≥23 和 ≤60	>35

在确定包装类别时要注意:

(1)对于易燃为其唯一危险性的液体,使用表2-15确定其危险类别。

(2)对于另有其他危险性的液体,应考虑表2-15确定的危险类别和根据其他危险性的严重程度确定的危险类别,按照其主要危险特性确定分类和包装类别。

(3)闪点低于23℃的黏性物质,如色漆、瓷釉、喷漆、清漆、黏合剂和抛光剂等,可按照联合国《关于危险货物运输的建议书 试验和标准手册》(第5修订版)(以下简称《试验和标准手册》)第三部分第32.3节规定的程序,根据下列内容划入Ⅲ类包装:

①用流过时间(秒)表示的黏度;

②闭杯闪点;

③溶剂分离试验。

(4)闪点低于23℃的黏性易燃液体,如油漆、瓷釉、喷漆、清漆、黏合剂和抛光剂等,如符合下列条件则划入Ⅲ类包装:

①在溶剂分离试验中,清澈的溶剂分离层少于3%;

②混合物或任何分离溶剂都不符合6.1项或第8类的标准。

(5)因在高温下进行运输而被划为易燃液体的物质,列入Ⅲ类包装。

四、常见的易燃液体

1. 苯(分子式:C_6H_6;UN 1114;CN 32050)

苯是无色透明液体,易挥发,具有芳香气味;相对密度0.879(水=1),易溶于有机溶剂,不溶于水,故不能用水扑救苯引起的火灾;沸点为80.1℃,闪点为-11℃,爆炸极限为1.3%~7.10%;有毒,能对造血器官与神经系统造成损害,空气中最高允许浓度10ppm。苯是从炼焦以及石油加工的副产品中提取的,是重要的工业原料,广泛用于乙烯、酚的制成,以及合成橡胶、乳酸漆、塑料、黏合剂、农药、树脂、香料等工业。苯与氧化剂反应剧烈,易于产生和积聚静电。

2. 二硫化碳(分子式:CS_2;UN 1131;CN 31050)

二硫化碳纯品为无色液体。沸点为46℃,相对密度为1.26(比水重),不溶于水,闪点为-30℃,爆炸极限为1%~50%。蒸气密度为2.63,纯净的CS_2有令人愉快的气味,易于挥发,蒸气沉积在底部,有毒,空气中含量达到15g/m^3时,半小时即可致人死亡。不纯的CS_2则为具有恶臭气味的淡黄色的液体。

二硫化碳对热量高度敏感,最小着火热量仅为0.009mJ,是最易燃烧的液体,暖气管、排气管、刚开亮的灯泡都可引燃。燃烧时生成大量有剧毒的二氧化硫和一氧化碳气体。

3. 车用汽油或汽油(UN 1203;CN 31001)

汽油系轻质石油产品中的一大类,主要成分是碳原子数为7~12的烃类混合物,是一种无色至淡黄色的易流动的油状液体。沸点为40~200℃,相对密度为0.67~0.71,闪点为-45~-50℃,自燃点为415~530℃,爆炸极限为1.3%~6.0%,挥发性极强(会使局部空间氧气浓度降低,使人窒息死亡),不溶于水。其蒸气与空气能形成爆炸性混合物,遇火种、高温氧化剂等有火灾危险。用作溶剂的汽油没有添加其他物质,故毒性较小;而用作燃料的汽油因加入四乙基铅等作抗爆剂,而大大增加了毒性(致癌)。

汽油泄漏时,应切断火源,撤离人员。小量泄漏时,可用砂土等惰性材料吸收,在保证安全情况下,焚烧处理。大量泄漏时,应构筑围堤或挖坑收容,用泡沫覆盖避免大量挥发蒸气,用防爆泵转移至罐车或专用容器内,再回收或处置。

4. 油漆类

油漆一般是胶黏状的液体,在物体表面上能结成一层薄膜,起到装饰和保护作用,在易燃液体中占很大比例。

油漆不都是危险货物,但人造漆中含有大量的丙酮(UN 1090;CN 31025)、甲苯

(UN 1294；CN 32052)等，都是易燃液体。

五、易燃液体火灾扑救

1. 火灾的危险特性

易燃液体除具有易燃性外，还具有受热膨胀性、流动性、蒸气爆炸性和带电性；部分易燃液体还具有毒性或腐蚀性等其他健康危害，其在发生火灾时，危险性较一般易燃液体更高，灭火难度也更高。

2. 火灾的扑救对策

易燃液体不论是否着火，一旦发生泄漏或溢出，都会顺着地面流淌或水面漂散；易燃液体燃烧时极易发生沸溢和喷溅现象。因此，扑救易燃液体往往非常困难。易燃液体发生火灾时，一般应采取的对策有以下几点。

（1）首先切断火势蔓延的途径，控制燃烧范围，并积极抢救受伤和被困人员。如有易燃液体流淌时，应筑堤（或用围油栏）拦截漂散流淌的易燃液体或挖沟导流。

（2）及时了解和掌握易燃液体的特性（如品名、比重、水溶性、有无毒害、腐蚀、沸溢、喷溅等），以便采取相应的灭火和防护措施。

（3）准确判断着火面积。小面积（$50m^2$ 以内）液体火灾，一般用泡沫、干粉、二氧化碳灭火；大面积液体火灾则必须根据其特性，选择正确的灭火剂扑救。

（4）比水轻又不溶于水的液体（如汽油、苯等），用直流水、雾状水灭火往往无效，可用普通蛋白泡沫或清水泡沫灭火；用干粉扑救时要视燃烧面积大小和燃烧条件而定，同时对罐壁和管道进行不间断地冷却，以降低燃烧强度。

（5）比水重又不溶于水的液体（如二硫化碳）起火时可用水扑救，水能覆盖在液面上灭火，用泡沫也有效；用干粉扑救，灭火效果要视燃烧面积大小和燃烧条件而定，同时对罐壁和管道进行不间断地冷却，以降低燃烧强度。

（6）具有水溶性的液体（如乙醇、丙酮等），虽然从理论上讲能用水稀释扑救，但此种办法中水必须在液体中占很大比例，这不仅需要大量的水，也容易使液体溢出流淌，而普通泡沫又会受到水溶性液体的破坏（如果普通泡沫强度加大，可以减弱火势）。因此，最好用抗溶性泡沫扑救；用干粉扑救时，灭火效果要视燃烧面积大小和燃烧条件而定，也需要用水不间断地冷却罐壁，以降低燃烧强度。

（7）当易燃液体具有毒性或腐蚀性等危害特性时，灭火人员务必做好个人防护工作。

（8）当扑救原油或重油等具有沸溢和喷溅危险的液体火灾时，必须时刻观察其是否有沸溢和喷溅的征兆，发现异常须立即撤退。

（9）当易燃液体管道或储罐泄漏着火时，在切断蔓延方向、把火势限制在一定范围内的同时，应及时找到输送管道的进、出阀门并及时关闭。如管道阀门已损坏或是储罐泄漏，应迅速准备好堵漏器材，先用泡沫、干粉、二氧化碳或雾状水等扑灭地上的流淌火焰，为堵漏扫清障碍，之后再扑灭泄漏口的火焰，并迅速采取堵漏措施。

第四节　第4类　易燃固体、易于自燃的物质、遇水放出易燃气体的物质

根据国家标准和货物燃烧条件不同的特点,第4类危险货物易燃固体、易于自燃的物质、遇水放出易燃气体的物质分为3项。

一、易燃固体、易于自燃的物质、遇水放出易燃气体的物质的定义和分项

(一)4.1项:易燃固体、自反应物质和固态退敏爆炸品

(1)易燃固体:易于燃烧的固体和摩擦可能起火的固体;

(2)自反应物质:即使没有氧气(空气)存在,也容易发生激烈放热分解的热不稳定物质;

(3)固态退敏爆炸品:为了抑制爆炸性物质的爆炸性能,用水或酒精润湿爆炸性物质、用其他物质稀释爆炸性物质后,而形成的均匀固态混合物。

本项货物是指燃点低,对热、撞击、摩擦敏感,易被外部火源点燃,燃烧迅速,并可能散发出有毒烟雾或有毒气体的固体物质,但不包括已列入爆炸品的物质(标志如图2-20所示)。可见,易燃固体同时具备三个条件:燃点低;燃烧迅速;放出有毒烟雾或有毒气体。这三个条件缺一不为危险货物。

(底色:白色红条,图案:黑色)

图2-20　4.1项标志

易燃固体燃点越低,其发生燃烧的可能性和危险性越大。对固体燃点的测定一般采用专门的测试设备,将适量的固体试样破碎研细,并将其投入预热的玻璃容器中,以一定速度加热,便可测出物质的最低点火温度(即燃点)。通过对100种易燃固体进行分析发现,大多数易燃固体的燃点都低于400°C。因此,可以用燃点低于400°C作为易燃固体衡量的参考数据之一。

此外,熔点在一定程度上影响着固体的易燃性。一般来说,熔点低的固体具有较强的挥发性,它们在较低的温度下即能转变为液态或直接升华,其挥发出的蒸气与空气能形成爆炸性混合物并易于点燃,具有较低的闪点。因此,对低熔点的固体可以用闪点评价其易燃性的大小。

燃烧速度快慢是相对的,它与可燃物的质量、燃烧面积等有直接关系。国内有关方面对此提出了具体的实验方法:将能加工成条形的物品制成直径3~4mm、长10cm的长条;对不能加工成条形的物品以棉或纸包裹其粉末,做成上述长条形纸捻,在无风室内水平放置点燃,以每秒燃烧的长度作为物质燃烧的速度数据。通常纤维质的物品如稻草、纸张、木材等的燃烧速度为0.2~0.3cm/s,其他易燃物品一般要比它们快一些,因此,以0.5cm/s作为燃

烧速度的参考指标。

(二) 4.2 项:易于自燃的物质

本项货物包括发火物质和自热物质(标志如图 2-21 所示)。

(1)发火物质:即使只有少量物品与空气接触,在不到 5min 便能燃烧的物质,包括混合物和溶液(液体和固体)。

(2)自热物质:发火物质以外的与空气接触不需要能源供应便能自己发热的物质。

自燃是指不经明火点燃就自动着火燃烧的现象。自燃可分为两种情况;一种是物质虽不与明火接触,但受外界热源加热而自燃;另一种是物质不需明火不需加热,在一定的条件下会自身氧化放热而自燃。前者称为受热自燃,一般易燃物品,包括固态、液态和气态的,都具有受热自燃的特性。后者称为自热自燃,只有一小部分的易燃物品具有这种特性。

易于自燃的物质的主要特点是不需外界火源作用,自身在空气中能缓慢氧化放热并积热不散,达到其自燃点而自行燃烧。因此,此项货物在运输时最主要的危险是自行发热、燃烧,有些物质甚至在无氧条件下也会自燃。

物质在发生自燃时所需要的最低温度,叫作自燃点。自燃点的高低是此项货物危险性大小的主要标志。参照美国材料与实验协会"易于自燃的物质"的标准,此项货物可采用自燃点在 200℃ 以下为依据。如黄磷的自燃点仅为 30℃,即使是在冰天雪地的环境温度下,只要露在空气中黄磷也很容易自身发热积温到 30℃ 而燃烧,故黄磷是自热自燃的易燃物品。

(底色:上白下红色,图案:黑色)

图 2-21　4.2 项标志

(三) 4.3 项:遇水放出易燃气体的物质

本项货物是指遇水放出易燃气体,且该气体与空气混合能够形成爆炸性混合物的物质(标志如图 2-22 所示)。

(底色:蓝色,图案:黑色)

图 2-22　4.3 项标志

本项货物必须具备三个条件:

(1)在常温或高温下受潮或与水剧烈反应,且反应速度快;

(2)反应产物为可燃气体;

(3)反应过程中放出大量热,可引起燃烧或爆炸。

本项货物遇酸和氧化剂也能发生反应,而且比与水的反应更为剧烈,因此危险性也更大。

本项货物是以其化学反应的现象与产物作为依据的,无法确定一个鉴别参数,但使用实验的方法则较易鉴别。如将少量物品投入水中(常温或高温)能观察到有气泡产生,收集的气体能燃烧或爆鸣,测量水温有显著升高,则该货物为遇水放出易燃气体的物质。

二、易燃固体、易于自燃的物质、遇水放出易燃气体的物质的特性

1. 易燃固体的主要特性

(1)需明火点燃。虽然本项货物燃点较低,但自燃点很高,在常温条件下不易达到,故不会自燃,需要明火点着以后,才能持续燃烧。

(2)高温条件下遇火星即燃。环境温度越高,物质越容易着火;当外界的温度高达物质的自燃点时,不需明火,就会自燃。

(3)粉尘有爆炸性。这些物质的粉尘因与空气接触表面积大,燃烧的速度极快,遇火星即会爆炸。

(4)与氧化剂混合能形成爆炸品。不少混合炸药就是把易燃固体与氧化剂按一定的比例混合而成。有些易燃固体如萘、樟脑会从固态直接转化为气态,这种现象称为升华。升华后的易燃固体的蒸气与空气混合后,具有爆炸的危险。

(5)遇水分解。易燃固体中有不少物质遇水会发生化学反应而被分解,如硫磷化物遇水或潮湿空气分解,会放出有毒易燃的硫化氢;氨基化钠遇水放出有毒及腐蚀性的氨气等。有这种特性的易燃固体总数并不多,《危险货物品名表》(GB 12268)中对具有遇水分解特性的易燃固体都有特别的说明。几种易燃固体的主要危险特性见表2-16。

几种易燃固体的主要危险特性　　　　表2-16

品　名	燃烧点(℃)	自燃点(℃)	分解温度(℃)
硝化棉	180(爆发点)	—	40(开始分解)
赛璐珞	100	150～180	—
赤磷	160 左右	200～250	—
发孔剂 H	—	—	198～200,遇酸分解
三硫化四磷	—	100	遇水分解
五硫化磷	300	—	—
氨基化钠	—	—	遇水分解
重氮胺基苯	150(爆发点)	—	—
1-重氮-2萘酚-4对亚硝基苯酚	—	—	140
硫黄	207～255	—	—
三聚甲醛	45(闪点)	—	—
偶氮二异丁腈	—	—	103～104(放氮)
苯磺酰肼(发孔剂 BCH)	—	—	70～100(放氮)
萘	80(闪点)	—	—

易燃固体虽然很容易发生燃烧,但是如果没有火种、热源等外因的作用,没有助燃物质(空气中的氧或氧化剂)的存在,也不易发生燃烧。在储运过程中,易燃固体发生燃烧事故,

都是由于接触明火、火花、强氧化剂、受热或受摩擦、撞击等引起。只要在储运中能严格防止上述外因的作用,就可以保证安全。

2. 易于自燃的物质的主要特性

(1)不需受热和明火,会自行燃烧。此项货物暴露在空气中,与空气中的氧气接触,就会发生氧化反应,同时放出热量。当热量积聚起来,使物质升到一定的温度时,就会引起燃烧。隔绝这类物质与空气接触是储运安全的关键。

(2)受潮后,会增加自燃的危险性。易于自燃的物质中的油纸、油布等含油脂的纤维制品,在干燥时,由于物质的间隙大,易于散热,只要注意通风,自行缓慢氧化产生的热量不会聚积,一般不会自燃。但是,一旦受潮,产生的热量就会积聚不散,很容易发生自燃。

(3)大部分易于自燃的物质与水反应剧烈。易于自燃的物质会自动发热,其原因是与空气中的氧发生反应。对易于自燃的物质储运保管中关键的防护措施是阻隔其与空气的接触。如黄磷就存放在水中。但是,不少易于自燃的物质如三异丁基铝、三氯化三甲基铝等,与水会发生剧烈的反应,同时放出易燃气体和热量,引起燃烧。所以采取何种措施阻隔易于自燃的物质与空气的接触要看具体品种而定。

(4)接触氧化剂会立即发生爆炸。易于自燃的物质的还原性很强,在常温下即能与空气中的氧发生反应。如果接触到氧化性物质会立即发生强烈的氧化还原反应,产生爆炸。

3. 遇水放出易燃气体的物质的主要特性

(1)遇水(受潮)燃烧性。此项货物化学特性极其活泼,遇水(包括受湿、酸类和氧化剂)会引起剧烈化学反应,放出可燃性气体和热量。当这些可燃性气体和热量达到一定浓度或温度时,能立即引起自燃或在明火作用下引起燃烧。

遇水放出易燃气体的物质除遇湿(水)时会发生剧烈的化学反应外,当遇到酸类或氧化剂时,也能发生剧烈的化学反应,而且比遇湿(水)所发生的化学反应更剧烈,危险性也更大。因为酸类物质和氧化剂都具有较强的氧化性(得到电子的能力),而遇水燃烧物质大都具有很强的还原性(失去电子的能力),所以当它们接触后,反应就更加剧烈。另外,多数酸都是水的溶液,与本项货物接触能置换出酸中的氢。若把金属钠撒入硫酸中,立即就会有大量气泡和热量溢出,反应非常剧烈。

(2)爆炸性。遇水放出易燃气体的物质中的碳化钙(电石)等,会与空气中的水分发生反应,生成易燃气体。放出的易燃气体与空气混合达到一定量时,遇明火即有引起爆炸的危险。

(3)毒害性。遇水放出易燃气体的物质均有较强的吸水性,与水反应后生成强碱和有毒气体,接触人体后,能使皮肤干裂、腐蚀并引起中毒。

(4)自燃性。主要是硼氢类物质和化学性质极活泼的金属及其氢化物,在空气中暴露时均能发生自燃。

综上所述,虽然按燃烧的不同条件把第4类危险货物分为3项,每项货物都有其具体的特征,但它们的共同危险特征是具有易燃性、腐蚀性、毒害性和爆炸性。

三、易燃固体、易于自燃的物质、遇水放出易燃气体的物质的包装

除4.1项的自反应物质以外,第4类危险货物的包装类别根据易燃固体、易于自燃的物质和遇水放出易燃气体的物质的危险特性划分。

1. 易燃固体

(1) 易于燃烧的固体(金属粉除外),在根据《试验和标准手册》第三部分第33.2.1节所述的试验方法进行试验时,如燃烧时间小于45s并且火焰通过湿润段,应划入Ⅱ类包装。金属或金属合金粉末,如反应段在5min以内蔓延到试样的全部长度,应划入Ⅱ类包装;

(2) 易于燃烧的固体(金属粉除外),在根据《试验和标准手册》第三部分第33.2.1节所述的试验方法进行试验时,如燃烧时间小于45s并且湿润段阻止火焰传播至少4min,应划入Ⅲ类包装。金属粉如反应段在大于5min但小于10min内蔓延到试样的全部长度,应划入Ⅲ类包装;

(3) 摩擦可能起火的固体,应按现有条目以类推方法或按照任何适当的特殊规定划定包装类别。

2. 易于自燃的物质

(1) 所有发火固体和发火液体应划入Ⅰ类包装;

(2) 根据《试验和标准手册》第三部分第33.3.1.6节所述的试验方法进行试验时,用25mm试样立方体在140℃下做试验时取得肯定结果的自热物质,应划入Ⅱ类包装;

(3) 根据《试验和标准手册》第三部分第33.3.1.6节所述的试验方法进行试验时,自热物质如符合下列条件应划入Ⅲ类包装:

①用100mm试样立方体在140℃下做试验时取得肯定结果,用25mm试样立方体在140℃下做试验时取得否定结果,并且该物质将装在体积大于3m³的包件内运输;

②用100mm试样立方体在140℃下做试验时取得肯定结果,用25mm试样立方体在140℃下做试验时取得否定结果,用100mm试样立方体在120℃下做试验时取得肯定结果,并且该物质将装在体积大于450L的包件内运输;

③用100mm试样立方体在140℃下做试验时取得肯定结果,用25mm试样立方体在140℃下做试验时取得否定结果,并且用100mm试样立方体在100℃下做试验时取得肯定结果。

3. 遇水放出易燃气体的物质

(1) 任何物质如在环境温度下遇水发生剧烈反应,并且所产生的气体通常具有自燃的倾向,或在环境温度下遇水容易起反应,释放易燃气体的速度大于或等于每千克物质每分钟释放10L,应划为Ⅰ类包装;

(2) 任何物质如在环境温度下遇水容易起反应,释放易燃气体的最大速度大于或等于每千克物质每小时释放20L,并且不符合Ⅰ类包装的标准,应划为Ⅱ类包装;

(3)任何物质如在环境温度下遇水反应缓慢,释放易燃气体的最大速度大于或等于每千克物质每小时释放1L;并且不符合Ⅰ类或Ⅱ类包装的标准,应划为Ⅲ类包装。

四、常见的易燃固体、易于自燃的物质和遇水放出易燃气体的物质

1. 常见的易燃固体

1)赤磷(分子式:P_4;非晶形磷 UN 1338;CN 41001)

赤磷又称红磷及磷的硫化物,与黄磷是磷的同素异形体,但两者性质相差极大。赤磷为紫红色无定型正方板状结晶或粉末,无毒、无嗅;相对密度为 2.2(水 = 1),熔点为 590℃(4.3MPa 时),416℃时升华;不溶于水、二硫化碳和有机溶剂,略溶于无水酒精;着火点比黄磷高得多,易燃但不易自燃,燃点 200℃,自燃点 240℃。用于制造火柴、农药及有机合成物。

赤磷遇热、火种、摩擦、撞击或溴、氯气及氧化剂都有引起燃烧的危险,搬运时应轻拿轻放,禁止振动、撞击、摩擦,保持包装完整。与氯酸钾混合后,即使在含水分的情况下,稍微摩擦或撞击也会燃烧爆炸,燃烧时放出有毒的刺激性烟雾。磷与硫能生成多种化合物(如 P_4S_3,P_2S_5),都是易燃固体,故这些磷化物都不太稳定,在遇水或受热时易分解,甚至发生燃烧。

灭火剂:冒烟及初起火苗时,用黄沙、干粉、石粉;大火时,用水。但应注意水的流向,以及赤磷散失后的场地处理,防止复燃。

2)硫黄(硫 UN 1350;CN 41501;熔融硫黄 UN 2448;CN 41501)

硫又称硫黄,是硫元素构成的单质,黄色晶体,性脆,很容易研成粉末。相对密度为 2.06,熔点为 114.5℃,自燃点约为 250℃。在 113~114.5℃时熔化为明亮的液体。继续加热到 160~170℃时变稠变黑,形成新的无定型变体,继续加热到 250℃时,又变成液体。444.5℃时,硫开始沸腾,而产生橙黄色蒸气。硫在空气中燃烧生成 SO_2。硫黄往往是散装运输。由于性脆、颗粒小、易粉碎成粉末散在空气中,有发生粉尘爆炸的危险。每升空气中含硫的粉尘达 7mg 以上遇到火源就会爆炸。这里,硫作为还原剂被氧化。

但是,硫对金属(如铁、锌、铜等)又有较强的氧化性,几乎所有金属都能与硫起氧化反应。反应开始需要加热,但反应开始后便能产生氧化热,不再需要外部热源,且能加速反应,有起火和爆炸的危险;硫与氧化剂(如硝酸钾、氯酸钠)混合会形成爆炸性物质,敏感度很强。我国民间生产的爆竹、烟花等,以硫黄、氯酸钾以及炭粉等为主要原料。

现场急救:

(1)迅速扑灭火焰,脱去污染的衣服,用大量流动冷水冲洗创面及其周围的正常皮肤,冲洗水量应充足。

(2)在现场缺水的情况下,可用浸透的湿布(或尿)包扎或掩覆创面,以隔绝磷与空气接触。

(3)送医治疗,转送过程中,要将伤处浸于水内,或用浸透冷水的敷料、棉被或毛毯严密包裹创面,以隔绝磷与空气的接触,防止其继续燃烧。

2. 常见的易于自燃的物质

1)白磷(分子式:P_4;UN 1381;CN 42001)

白磷又称黄磷,是白色或淡黄色的半透明的蜡状固体。在黑暗中可见到淡绿色磷光。相对密度为1.828(水=1),自燃点为30℃,熔点为44.1℃,沸点为280℃,蒸气相对密度为4.42,蒸气压为133.3kPa(76.6℃)。用于特种火柴、磷酸、磷酸盐、农药、信号弹等的制作。黄磷性质极活泼,暴露在空气中即被氧化,加之自燃点低,因此只需1~2min即可自燃。所以,黄磷必须浸没在水中,若包装破损使水渗漏,导致黄磷露出水面,就会自燃。

黄磷有剧毒,属于剧毒化学品,大鼠皮肤 LD_{50} 为 100mg/kg 可致死。黄磷自燃的生成物氧化磷也有毒。在救火过程中应防止中毒。黄磷对皮肤有刺激性,可引起烧伤。

灭火剂:雾状水、砂土(火熄灭后应仔细检查现场,将剩下的黄磷移入水中,防止复燃)。

2) 油浸的麻、棉、纸等及其制品

纸、布、油脂都是可燃物,但在通常情况下不作为易燃品,更不会自燃。它们在空气中也会氧化,如纸发黄,油结成一层硬膜等,但过程慢,不聚热,不会自燃。然而,当把纸、布等经浸油处理后,油脂与空气的接触面积增加了无数倍,氧化放出的热量就增大,纸、布又有很好的保温作用,使生成的热量难于逸散。时间一长,热量积聚,温度不断升高,达到自燃点就会自燃。特别是在空气潮湿的情况下,温度逐渐升高而发生自燃。

所以,这些物质要充分干燥,才能装箱储运,且要用花格透笼箱包装,并保持良好的通风散热条件。在装运储存过程中,要慎防这些物质淋雨受潮,只要注意通风,一般不会自燃。

3. 常见的遇水放出易燃气体的物质

1) 钠(UN 1428;CN 43002)、钾(UN 2257;CN 43003)等碱金属

钠、钾都是银白色柔软轻金属。钠相对密度为0.971,常温时为蜡状,熔点为97.5℃。钾相对密度为0.862,熔点为63℃。碱金属是化学性质最活泼的金属元素,暴露在空气中会与氧作用生成氧化物,也会吸收空气中的水分,发生反应,置换出氢气。若放在水中,反应进行得迅速而剧烈,反应热会使放出的氢气爆炸,引起金属飞溅;因二氧化碳能与金属钠、金属钾起反应,故其不能作为碱金属火灾的灭火剂,干砂(S_iO_2)也不能用于扑救碱金属的火灾。由于这些金属不与煤油、石蜡反应,所以把钠、钾等浸没在这些矿物油中储存,使它们与空气中的氧和水蒸气隔离。应当注意,用于存放活泼金属的矿物油必须经过除水处理,这些物质的包装如有损漏,则非常危险。

图2-23 电石遇水燃爆

2) 碳化钙(分子式:CaC_2;UN 1402;CN 43025)

碳化钙又称电石,为灰色的不规则的块状物,相对密度为2.22。电石有强烈的吸湿性,能从空气中吸收水分而发生反应,放出乙炔(电石气),与水相遇反应更剧烈,且反应中放出的大量热量能很快达到乙炔的自燃点而起火燃烧,甚至爆炸(图2-23)。

灭火剂:干粉、干石粉、干黄沙。严禁用水和泡沫。

五、易燃固体、易于自燃的物质和遇水放出易燃气体的物质火灾扑救

(一) 易燃固体和易于自燃的物质

1. 火灾的危险特性

易燃固体的着火点比较低,一般在300℃以下。有些易燃性较高的固体受到摩擦、撞击等外力作用时即可引发燃烧。除了易燃性外,易燃固体还具有遇酸、氧化剂易燃易爆、本身或燃烧产物有毒、遇湿易燃性和自燃危险性等火灾危险特性。

易于自燃的物质相较于易燃固体更加活泼,尤其是接触氧化剂和其他氧化性物质会发生剧烈反应,甚至爆炸。以黄磷为例,直接接触空气即可自燃起火并生成有毒的五氧化二磷,因此,黄磷需在水中存放。易于自燃的物质的火灾危险特性主要有遇空气自燃性、遇湿易燃性和积热自燃性。

2. 火灾的扑救对策

对于大部分的易燃固体以及易于自燃的物质,一般都可以用水和泡沫灭火,相较于爆炸品、易燃液体等其他类别危险货物而言,灭火难度要小一些,只要控制住燃烧范围,逐步扑灭即可。但是也有少数易燃固体、易于自燃的物质的性质比较特殊,如二硝基萘、黄磷、活泼金属等。针对相对特殊的易燃固体及易于自燃的物质,一般应采取的基本对策有以下几点。

(1) 对于部分易发生升华的易燃固体(如2,4-二硝基苯甲醚、二硝基萘、萘等),受热会放出易燃蒸气,火灾时可用雾状水、泡沫扑救并切断火势蔓延途径,但不能以为明火焰被扑灭即已完成灭火工作。因为受热后升华的蒸气在上层会与空气形成爆炸性混合物,易发生爆炸。因此,针对此类物质,灭火时应不时向燃烧区域上空及周围喷射雾状水,并浇灭一切火源。

(2) 对于燃点很低的易于自燃的物质(如黄磷),首先应切断火势蔓延途径,控制燃烧范围。以黄磷为例,应用低压水或雾状水扑救,高压直流水冲击能引起黄磷飞溅,导致灾害扩大。黄磷熔融液体流淌时应用泥土、沙袋等筑堤拦截并用雾状水冷却,对磷块和冷却后已固化的黄磷,应用钳子钳入储水容器中。

(3) 对于金属火灾,与水接触会发生剧烈或爆炸性的反应,且火势被扑灭后有再次被点燃的风险。不要使用水、泡沫或二氧化碳灭火,而应用干砂、石墨粉、干燥的氯化钠或专用干粉灭火器。对于此类火灾,窒息法优于洒水法,如果无法扑灭,保护周围环境,让其自行燃尽。

(4) 对于需要控制温度的自反应物质,其温度必须始终保持在控制温度以下。不要让该物质温度上升,一般用液氮、干冰或冰块来冷却。一旦罐柜的通风安全阀发出危险的声音或罐柜变色,应迅速撤离;且除非有专家指导,否则不允许清理或处理此类泄漏物。

(二) 遇水放出易燃气体的物质

1. 火灾的危险特性

遇水放出易燃气体的物质在与水接触情况下,会与水相互反应而造成危险,其危险性主要源于反应过程(如放热)以及反应产物(生成具有腐蚀性或毒性或易燃性等危害的产物)。

2. 火灾的扑救对策

由于遇水放出易燃气体的物质特殊的化学性质,导致此类货物在发生火灾时,也需特殊对待。遇水放出易燃气体的物质发生火灾时,一般应采取的对策有以下几点。

(1)对于碱金属(锂、钠、钾等),遇水会发生剧烈放热反应并放出氢气,同时此类物质与二氧化碳、卤代烃甚至干砂都会发生反应,针对此类火灾一般需要使用专用干粉进行灭火,如苏打灰、氯化钠、石墨等。

(2)对于金属有机化合物,如硼、锌、锑的烷基化合物类、烷基铝氢化合物类、烷基铝卤化合物类等,具有极强的还原性,遇水或受潮会分解自燃和爆炸,针对这些类型物质的火灾,应该用干砂、石墨、石灰、硅藻土和其他吸收剂(专用干粉)来扑灭。

(3)对于氢化物(分子型氢化物或盐型氢化物),二氧化碳以及氮可以对此类火灾暂时有效,然而想要扑灭火焰,须中止其流动,并在流动停止后,让余火燃尽,也可用干砂、石棉布等扑救。

(4)在处置过程中经常会产生有毒或腐蚀性气体或蒸气,应使用隔绝式呼吸器。除非明确其没有产生有害气体或蒸气,否则不应只配用过滤式防护器具。

(5)在灭火过程中,由于此类物质的特殊危害性,还需要对五官及全身进行气密性保护,必要时需做防冻保护、防腐蚀保护等。

第五节　第5类　氧化性物质和有机过氧化物

第5类危险货物氧化性物质和有机过氧化物分为2项。

一、氧化性物质和有机过氧化物的定义和分项

(一)5.1项:氧化性物质

氧化性物质是指本身未必燃烧,但通常因放出氧气可能引起或促使其他物质燃烧的物质。本项货物处于高氧化态,具有强氧化性,易分解并放出氧和热量的物质。包括含过氧基的无机物,其本身不一定可燃,但能导致可燃物的燃烧。与松软的粉末状可燃物能组成爆炸性混合物,对热、振动或摩擦较敏感(标志如图2-24所示)。

(二)5.2项:有机过氧化物

有机过氧化物是指分子组成中含有两价过氧基(—O—O—)结构的有机物。其本身易燃易爆,极易分解,对热、振动或摩擦极为敏感。有机过氧化物化学活性高,对热敏感,可发生放热自加速分解,是很重要的一类危险化学品,其一般具有易于爆炸分解、迅速燃烧、对撞击或摩擦敏感、易与其他物质发生危险反应等一种或多种性质(标志如图2-25所示)。

(底色:柠檬黄色,图案:黑色)
图2-24　5.1项标志

(底色:柠檬黄色,图案:黑色)
图2-25　5.2项标志

有机过氧化物按其危险程度分为七种类型,具体是:A型有机过氧化物、B型有机过氧化物、C型有机过氧化物、D型有机过氧化物、E型有机过氧化物、F型有机过氧化物、G型有机过氧化物❶,危险程度由A至G逐步递减。有机过氧化物是"类属"条目,其适用于意义明确的一组物质或物品。如UN 3109是"液态F型有机过氧化物",其适用于意义明确的一组物质或物品。

二、氧化性物质和有机过氧化物的特性

氧化性物质有很多,它们的氧化能力有强也有弱,有的性质很活泼,有不同的危险性;有的性质比较稳定,不属于危险货物。因此,不能笼统地认为氧化性物质都是危险货物。被列入危险货物的氧化性物质是一种化学性质比较活泼的物质,既可以用作化学试剂及化工原料,也可用作化肥。有机过氧化物更是新型化学工业的重要原料,具有更大的危险性。

氧化性物质本身不一定可燃,但可以放出氧而引起其他物质的燃烧。有机过氧化物都是含有过氧基(—O—O—)的有机物,很不稳定,容易分解,有很强的氧化性,而且其本身就是可燃物,易于着火燃烧;分解时的生成物为易燃气体,容易引起爆炸。

1. 氧化性物质的特性

本项货物在遇酸、受热、受潮或接触有机物、还原剂后即有分解放出原子氧和热量,引起燃烧或形成爆炸性混合物的危险。

---

❶　A～G型有机过氧化物的含义,见《危险货物分类和品名编号》(GB 6944—2012)4.6.2.2.3款。

(1)氧化性。在其分子组成中含有高价态的原子或过氧基。高价态原子有极强的夺取电子能力,过氧基能直接释放出游离态的氧原子,两者都具有极强的氧化性。

(2)不稳定性,受热易分解。不少氧化性物质的分解温度小于500℃,这些物质经摩擦、撞击或接触明火,局部温度升高就会分解放出氧,促使可燃物的燃烧。几种无机氧化性物质的分解温度见表2-17。

几种无机氧化性物质的分解温度　　　　　　表2-17

品　名	分解反应分子式	分解温度(℃)
硝酸铵	$2NH_4NO_3 = 2N_2\uparrow + 4H_2O + O_2\uparrow$	210
高锰酸钾	$2KMnO_4 = MnO_2\uparrow + O_2\uparrow + K_2MnO_4$	<240
硝酸钾	$2KNO_3 = 2KNO_2 + O_2\uparrow$	400
氯酸钾	$2KClO_3 = 2KCl + 3O_2\uparrow$	400
过氧化钠	$Na_2O_2 = Na_2O + [O]$	460

(3)化学敏感性。氧化性物质与还原剂、有机物、易燃物质或酸等接触时,有的能立即发生不同程度的化学反应。如氯酸钾或氯酸钠与蔗糖或淀粉接触,高锰酸钾与甘油或松节油接触,三氧化铬与乙醇等混合,都能引起燃烧或爆炸;用扫帚清扫撒在地上的硝酸银即能引起局部燃烧爆炸。同属氧化性物质,由于氧化性的强弱不同,相互混合后也能引起燃烧爆炸,如硝酸铵和亚硝酸钠,硝酸铵和氯酸盐等。有机过氧化物中的过氧化苯甲酰电子分解温度只有130℃,甚至在拧瓶盖时也可能因操作不当而引起爆炸。

(4)吸水性。大多数盐类都具有不同程度的吸水性。如硝酸盐中的钠、钙、镁、铵、锌、铁、铜和亚硝酸钠等,在潮湿环境里很容易从空气中吸收水分,甚至溶化、流失。有的还容易吸水变质,如过氧化钠、过氧化钾遇水则猛烈分解放氧,若遇有机物、易燃物即引起燃烧;三氧化铬迅速吸水变成铬酸;高锰酸锌吸水后的液体接触有机物(如纸、棉布等),能立即燃烧;漂粉精遇水后,不仅能放出氧,同时还产生大量剧毒和腐蚀性的氯气等。

(5)氧化性物质能在某种情况下释放出氧。含氧化合物一般在受热情况下易分解出氧,氧是助燃剂,若遇有机物、易燃物即引起燃烧。氧化性物质一般都具有不同程度的毒性,有的还具有腐蚀性,人吸入或接触可能发生中毒、灼伤现象。如硝酸盐、氯酸盐都有不同程度的毒性,三氧化铬(铬酸酐)、过氧化钠都有腐蚀性等。

2. 有机过氧化物的特性

由于含有极不稳定的过氧基(—O—O—),有机过氧化物有强烈的氧化性能,对热、振动或摩擦极为敏感。当有机过氧化物受到振动、冲击、摩擦或遇热时即分解放出热量,加之有机过氧化物本身为可燃物,就会由于高温引起自身的燃烧,而燃烧又产生更高的热量,最后导致反应体系的爆炸。有机过氧化物具有前述氧化性物质的特点,而且比无机氧化性物质有更大的危险性,其危险性主要表现如下:

(1)有机过氧化物比无机氧化性物质更容易分解。其分解温度一般在150℃以下,有的甚至在常温或低温时即可分解,一些有机过氧化物的分解温度见表2-18,故需保持低温运输。同时有机过氧化物对杂质很敏感,少量的酸类、金属氧化物或胺类即会引起剧烈分解。由于分解温度低,有机过氧化物对摩擦、撞击等因素也比无机氧化性物质敏感。

一些有机过氧化物的分解温度　　　　表 2-18

品　名	分子式	自催化分解温度(℃)
过氧化叔丁醇	$(CH_3)_3COOH$	88~93
过氧化苯甲酸叔丁酯	$C_6H_5CO \cdot O_2 \cdot C(CH_3)_3$	64
过氧化醋酸叔丁酯	$(CH_3)_3CO \cdot O_2 \cdot C(CH_3)_3$	93
过氧化三甲醋酸叔丁酯	$(CH_3)_3COOCOC(CH_3)_3$	29.4
过氧化二碳酸二异丙酯	$[(CH_3)_2CHO \cdot CO]_2O_2$	12
过氧化二月桂酰	$[CH_3(CH_2)_{10}CO]_2O_2$	48.9

(2)有机过氧化物绝大多数是可燃物质,有的甚至是易燃物质;其分解产生的氧,往往能引起自燃;燃烧时放出的热量又加速分解,循环往复极难扑救。

(3)有机过氧化物分解后的产物,几乎都是气体或易挥发的物质,再加上易燃性和自身氧化性,分解时易发生爆炸。

三、常见的氧化性物质和有机过氧化物

1. 常见的氧化性物质

1)硝酸钾(分子式:KNO_3;UN 1486;CN 51056)

硝酸钾又称钾硝石、火硝,无色透明晶体或粉末,相对密度为2.109,溶于水;主要用于火柴、烟花、炸药的制造,以及合成燃料、医药,也用于分析试剂。

硝酸钾遇热会分解放出氧,与易燃物质混合后,受热甚至轻微的摩擦冲击都会迅速地燃烧或爆炸;遇硫酸会发生反应生成硝酸,所以硝酸盐类不能与硫酸配载;是强氧化性物质,与有机物、还原剂、易燃物(如硫、磷、碳及铵的化合物、氧化物、金属粉末等混合)稍微摩擦、撞击,即有引起燃烧爆炸的危险;有毒,内服10g可致死亡。

灭火剂:雾状水、干粉、砂土。

2)氯酸钾(分子式:$KClO_3$;UN 1485;CN 51031)

氯酸钾为白色晶体或粉末,味咸、有毒,相对密度为2.32(水=1)。在400℃时能分解放出氧,因包装破损,氯酸钾撒漏在地后被践踏发生火灾的事故时有发生。

氯酸钾与硫、碳、磷或有机物(如糖、面粉)等混合后,经摩擦、撞击即爆炸;氯酸钾的热敏感和撞击感度都比黑火药灵敏得多;是一种极强的酸,也有极强的氧化性。

2. 常见的有机过氧化物

1)过氧化二苯甲酰(UN 3108;固体 E 型有机氧化物,CAS 号[1]:94-36-0)

过氧化二苯甲酰,又称苯甲酰过氧化物,为白色结晶粉末,有难闻的气味,不溶于水,微

---

[1] "CAS 号"是指美国化学文摘社为一种化学物质指定的唯一索引编号。

溶于乙醇,溶于苯、氯仿等,相对密度为1.33,熔点为103℃,分解温度为130℃,干燥的过氧化二苯甲酰易燃烧。在受到撞击、受热或摩擦时会爆炸;与硫酸接触能发生剧烈反应引起燃烧,放出大量有毒气体。为安全起见,一般储存在水中。在运输时必须保持30%以上的水分(水用作稳定剂),严禁撞击。过氧化二苯甲酰主要用作PVC、聚丙烯腈的聚合引发剂和不饱和聚酯、丙烯酸酯的交联剂,在橡胶工业中用作硅橡胶和氟橡胶的交联剂,还可作为漂白剂、氧化性物质,用于化工生产。

2)过乙酸[分子式:CH_3COOOH;UN 3149;过氧化氢和过乙酸混合物,含酸(类)、水和不超过5%的过乙酸,稳定的]

过乙酸又名过醋酸、过氧乙酸,为无色液体,有强烈刺激性气味,溶于水、乙醇、乙醚硫酸。相对密度为1.15(水=1),熔点为0.1℃,沸点为105℃,闪点为41℃。一般商品为35%和18%~23%两种过氧乙酸溶液。用于漂白、消毒剂、催化剂、氧化性物质。

纯的过乙酸极不稳定,在-20℃时也会爆炸。浓度大于45%就具有爆炸危险。性质不稳定,在存放过程中逐渐分解,放出氧气。易燃,加热至100℃时即猛烈分解,遇火源爆炸。有强腐蚀性。

灭火剂:雾状水、二氧化碳、泡沫。

有关第5类危险货物氧化性物质和有机过氧化物的包装类别的划分,参见《危险货物分类与品名编号》(GB 6944—2012)4.6.3"第5类:危险货物包装类别的划分"。

四、氧化性物质和有机过氧化物火灾扑救

1. 火灾的危险特性

氧化性物质和有机过氧化物都属于活性很强的危害性物质,它们的火灾危险特性主要有氧化性、分解性、反应性和伤害性。

2. 火灾的扑救对策

氧化性物质和有机过氧化物发生火灾时,一般应采取的对策有以下几点。

(1)迅速查明着火或反应的氧化性物质和有机过氧化性物质以及其他燃烧物的品名、数量、主要危险特性、燃烧范围、火势蔓延途径,以便采取相应的灭火和防护措施。

(2)能用水或泡沫扑救时,应尽一切可能切断火势蔓延途径,使着火区域孤立,限制燃烧范围,同时应积极抢救受伤和被困人员。

(3)不能用水、泡沫、二氧化碳扑救时,应用干粉或用水泥、干砂等覆盖。用水泥、干砂覆盖时,应先从着火区域四周尤其是下风等火势主要蔓延方向开始,形成孤立火势的隔离带,然后逐步向着火点进逼。

(4)对于此类物质(不与水反应)的小火火灾时,优先考虑用水或水雾喷洒。如果没有水,使用干式化学灭火剂、二氧化碳或普通泡沫灭火剂。

(5)对于此类物质的大火火灾时,应在一定距离用水喷火灾区,不要使用直流水。

(6)在此类物质发生泄漏或溢漏时,用干净的防爆工具将惰性的、潮湿的、非易燃的物质

覆盖其上，并将其放入未密封的塑料容器中以供后期处理(小泄漏)；除非在专家指导下，否则不允许清理或处理泄漏物(大泄漏)。

第六节　第6类　毒性物质和感染性物质

第6类危险货物毒性物质和感染性物质分为2项。

一、毒性物质和感染性物质的定义和分项

(一)6.1项：毒性物质

毒性物质是指经吞食、吸入或与皮肤接触后可能造成死亡或严重受伤或损害人类健康的物质(标志如图2-26所示)。

本项包括满足下列条件之一的毒性物质(固体或液体)：

(1)急性口服毒性：$LD_{50} \leq 300mg/kg$。

注：青年大白鼠口服后，最可能引起受实验动物在14天内死亡一半的物质剂量，试验结果以 mg/kg 体重表示。

(2)急性皮肤接触毒性：$LD_{50} \leq 1000mg/kg$。

注：使白兔的裸露皮肤持续接触24h后，最可能引起受实验动物在14天内死亡一半的物质剂量，试验结果以 mg/kg 体重表示。

(3)急性吸入粉尘和烟雾毒性：$LC_{50} \leq 4mg/L$。

(4)急性吸入蒸气毒性：$LC_{50} \leq 5000mL/m^3$，且在20℃和标准大气压力下的饱和蒸气浓度大于或等于 $1/5 LC_{50}$。

注：使雌雄青年大白鼠连续吸入1h，最可能引起受试动物在14天内死亡一半的蒸气、烟雾或粉尘的浓度。固态物质如果其总质量的10%以上是在可吸入范围的粉尘(即粉尘粒子的空气动力学直径≤10μm)应进行试验。固态物质如果在运输密封装置漏泄时可能产生烟雾，应进行试验。不管是固态物质还是液态物质，准备用于吸入毒性试验的样品的90%以上(按质量计算)应在上述规定的可吸入范围。对粉尘和烟雾，试验结果以 mg/L 表示；对蒸气，试验结果以 mL/m^3 表示。

(二)6.2项：感染性物质

感染性物质是指已知或有理由认为有病原体的物质(标志如图2-27所示)。

感染性物质分为A类和B类：

A类：以某种形式运输的感染性物质，在与之发生接触(发生接触，是在感染性物质泄漏到保护性包装之外，造成与人或动物的实际接触)时，可造成健康的人或动物永久性失残、生命危险或致命疾病。

B类:A类以外的感染性物质。

(底色:白色,图案:黑色)

图2-26　6.1项标志

(底色:白色,图案:黑色)

图2-27　6.2项标志

知识链接

《关于危险货物运输的建议书　规章范本》

2.6.3　6.2项——感染性物质

2.6.3.1　定义

在本规章中:

2.6.3.1.1　感染性物质,是已知或有理由认为含有病原体的物质。病原体是指会造成人类或动物感染疾病的微生物(包括细菌、病毒、立克次氏剂、寄生虫、真菌)和其他媒介,如病毒蛋白。

2.6.3.1.2　生物制品,是从活生物体取得的产品,其生产和销售须按相关国家主管部门的要求,可能需要特别许可证,用于预防、治疗或诊断人或动物的疾病,或用于与此类活动有关的发展、试验或调查目的。生物制品包括,但不限于疫苗等最终或非最终产品。

2.6.3.1.3　培养物,是有意使病原体繁殖过程的结果。这个定义不包括2.6.3.1.4中界定的人或动物病患者试样。

2.6.3.1.4　病患者试样,是直接从人或动物采集的人或动物材料,包括但不限于排泄物、分泌物、血液和血液成分、组织和组织液,以及身体部位等,运输的目的是研究诊断、调查活动、治疗和预防疾病等。

2.6.3.1.5　删除。

2.6.3.1.6　医学或临床废物,是来自对动物或人的医学治疗或来自生物研究的废物。

二、毒性物质和感染性物质的特性

(一)毒性物质的特性

在生产中制造或使用的毒物,称为生产性毒物。由生产性毒物所引起的中毒,称为职业中毒。生产性毒物在流通过程中人们习惯上称毒性物质,属于毒性物质的危险货物繁多复杂。按其化学组成,可划分为有机毒性物质和无机毒性物质两大部分。

1. 毒性物质的物理形态

毒性物质的形态可能是固体,也可能是液体或气体。尤以气体、蒸气、雾、烟、粉尘等形态活跃于生产环境的毒性物质会污染空气,且易经呼吸道进入人体,还可能污染皮肤,经皮肤吸收进入人体。

(1)气体指在常温、常压下呈气态的有毒物质。如氯气、氰化氢、硫化氢、氨气等。被列入2.3项危险货物(有毒气体),其毒性大小、危险程度的量度标准参照本类毒性物质的量度标准。

(2)蒸气指有毒固体升华,有毒液体蒸发或挥发时形成的有毒蒸气,当然也包括列入其他类别的固体或液体的蒸气。凡是沸点低、蒸气压大的物质,如有机溶剂,都容易形成蒸气,散发到空气中造成危害。

(3)雾指混悬在空气中的液滴,如硝酸、盐酸、硫酸等在空气中散发出来的酸雾,也具有相当的毒性。

(4)烟指飘浮于空气中的固体微粒,其直径小于 $0.1\mu m$。有机物加热或燃烧时可以产生烟,如农药熏蒸剂燃烧时所产生的烟。

(5)粉尘指能较长时间飘浮于空气中的固体微粒,其粒子直径为 $0.1 \sim 10\mu m$。

上述形态的物质不仅本类物质所独有,在其他几类物质中也普遍存在。毒性物质通常是指常温、常压呈液态或固态的物质。

2. 人畜中毒的途径

毒性物质对人畜发生作用的先决条件是侵入体内,人畜中毒的途径是呼吸道、皮肤和消化道。在运输中,毒性物质主要经呼吸道和皮肤进入人体内,经消化道进入的较少。

(1)呼吸道。整个呼吸道都能吸收毒性物质,尤以肺泡的吸收能力最大。肺泡面积很大,肺泡壁很薄,有丰富的微血管,所以肺泡对毒性物质的吸收极其迅速。有毒气体和蒸气,及 $5\mu m$ 以下的尘埃能直接到达肺泡,进入血液循环而分布全身,可在未经肝脏转化之前就起作用。呼吸道吸收毒性物质的速度,取决于空气中毒性物质的浓度、毒性物质的理化性质、毒性物质在水中的溶解度和肺通气量、心血输出量等因素。而肺通气量和心血输出量又与劳动强度、气温等有关。

(2)皮肤。有许多毒性物质能通过皮肤吸收,吸收后也不经过肝脏即直接进入血液循环。毒性物质经皮肤吸收的途径大致有三条:通过表皮屏障、通过毛囊、极少数可通过汗腺。由于表皮角质层下的表皮细胞膜富有固醇磷酯,故对非脂溶性物质具有屏障作用。表皮与真皮连接处的基膜也有类似作用。脂溶性物质虽能透过此屏障,但除非该物质同时又有一定的水溶性,否则也不易被血液吸收。但当皮肤损伤或患有皮肤病时,其屏障作用被破坏,此时原来不会经过皮肤被吸收的毒性物质也能大量被吸收。毒性物质经皮肤吸收的数量和速度,除与毒性物质本身的脂溶性、水溶性和浓度等有关外,还与皮肤的温度升高、出汗增多、创伤部位等有关。

（3）消化道。毒性物质经消化道进入体内，一般都是在运输装卸作业后，被毒性物质污染的手未彻底清洗就进食、吸烟或将食物、饮料带到作业场所被污染而误食造成的。另外，一些进入呼吸道的粉尘状毒性物质也可随唾液咽下而进入消化道。毒性物质经消化道吸收主要是在小肠。但某些无机盐（如氰化物）及脂溶性毒性物质，可经口腔黏膜吸收。经消化道吸收的毒性物质一般先经过肝脏，在肝脏转化后，才进入血液循环，故其毒性较小。

3. 毒性大小的影响因素

就毒性物质本身而言，其化学组成和结构是毒性大小的决定因素，但其物理特性也可影响毒性大小。

1）毒性物质的化学特性是毒性大小的决定因素

无机毒物中，含有汞（Hg）、铅（Pb）、钡（Ba）、氰根（CN⁻）等的物质一般均属于毒性物质。凡带有氰根（CN⁻）的化合物，能在人体内释放出游离氰根，即可抑制细胞色素氧化酶，毒性较大。如氰化钠溶于水后即释出游离氰根，属剧毒品。而氰化银不溶于水，在水中几乎不释放出游离氰根，因此其毒性比氰化钠小。硫氰酸钠在水中不释放出游离氰根，而以硫氰酸根存在，毒性又小得多。

有机毒物中，含有磷（P）、氯（Cl）、汞（Hg）、氰基（—CN）、铅（Pb）、硝基（—NO$_3$）、氨基（—NH$_2$）多数属于毒性物质。如苯胺、硝基苯等进入人体后，形成高铁血红蛋白，使血液失去运输氧气的功能，最后造成人体组织缺氧。卤化烃随着卤原子增多，其毒性增大。如一氯甲烷、二氯甲烷、三氯甲烷、四氯甲烷，随着氯元素的增加，毒性依次增强。绝大多数有机磷农药和磷酸脂类及硫化磷酸脂类进入人体后对人体有害。如磷酸三甲苯脂和二硫化焦磷酸四乙脂等。

2）毒性物质的物理特性对毒性大小的影响

①毒性物质在水中的溶解度越大，其毒性也越大。如氯化钡能溶于水，毒性较大。硫酸钡不溶于水，人吞服基本无毒。三氧化二砷的溶解度比三硫化二砷大3万倍，故前者的毒性大。

②毒性物质的颗粒愈小，愈易引起中毒。因为颗粒愈小，愈易进入呼吸道而被吸收。将氰化钠制成颗粒状进行运输或储存，就是为降低其毒性。

③脂溶性毒性物质易透过皮肤溶于脂肪进入血液引起中毒。如苯胺、硝基苯一类毒性物质很容易通过皮肤引起中毒。

④毒性物质沸点越低，越易引起中毒。毒性物质沸点越低，就越易挥发成蒸气，增加毒性物质在空气中的浓度，而引起吸入中毒。同理，气温越高，毒性物质的挥发性越大，同时还会增加毒性物质的溶解度和加剧人体呼吸的次数，从而增加毒性物质进入人体的可能性。

影响毒物作用的因素有很多，包括机体的功能状态、年龄、性别和妊娠、毒物进入机体的

第二章 危险货物的分类和特性

途径、毒物的浓度(剂量)和作用的时间、毒物的化学结构和理化性质以及毒物的联合作用等。

知识链接

《关于危险货物运输的建议书 规章范本》

2.6.2.2 包装类别的划定

2.6.2.2.1 6.1项物质,包括农药,按其在运输中的毒性危险程度划入如下三个包装类别:

(1)Ⅰ类包装:具有非常剧烈毒性危险的物质及制剂;

(2)Ⅱ类包装:具有严重毒性危险的物质及制剂;

(3)Ⅲ类包装:具有较低毒性危险的物质及制剂。

2.6.2.2.2 在确定包装类别时,必须考虑到人类意外中毒事故的经验,及个别物质具有的特殊性质,例如液态、高挥发性、任何特殊的渗透可能性和特殊生物效应。

2.6.2.2.4.1 下表列出了以口服摄入、皮肤接触以及吸入粉尘和烟雾的方式确定分类的标准(表2-19)。

口服摄入、皮肤接触和吸入粉尘和烟雾确定分类的标准　　表2-19

包装类别	口服毒性 LD_{50}(mg/kg)	皮肤接触毒性 LD_{50}(mg/kg)	吸入粉尘和烟雾毒性 LC_{50}(mg/L)
Ⅰ	≤5.0	≤50	≤2.0
Ⅱ	>5.0 和 ≤50	>50 和 ≤200	>0.2 和 ≤0.2
Ⅲ[a]	>50 和 ≤300	>200 和 ≤1000	>2.0 和 ≤4.0

a 催泪性毒气物质,即使其毒性数据相当于Ⅲ包装的数值,也必须划入Ⅱ类包装。

注:符合第8类标准,并且吸入粉尘和烟雾毒性(LC_{50})属于Ⅰ类包装的物质,只有在口服摄入或皮肤接触毒性至少是Ⅰ类或Ⅱ类包装时才被认可划入6.1项,否则酌情划入第8类(见2.8.2.3)。

4. 毒性的量度

毒性物质虽对人有毒害作用,但如果进入体内的毒性物质剂量不足,则不会中毒。表示毒性物质的摄入量与效应的关系称为毒性。对某毒性物质的毒性测定,是用动物进行的。通常认为,动物致死所需某毒性物质的摄入量(或浓度)愈小,则表示该毒性物质的毒性越大。毒性的计量单位是mg/kg,即把某毒性物质使某动物死亡的最小量与该动物的体重相比,得到每千克的动物摄入某毒性物质的毫克数,就是毒性的单位。常用的有如下指标。

1)半数致死量(LD_{50})和经口 LD_{50}、经皮 LD_{50}

(1)半数致死量(LD_{50})。

半数致死量,又叫作"致死中量",用符号 LD_{50} 表示。LD_{50} 是指能使一群试验动物(小白鼠、家兔等)的死亡率达到50%时的每千克体重的毒性物质用量,是描述有毒物质的常用指标之一。如某物质对人的致死情况与白鼠相同,则体重为Wkg的某人的50%致死的毒性物质摄入量为$LD_{50} \times W$。

毒性物质摄入的途径有口服、皮肤接触和呼吸三种。对口服和皮肤接触都用致死中量来表示,致死中量又分为经口LD_{50}和经皮LD_{50}。同一种毒性物质的这两个指标值是不同的,须经试验而定。

(2)经口LD_{50}。

急性经口毒性(经口LD_{50})是指经口腔基于一次剂量或在24h内给予多次剂量的受试动物后短时间内产生的有害作用。经口LD_{50}是从统计学上预测,当经口腔给予受试动物后引起50%受试动物死亡的剂量。

(3)经皮LD_{50}。

急性经皮毒性(经皮LD_{50})是指一次经皮肤涂抹受试动物后短时间内对动物产生的有害作用。经皮LD_{50}是从统计学上预测,当一次经皮肤涂抹受试动物后引起50%受试动物死亡的剂量。

同一种毒性物质的经口LD_{50}、经皮LD_{50}这两个指标值是不同的,须经试验而定。

2)吸入LC_{50}

经呼吸途径中毒不能用致死中量来量度,而应用半数致死浓度来表示。在动物急性毒性试验中,使受试动物半数死亡的毒物浓度为"半数致死浓度",用LC_{50}表示。LC_{50}表示空气中毒物对哺乳动物的急性毒性,一般是指受试动物吸入毒物2h或4h后的试验结果,可不注明吸入时间,但有时也可写明时间参数。LC_{50}是指引起动物半数死亡的浓度和吸入时间的乘积,吸入时间一般用分钟表示。具体地讲,LC_{50}是指一群试验动物与气体毒性物质呼吸接触一定时间后有50%死亡时的该毒性物质在空气中的浓度。对气体毒性物质通常用ppm表示,1ppm表示该毒物在空气中浓度为百万分之一(10^{-6});粉尘毒性物质用每立方米空间含有某毒性物质的毫克数表示(mg/m^3)。

3)其他指标

常见的毒性指标还有以下五个:

(1)最高容许浓度,又称极限阈值,用符号TLV表示。TLV是指在该浓度下健康成人长期经受也不致引起急性或慢性危害。所谓最高,是指生产场所空气中含有该毒性物质的浓度的极限,在多处多次的采样测定时,每次测定都不得超过此上限,而不是平均值不超过此限值。其度量单位同LC_{50}。

(2)绝对致死量,用符号LD_{100}表示。即是使实验动物全部死亡的毒性物质的最小用量。

(3)最低致死量,用符号LDL_0表示。即在已发生的中毒死亡的病历报告中的最小摄入量。在LD_{50}时,死亡率已达50%,那么死亡率是1%、0.1%、0.01%的毒性物质用量,即可能致死的用量是多少呢?这是根据有死亡纪录的最小量而定的,而不是根据实验。单位不用mg/kg,而直接用重量(mg)单位。

(4)最小中毒量,用符号 TDL_0 表示。指能引起染毒动物出现中毒症状的最小用量。

(5)最小中毒浓度,用符号 TCL_0 表示。指能引起染毒动物出现中毒症状的最小浓度。

一般剧毒化学品毒性判定界限为:大鼠试验,经口 $LD_{50} \leqslant 50\text{mg/kg}$,经皮 $LD_{50} \leqslant 200\text{mg/kg}$,吸入 $LC_{50} \leqslant 500\text{ppm}$(气体)或 2.0mg/L(蒸气)或 0.5mg/L(尘、雾),经皮 LD_{50} 的试验数据,可参考兔的试验数据。

(二)感染性物质的特性

1. 感染性物质的危险特性

感染性物质的危险特性在于其能使人或动物感染疾病或其毒素引起病态,甚至死亡。

感染性物质包括遗传性的微生物和生物、生物制品、诊断样品和临床及医疗废物。2008年8月1日起实施的《国家危险废物名录》(环境保护令第1号)指明,医疗废物包括卫生系统使用的医疗废物和为防治动物传染而需要收集和处置的废物;医药废物包括化学药品原料药生产过程中、化学药品制剂生产过程中的蒸馏及反应残渣、母液及反应基或培养基废物等,使用砷或有机砷化合物生产兽药过程中使用活性炭脱色产生的残渣等,利用生物技术生产生物化学药品、基因工程药物过程中的蒸馏及反应残渣、母液、反应基和培养基废物等;废药物、药品;农药废物等。

"生物制品"和"医学标本"只要其不含有或有足够的理由相信不含有感染性物质或其他危险货物,可认为不是危险货物。生物制品包括按照国家卫生管理部门的要求制成的,在国家卫生管理部门认可或特许下的,用于人类或兽类的各种生物制剂成品;或在国家卫生管理部门特许之前,运输用来研制用于人或动物的生物制品;或用于动物试验的符合国家卫生管理部门要求的生物制品。这些制品还包括按照国家专业机关程序制成的半成品。活的动物和人的疫苗可认为是生物制品,但不认为是感染性物质。医学样本是指任何人或动物的成分。包括但不局限于排泄物、分泌物、血液及其成分、组织或组织液。储运这些物质是用于医学诊断,但不包括活的感染性动物。

2. 感染性物质的生物安全分级

1980年世界卫生组织按对个人和公众的危害性,将各种感染性物质的生物安全分为4级,见表2-20。各国可以按照自己的实际情况进行分级。

感染性物质的生物安全分级　　　　　　　　表2-20

类别 \ 分级	1级	2级	3级	4级
按对个人危害	无或极低	中等	高	高
按对公众危害	无或极低	低	低	高

3. 感染性物质的运输

《危险货物品名表》(GB 12268)中的感染性物质主要有:

(1)感染性物质,只对动物感染;UN 2900。

(2)医院诊断废弃物,未具体说明的,未另列明的,或(生物)医学废弃物,未另列明的,或管制的医学废弃物,未另列明的;UN 3291。

(3)医学样本;UN 3373。

感染性物质无法给出衡量参数,也无法用化学实验确定,而是由卫生防疫部门认定。感染性物质单纯的存在状态多为菌种或毒种,其在实验室环境下发生感染的机会较多,感染的危害性更大,感染性物质的运输过程也存在感染性。感染性分为实验室感染可能性、感染后发病的可能性、症状轻重及愈后情况、有无生命危险及有效防止实验室感染方法、用一般的微生物操作方法能否防止实验室感染、我国有无此种菌(毒)种及曾是否引起流行、人群免疫力等情况。

这类物质的运输须经当地省(自治区、直辖市)政府卫生行政部门批准。

运输中传染病菌(毒)种的容器若发生破损,应遵循以下原则:

(1)迅速查明容器被损坏的原因和菌(毒)种名称;

(2)及时划定被污染的范围,并实施严格消毒;

(3)及时登记接触者名单,必要时进行医学观察或留验、化学预防、应急免疫接种及丙种球蛋白保护;

(4)事故发生时,提请运输部门向当地交通、卫生行政部门(或卫生防疫站)报告事故情况,必要时请求协助处理;

(5)如鼠疫杆菌、霍乱弧菌和艾滋病病毒的容器破损,应在立即处理的同时,向当地政府卫生行政部门和卫生部报告。

三、毒性物质和感染性物质的包装

第6类危险货物,根据其危害程度确定包装类别。如毒性物质(包括农药),按其毒性程度划入三个包装类别:

(1)Ⅰ类包装:具有非常剧烈毒性危险的物质及制剂;

(2)Ⅱ类包装:具有严重毒性危险的物质及制剂;

(3)Ⅲ类包装:具有较低毒性危险的物质及制剂。

有关第6类危险货物包装类别的具体划分情况,见《危险货物分类和品名编号》(GB 6944—2012)"4.7.3 第6类危险货物包装类别的划分"。

四、常见的毒性物质和感染性物质

1. 四氯乙烯(分子式:C_2Cl_4;UN 1897;CN 61580)

四氯乙烯,又名全氯乙烯。无色液体,有氯仿样气味。性质稳定,不溶于水,能与乙醇、乙醚混溶。相对密度为1.63(水=1),熔点为-22.2℃,沸点为121.1℃。用于溶剂。

危险特性:有毒,车间空气最高允许浓度200mg/m³,大鼠经口半数致死量(LD_{50})为3005mg/kg。对眼、皮肤有刺激性,遇热能分解出有毒的氯化氢和光气。

灭火剂:雾状水、泡沫、二氧化碳、砂土。

四氯乙烯有刺激和麻醉作用。吸入急性中毒者有上呼吸道刺激症状、流泪、流涎,随之出现头晕、头痛、恶心、运动失调及酒醉样症状。口服后出现头晕、头痛、倦睡、恶心、呕吐、腹痛、视力模糊、四肢麻木,甚至出现兴奋不安、抽搐乃至昏迷,可致死。慢性影响:有乏力、眩晕、恶心、酩酊感等。可有肝损害。皮肤反复接触,可致皮炎和湿疹。急救措施皮肤接触:脱去污染的衣着,用肥皂水和清水彻底冲洗皮肤。眼睛接触:提起眼睑,用流动清水或生理盐水冲洗。就医。吸入:迅速脱离现场至空气新鲜处。保持呼吸道通畅。如呼吸困难,给输氧。如呼吸停止,立即进行人工呼吸。就医。食入:饮足量温水,催吐。就医。

2. 甲基碘(分子式:CH_3I;UN 2644;CN 61568)

甲基碘,又名碘甲烷。无色液体,有特臭。微溶于水,溶于乙醇、乙醚。相对密度(水=1)为 2.80;熔点为 -66.4℃;沸点为 42.5℃。用于医药、有机合成、吡啶的检验、显微镜检查等。

侵入途径:吸入、食入、经皮吸收。健康危害:对中枢神经和周围神经有损害作用,对皮肤黏膜有刺激作用。

毒理学资料及环境行为毒性:属中等毒性。急性毒性:LD_{50} 为 100~200mg/kg(大鼠经口);76mg/kg(小鼠经口);LC_{50} 为 1300mg/m³,4h(大鼠吸入);900mg/m³,2h(小鼠吸入)。

刺激性:人经皮:1g,30min,轻度刺激。

致突变性:微生物致突变:鼠伤寒沙门氏菌 2uL/皿;大肠杆菌 20umol/L。哺乳动物体细胞突变性:小鼠淋巴细胞 15mg/L,2h。

致癌性:IARC,致癌性评论:动物阳性。

危险特性:受热分解放出有毒的碘化物烟气。

燃烧(分解)产物:一氧化碳、二氧化碳、碘化氢。

甲基碘泄漏时,迅速撤离泄漏污染区人员至安全区,并立即隔离 150m,严格限制出入。切断火源。建议应急处理人员佩戴自给正压式呼吸器,穿防毒服。不要直接接触泄漏物。尽可能切断泄漏源,防止进入下水道、排洪沟等限制性空间。小量泄漏:用砂土或干燥石灰或苏打灰混合。大量泄漏:构筑围堤或挖坑收容。用泡沫覆盖,降低蒸气灾害。用防爆泵转移至槽车或专用收集器内,回收或运至废物处理场所处置。

消防人员须佩戴防毒面具、穿全身消防服。灭火剂:雾状水、泡沫、二氧化碳、砂土。

第七节 第8类 腐蚀性物质

一、腐蚀性物质的定义

腐蚀性物质是指通过化学作用使生物组织接触式造成严重损伤或在渗漏时会严重损害甚至毁坏其他货物或运载工具的物质(标志如图 2-28 所示)。其包括满足下列条件之一的

物质:

(1)使完好皮肤组织在暴露超过60min、但不超过4h之后开始的最多14天观察期内全厚度毁损的物质;

(2)被判定不引起完好皮肤组织全厚度毁损,但在55℃试验温度下,对钢或铝的表面腐蚀率超过6.25mm/a(每年毫米)的物质。

上述表述,一方面是针对人体的伤害,如灼伤人体组织、完好皮肤坏死等;另一方面从运输角度考虑,腐蚀对材料(金属等物品)造成的损坏、破坏,如长期、缓慢的腐蚀对车辆、罐体的影响等。

腐蚀性物质对物质的腐蚀作用主要是化学作用,有时会引起一系列复杂的化学变化。各种腐蚀性物质接触不同物品发生腐蚀反应的效应及速度是不同的,说明各种腐蚀性物质腐蚀性强弱不一。各物品的耐腐蚀性也参差不齐。

二、腐蚀性物质的特性

腐蚀性物质的化学性质非常活泼,能与很多金属、非金属及动、植物机体等发生化学反应。腐蚀性物质不仅具有腐蚀性,同时还具有毒性、易燃性或氧化性等性质中的一种或数种。

(底色:上白下黑色,
图案:上黑下白色)
图2-28 第8类标志

1. 腐蚀性

腐蚀性物质与人体、与很多物品接触后,都能形成程度不同的腐蚀。其中对人体的伤害通常又称为化学烧伤(或化学灼伤)。

(1)对人体的烧伤。具有腐蚀性的固体、液体和气体物品都会对皮肤表面或器官的表面(如眼睛、食道等)产生化学烧伤。

固体腐蚀性物质氢氧化钠等,能烧伤与之直接接触的表皮。液体腐蚀性物质能很快侵害人体的大部分表面积,并能透过衣物发生作用。气体腐蚀性物质虽然不多,但许多液体腐蚀性物质的蒸气和粉末状固体腐蚀性物质的粉尘,同样具有严重的腐蚀性,它们不仅能伤害人体的外部皮肤,而且会侵害呼吸道和眼睛。

腐蚀性物质接触人的皮肤、眼睛或进入呼吸道、消化道,会立即与表皮细胞组织发生反应,使细胞组织受到破坏,而造成烧伤。呼吸道、消化道的表面黏膜比人体表皮更娇嫩更容易受腐蚀。内部器官被烧伤时,会引起炎症(如肺炎等),严重的会死亡。

有些腐蚀性物质对皮肤的伤害能力很小,但对某些器官却有强烈的刺激。如稀氨水对皮肤的腐蚀作用很轻微,但如溅入眼睛,则可能引起失明。

浓硫酸使皮肤和组织脱水,脱水后的皮肤组织从成分到外观都与木炭无异。氢氧化钠的浓溶液能使不溶于水的活体组织成为能溶于水的酸酯钠和醇。所以,氢氧化钠能溶解丝、毛和动物组织。皮肤接触液碱会被溶解。甚至极短的时间也会造成严重的伤害。摄入液碱,如不立即用1%的醋酸溶液中和就可致命。氢氧化钠浓溶液是带微红色(45%氢氧化钠水溶液)或微蓝色(30%氢氧化钠水溶液)的透明液体,将之误认为红白葡萄酒、烧酒或饮料而误食丧命的事故时有所闻。

化学烧伤(灼伤)与物理烧伤(烫伤)有很大的不同。物理烧伤会使人立即感到强烈的刺痛,人的肌体会本能地立即避开。而化学烧伤有一个化学反应的过程,开始并不会感到疼痛,要经过数分钟、数小时,甚至数日后才表现出它的严重伤害来,所以常常被人们忽视,其危害性也就更大。如皮肤接触氢氟酸后,表皮腐蚀似乎不严重,但氢氟酸会侵蚀骨骼中的钙而造成严重的后果。另外,物理烧伤脱离接触后,伤害不会继续加深;而腐蚀性物质与皮肤接触后,灼伤逐步加剧,要清除掉沾在皮肤上的腐蚀性物质颇费周折,同时腐蚀性物质对皮肤等组织细胞的吸附作用很强,还会通过皮肤被吸收,引起全身中毒,加之化学烧伤的周围组织因坏死及中毒等原因,较难痊愈。故化学烧伤比物理烧伤更应引起重视。

(2)对物品的腐蚀。腐蚀性物品中的酸、碱甚至盐都能不同程度地对金属进行腐蚀。它们会腐蚀金属的容器、车厢、货舱、机舱及设备等,即使这些金属物品不直接与腐蚀性物质接触,也会因腐蚀性物质蒸气的作用而锈蚀。如化工物品运输车辆的损耗程度要比普通运输车辆的损耗大得多。有机物质如木材、布匹、纸张和皮革等也会被碱、酸腐蚀。腐蚀性物质甚至能腐蚀水泥建筑物,撒漏于水泥地上的盐酸,能把光滑的地面腐蚀成为麻面。撒漏的硫酸不加水稀释流入下水道,会使水泥制的下水道毁坏。氢氟酸甚至能腐蚀玻璃。

2. 毒性

腐蚀性物质中有很多物品还具有不同程度的毒性。如五溴化磷、偏磷酸、氢氟硼酸等。特别是具有挥发性的腐蚀性物质,如发烟硫酸、发烟硝酸、浓盐酸、氢氟酸等,能挥发出有毒的气体和蒸气,在腐蚀肌体的同时,还能引起中毒。

3. 易燃性和可燃性

有机腐蚀性物质具有可燃性,这是由它们本身的化学构成所决定的。挥发性强的有机腐蚀性物质如冰醋酸、水合肼的闪点比较低,接触明火会引起燃烧。有些强酸强碱,在腐蚀金属的过程中会放出可燃的氢气。当氢气在空气中占一定的比例时,遇高热、明火即燃烧,甚至引起爆炸。

4. 氧化性

腐蚀性物质中的含氧酸大多是强氧化性物质。它们本身会分解释放出氧,或在与其他物质作用时,夺得其电子将其氧化,如硝酸暴露在空气中就会分解产生氧气。

强氧化性物质与可燃物接触时,即可引起燃烧。如硝酸、硫酸、高氯酸等,与松节油、食糖、纸张、炭粉、有机酸等接触后,即可引起燃烧甚至爆炸。

浓硫酸、浓硝酸可以氧化铜,同时放出有毒的二氧化硫或二氧化氮气体。

硝酸还能氧化毛发和皮肤的组成部分蛋白质,使蛋白质转化为一种称为黄肼酸的黄色的复杂物质。所以硝酸溅到皮肤上,愈合很慢,并会留下很难看的疤痕。同时,氧化性有时也可以被利用,如浓硫酸和浓硝酸的强氧化性,使铁、铝金属在冷的浓酸中被氧化,使金属表面生成一层致密的氧化物薄膜,保护了金属,这种现象称为"钝化"。根据这一特点,可用铁制容器盛放浓硫酸,用铝制容器盛放浓硝酸。

5. 遇水反应性

腐蚀性物质中很多物品与水会发生反应,并放出大量的热量。这些反应大致分为遇水分解和遇水化合两种。遇水反应的腐蚀性物质都能与空气中的水汽发生反应而发烟(实质是雾,习惯上称烟),它对眼睛、咽喉和肺有强烈的刺激作用,而且有毒。由于反应剧烈,并同时放出大量的热量,当满载这些物品的容器遇水后,则可能因漏进水滴,猛烈反应,使容器炸裂。所以尽管没有给这些物品贴上"遇潮时危险"的副标志,其防水的要求应和4.3项危险货物(遇水放出易燃气体的物质)相同。

三、腐蚀性物质的包装

腐蚀性物质的包装类别分为以下三类:

(1) Ⅰ类包装:非常危险的物质和制剂;

(2) Ⅱ类包装:显示中等危险性的物质和制剂;

(3) Ⅲ类包装:显示轻度危险性的物质和制剂。

符合第8类标准并且吸入粉尘和烟雾毒性(LC_{50})为Ⅰ类包装,但经口摄入或经皮接触毒性仅为Ⅲ类包装或更小的物质或制剂应划入第8类。

(1) Ⅰ类包装。使完好皮肤组织在暴露3min或少于3min之后开始的最多60min观察期内全厚度毁损的物质;

(2) Ⅱ类包装。使完好皮肤组织在暴露超过3min但不超过60min之后开始的最多14天观察期内全厚度毁损的物质;

(3) Ⅲ类包装。Ⅲ类包装包括:①使完好皮肤组织在暴露超过60min但不超过4h之后开始的最多14天观察期内全厚度毁损的物质;②被判定不引起完好皮肤组织全厚度毁损,但在55℃试验温度下,对S235JR+CR型或类似型号钢或非复合型铝的表面腐蚀率超过6.25mm/a的物质(如对钢或铝进行的第一个试验表明,接受试验的物质具有腐蚀性,则无须再对另一金属进行试验)。

腐蚀反应、构成复杂多样,其中不乏相互抵触的物品,如可燃物品与氧化性物质,酸性与碱性物品等。分项时,以酸碱性作为主要的分类标志,再考虑其可燃性。这样,在实际工作中,根据化学性质将第8类危险货物(腐蚀性物质)分为:酸性腐蚀性物质、碱性腐蚀性物质和其他腐蚀性物质。

1. 酸性腐蚀性物质

酸性腐蚀性物质按其化学组成可分成无机酸性腐蚀性物质和有机酸性腐蚀性物质两个子项:

(1) 无机酸性腐蚀性物质。这类物质都是具有酸性的无机物。酸性的大小,决定了腐蚀性的强弱。其中不少酸具有很强的氧化性,如硝酸、硫酸、氯磺酸等。很明显,具有强氧化性的无机酸不能接触有机物。无机酸性腐蚀性物质中还包括遇水或遇湿能生成酸的物质,如三氧化二硫、五氯化磷等。

(2)有机酸性腐蚀性物质。酸性的有机物品,如甲酸、溴乙酰、三氯乙醛、冰醋酸等,绝大多数是可燃物,有很多是易燃的。如乙酸,闪点为40℃;丙烯酸,闪点为54℃;丁基三氯硅烷,闪点为52℃;丙酸,闪点为54.4℃等。所以,同样是酸性腐蚀性物质,无机酸具有强氧化性,有机酸大多数可燃,绝不能认为同是酸性就可配载混储,它们之间必须分类管理,储存运输时不能一起存放。

2. 碱性腐蚀性物质

碱性腐蚀性物质包括碱性的无机物和碱性的有机物。其碱性决定了其腐蚀性。一般地说,碱性的大小决定了腐蚀性的强弱;碱性腐蚀性物质的腐蚀性要比酸性腐蚀性物质的腐蚀性弱一些;无机碱比无机酸的腐蚀性弱;有机碱比有机酸的腐蚀性弱;同是碱性物品,无机碱要比有机碱的腐蚀性强。无机碱性腐蚀性物质中没有具有氧化性的物质,所以没有必要再把碱性腐蚀性物质分为有机碱性和无机碱性两个子项。碱性腐蚀性物质中的有机物如水合肼等,是强还原剂,易燃,其蒸气会爆炸。

3. 其他腐蚀性物质

其他腐蚀性物质指既不显酸性也不显碱性的腐蚀性物质,如次氯酸钠、三氯化锑、苯酚、甲醛等,分为有无机物和有机物两类。无机物中的次氯酸钠、漂白粉有氧化性。有机物可燃,如甲醛的闪点为50℃,爆炸极限为7%~73%,具有极强的还原性。因为无机其他腐蚀性物质中的氧化性物质和有机其他腐蚀性物质中的还原剂都不多,所以没有必要把本项货物再分为无机和有机两个子项。

腐蚀性物质的上述分类是由各种腐蚀性物质的本身化学性质决定的。不难看到,各种腐蚀性物质具有各种不同的性质,不可以混储配载,若酸与碱混装,氧化性物质与还原剂配载,势必酿成恶性事故。

四、常见的腐蚀性物质

1. 硫酸(H_2SO_4;含酸高于51%;UN 1830;CN 81007)

一般认为,硫酸的消费量可以从某个角度衡量一个国家的经济状况和发展水平。硫酸是重要的工业原料,硫酸铝、盐酸、氢氟酸、磷酸钠和硫酸钙等,在制造时都要用硫酸。因此,硫酸市场是比钢铁工业更好地反应实业状况的指标。硫酸的运输量和储存量在整个酸性腐蚀性物质中占首位。

纯硫酸是无色的油状液体,常见的不纯的硫酸为淡棕色。硫酸在水中可以无限溶混。98%的硫酸水溶液的相对密度为1.84,沸点为338℃,凝固点为10℃。SO_3溶于硫酸中所得产物俗称发烟硫酸,其化学式为$H_2S_2O_7$,称为焦硫酸。焦硫酸比硫酸还要危险(图2-29)。

稀硫酸具有酸的一切通性,能腐蚀金属,能中和碱,并能与金属氧化物和碳酸盐作用。

浓硫酸有以下特性：

（1）浓硫酸溶于水时，能释放出约20kcal/mol（千卡/摩尔）的高热量。因此，稀释浓硫酸时必须十分小心，应该把浓硫酸缓缓加入水中。否则，把水倒入浓硫酸中，开始时因为水较轻仍旧浮在酸层的上部，当水扩散至酸中时，即放出溶解热，可发生局部沸腾，会剧烈溅散而伤人。

（2）浓硫酸对水有极强的亲和性。当其暴露在空气中时，能吸收空气中的水蒸气，具有很强的脱水能力，甚至能使高氯酸脱水，生成不稳定的七氧化二氯，且几乎在生成的同时就爆炸性地分解成氯和氧，所以浓硫酸与高氯酸不能配载混储（图2-30）。

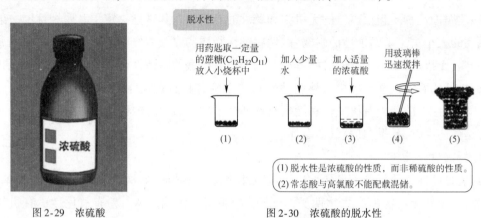

图2-29 浓硫酸　　　　　　图2-30 浓硫酸的脱水性

（3）浓硫酸能与许多物质反应，生成一种或多种危险产物。含氯和氧的氧化性物质能与浓硫酸反应生成氯的氧化物。氯的氧化物不稳定，化学性质异常活泼。氯酸钾混以浓硫酸会立即发生爆炸性反应，故浓硫酸不宜与盐类混储配载。事实上，浓硫酸不宜与任何其他物质配载。

2. 硝酸（HNo_3，硝化酸混合物；UN 17966；CN 81003）

纯硝酸为无色液体，但通常由于溶有NO_2而呈红棕色。工业上，硝酸是仅次于硫酸的重要的酸。68%～70%的硝酸水溶液相对密度为1.5，沸点为86°C，凝固点为-42°C。硝酸可以与水无限混溶。

硝酸与碳酸盐、金属氧化物及碱能以一般酸的典型方式进行反应。但硝酸与金属接触发生的不是置换反应，不放出氢气，而是氧化反应，且作为氧化性物质，几乎与一切金属和非金属起反应。硝酸的氧化能力随酸中溶有的二氧化氮量的增加而增强。纯硝酸中溶有过量的二氧化氮称为发烟硝酸，这是一种非常强的氧化性物质。不管具体的反应如何，硝酸在发生腐蚀反应的同时一般会生成有毒气体 NO 和 NO_2 中的一种。

硝酸的氧化能力能引起木材和其他纤维产品的燃烧。松节油、醋酸、丙酮、乙醇、硝基苯等常见的有机物与浓硝酸相混能发生爆炸。硝酸还能氧化蛋白质。

3. 盐酸（HCl，氢氯酸；UN 1789、CN 81013）

在工业中，盐酸的重要性仅次于硫酸和硝酸。工业上俗称三酸二碱，是最重要的化工原料,三酸即硫酸、硝酸和盐酸。就产量和运输量来说,盐酸超过硝酸占第二位(图2-31)。

图2-31 盐酸

氯化氢是无色的气体,有强烈气味,在空气中能冒烟,蒸气密度为1.2,有毒。空气中浓度超过1500ppm时,在数分钟内可致人死亡。

氯化氢极易溶解于水,溶解度为85g/100g水,所得水溶液称为盐酸。氯化氢和盐酸的化学式均为HCl。工业等级的盐酸氯化氢的水浓度一般为31%,通常因含铁离子而呈黄色。相对密度为1.2。

浓盐酸和稀盐酸均为强酸,它们的主要危险在于能迅速腐蚀金属及大多数与其接触的物质,其蒸气的毒性为第二位的严重危险性。吸入达危险数量的氯化氢,可使呼吸管道中的细胞完全变态,并能破坏气管内层。对于成人来说,氯化氢在空气中的浓度为5ppm时开始有气味;5~10ppm时对黏膜有轻度刺激;35ppm时短暂接触会强烈刺激咽喉;50~100ppm时达忍耐的限度;1000ppm时短暂接触都有肺水肿的危险。

盐酸受热时,氯化氢会从水中逸出,此时盐酸容器内会产生相当大的压力,而导致耐压能力不大的容器破裂。

4. 氯磺酸(ClSO$_3$H;UN 1754;CN 81023)

氯磺酸是无机酸性腐蚀性物质,是由硫酸衍生出来的强酸。硫酸中去掉一个羟基(—OH)后的基团(—SO$_3$H)称为磺(酸)基。磺基与烃基(R—)或卤素原子(F—、Cl—、Br—等)结合而成的化合物统称为磺酸,命名为某磺酸。与甲基(CH$_3$—)相连叫作甲磺酸(CH$_3$SO$_3$H);与苯基相连称苯磺酸(C$_6$H$_5$SO$_3$H);与氯原子相连即氯磺酸。大多数磺酸是易溶于水的晶体,具有强酸性,并有相似的性质。

氯磺酸是无色的油状液体。在空气中能发烟,具有很强的腐蚀性,甚至比浓硫酸的危险性还大。遇水会发生强烈的反应,同时放出大量的热。

氯磺酸是一种能与许多化合物反应的强氧化性物质,其与粉状金属、硝酸盐均能起爆炸性反应。除了对人体健康的影响外,这些气体的产生还能导致容器内部压力增高而爆炸,所以氯磺酸卷入火场是很危险的。试图用淋水的常规方法来救护卷入火场的氯磺酸容器必定适得其反,因为氯磺酸遇水反应更强烈。

5. 固态氢氧化钠(NaOH;UN 1823;CN 82001)和氢氧化钠溶液(UN 1824,CN 82001)

氢氧化钠(别名烧碱、苛性钠、苛性碱、苛性曹达、固碱、火碱)是最常见的强碱,在整个工业部门有许多用途。纯氢氧化钠是白色的块状或片状固体,极易溶于水。氢氧化钠大量是以 30% 和 45% 的水溶液在市场出售和运输。运输量很大。

固体氢氧化钠在空气中除极易吸收空气中的水汽外,还会吸收二氧化碳生成碳酸钠而变质,因此,在储存和运输固体氢氧化钠时,必须防止其与空气接触。

氢氧化钠的浓溶液能与活体组织作用,能溶解丝、毛和动物组织,会严重灼伤皮肤。

氢氧化钠与酸类反应剧烈,能腐蚀某些铝、锌、铅类金属和某些非金属,并放出氢气。还能与玻璃的主要成分二氧化硅反应,生成易溶于水的硅酸钠,而使玻璃腐蚀,但其反应速度缓慢。故长期存放氢氧化钠溶液(又称液碱)时,不宜使用玻璃或陶瓷器皿。

从运输角度考虑,腐蚀不仅要看对材料的破坏,还应特别考虑对人体的伤害。同时也不能忽视长期缓慢的腐蚀。

本类货物系指能通过化学作用使生物组织接触时会造成严重损伤、在渗漏时会严重损害甚至毁坏其他货物或运载工具的物质。腐蚀性物质包含与完好皮肤组织接触不超过 4h,在 14 天的观察期中发现引起皮肤全厚度损毁,或在温度 55℃ 时,对 S235JR + CR 型或类似型号钢或无覆盖层铝的表面均匀年腐蚀率超过 6.25mm/a 的物质。

腐蚀性物质对物质的腐蚀作用主要是化学作用,有时会引起一系列复杂的化学变化。强碱对铝的腐蚀,实质上是铝与水的置换反应,强碱的存在只是起了溶解氧化膜和氢氧化铝的作用,促使铝与水的反应能顺利地迅速进行。

各种腐蚀性物质接触不同物质发生腐蚀反应的效应及速度是不同的,说明各种腐蚀性物质腐蚀性强弱不一。各物质的耐腐蚀性也参差不齐。

第八节 第 9 类 杂项危险物质和物品,包括危害环境物质

一、杂项危险物质和物品的定义

本类是指存在危险但不能满足其他类别定义的物质和物品(标志如图 2-32 所示),包括:

(1)以微细粉尘吸入可危害健康的物质,如 UN 2212 蓝石棉(青石棉)、棕石棉(铁石棉,迈索赖特石棉)、UN 2590 白石棉(温石棉,阳起石,直闪石,透闪石);

(2)会放出易燃气体的物质,如 UN 2211(聚苯乙烯珠粒料,可膨胀,可放出易燃气体)、UN 3314(塑料造型化合物,呈面团状、薄片或挤压出的绳索状,可放出易燃蒸气);

(3)锂电池组,如 UN 3090(锂金属电池组,包括锂合金电池组)、UN 3091(装在设备中的锂金属电池组,包括锂合金电池组)、UN 3480(锂离子电池组,包括聚合物锂离子电池)、UN 3481(装在设备中的锂离子电池组,包括聚合锂离子电池组);

(4)救生设备,如 UN 2990(救生器材,自动膨胀式)、UN 3072(非自动膨胀式救生器材,器材中带有危险品)、UN 3268(气囊充气器,气囊模块,安全带预紧装置);

(5)一旦发生火灾可形成二噁英的物质和物品,如 UN 2315(多氯联苯,液态)、UN 3432(固态多氯联苯)、UN 3151(液态多卤联苯,或液态多卤三联苯)、UN 3152(固态多卤联苯,

或;固态多卤三联苯);这一组物质包括 UN 2315、3432、3151、3152,如这类物品有含这类物质的变压器、冷凝器和设备等;

(6)在高温下运输或提交运输的物质,即在液态温度达到或超过 100℃,或固态温度达到或超过 240℃条件下运输的物质,如 UN 3257(高温液体,未另作规定的,温度等于或高于 100°C、低于其闪点(包括熔融金属、熔融盐类等)、UN 3258(高温固体,未另作规定的,温度等于或高于 240°C);

(7)**危害环境物质❶**,包括污染水生环境的液体或固体物质,以及这类物质的混合物(如制剂和废物),如 UN 3077(对环境有害的固态物质,未另作规定的)、UN 3082(对环境有害的液态物质,未另作规定的);

(8)不符合 6.1 项毒性物质或 6.2 项感染性物质定义的经基因修改的微生物和生物体,如 UN 3245(转基因微生物,或转基因生物体);

(9)其他(运输过程中存在危险但不能满足其他类别定义的其他物质和物品),如 UN 1841(乙醛合氨)、UN 1845(固态二氧化碳,干冰)、UN 1931(连二亚硫酸锌,亚硫酸氢锌)、UN 1941(二溴二氟甲烷)、UN 1900(苯甲醛)、UN 2071(硝酸铵基化肥)、UN 2216(鱼粉,鱼屑,稳定的)、UN 2807(磁化材料)、UN 2969(蓖麻籽,蓖麻粉,蓖麻油渣,蓖麻片)、UN 3166(内燃发动机,)、UN 3171(电池驱动设备)、UN 3316(化学品箱,急救箱)、UN 3334(空运受管制的液体,未另作规定的)、UN 3335(空运受管制的固体,未另作规定的)、UN 3359(熏蒸过的货物运输装置)、UN 3363(机器中的危险货物)。

值得注意的是,联合国危险货物运输专家委员会(TDG)、联合国欧洲经济委员会(ADR)有关第 9 类杂项的标志如图 2-33 所示。

底色:白色,图案:黑色
图 2-32 第 9 类标志

图 2-33 ADR 中第 9 类标志

二、常见的杂项危险物质和物品

1. 磁化材料(UN 2807,CN 91001)

永久磁铁以及含有磁性零部件的设备仪表、光学仪器、移动电话、家电产品等货物,距包装件表面任何一点 2.1m 处的磁场强度 H≥0.159A/m,在航空运输时要作为"磁化材料"运

---

❶ 在《危险货物分类和品名编号》4.10.2 中有"危险水生环境物质的分类"。

输。此项货物在其磁场强度范围内,对飞机的导航、通信设备有一定的影响,会干扰飞行罗盘的准确性,从而影响飞机安全。

2. 固态二氧化碳(干冰)(UN 1845;CN 92001)

二氧化碳(固体),即干冰。干冰用于食品工业作制冷剂,也可用作人工催雨的化学药剂以及消防灭火剂。该物质为白色升华性结晶,无嗅。临界温度为31.0℃,临界压力为$7.4 \times 10^6 Pa$。相对密度为1.5862。在常压下升华可得到-78.5℃左右的低温,并吸收大量的热量。干冰气化时吸收的热量是同质量的冰溶解气化吸收热量的2倍,而且这个过程比冰快得多,故人体接触瞬间即能严重冻伤。因其外形与普通的冰雪很相像,常被误认为冰雪而用手去抓,但因温度为-78.5℃,故造成冻伤。在封闭的空间内气化,高浓度时有窒息性,空气中二氧化碳含量只要达到3%,就会使人窒息死亡。因此,不得使干冰直接接触裸露的皮肤肌体。

三、杂项危险物质和物品的补充说明

当某种物质对某种运输方式有一定的危险性,但又不具备前列的8类危险货物的任何一种特性而可以归入其中某一类时,有的"危规"如国际海事组织(IMO)和国际航空运输协会(IATA)的《运输危险货物规则》都为此设立了第9类杂类。我国《危险货物分类和品名编号》(GB 6944)和《危险货物品名表》(GB 12268)中也列出了杂类危险货物的品名,且是专为航空运输而设的。被确认为危险货物的物品,经特殊包装、抑制,基本上都能采用水路、铁路、公路等运输方式,但不能都采用民用航空运输方式。众所周知,汽车是能真正实现"门到门"服务的一种运输工具。过去,汽车运输危险货物不设第9类危险货物。随着科学技术的不断发展,在运输过程中呈现的危险性质不包括在前8类危险性中的新物质即第9类危险货物不断涌现,新物质的数目也越来越多,此类危险货物的某些特性也会对汽车运输安全产生影响;加之新技术在汽车上的应用,如GPS等先进装置,加大了汽车受磁场(第9类危险货物)干扰的倾向;一定运输天气下,此类物质具有麻醉、刺激或其他类似性质,会使驾驶人员情绪烦躁或不适,危及运输安全。因此,现代汽车运输安全也应考虑杂类危险货物,按其货物特性采取相应措施。

关于"危害水生环境物质"分为急性、慢性1、慢性2等3类,具体条件见《危险货物分类和品名编号》(GB 6944—2012)4.10.2。

知识链接

在危险货物道路运输的实际工作中,为了提高运输效率,也要考虑配装问题。根据《汽车运输危险货物规则》(JT 617—2004)[1],装运不同性质危险货物,其配装应按"危险货物配装表"规定的要求执行。"危险货物配装表"见表2-21。

---

[1] 《汽车运输危险货物规则》(JT 617—2004)9.2。

表 2-21 危险货物配装表

		1	2	3	4	5	6	7	8	9	10	11	12	13	14	15	16	17	18	19	20	21	22	23	24	25	26	27	28	29	30
爆炸品	起爆器材	1																													
	炸药及爆炸性药品[a]	2	×																												
	其他爆炸品[b]	3	×	×																											
压缩气体和液化气体	剧毒气体[c]	4	×	×	×																										
	易燃气体	5	×	×	×	△																									
	助燃气体	6	×	×	×	×	×																								
	不燃气体	7	×	×	×	△	△	△																							
易燃液体	易燃液体	8	×	×	×	×	×	△	△																						
易燃物品	易燃固体	9	×	×	×	×	△	△	△	△																					
	易自燃物品[d]	10	×	×	×	×	×	×	×	×	×																				
	遇潮湿时放出易燃气体物品	11	×	×	×	×	×	×	×	×	×	×																			
氧化剂	硝酸盐类	12	×	×	×	×	×	×	△	×	×	×	×																		
	亚硝、亚氯、次亚氯酸盐类	13	×	×	×	×	×	×	△	×	×	×	×	△																	
	其他氧化剂	14	×	×	×	×	×	×	△	×	×	×	×	△	△																
	有机过氧化物	15	×	×	×	×	×	×	×	×	×	×	×	×	×	×															
毒害品	无机毒害品	16	×	×	×	×	×	×	△	△	△	×	×	△	△	△	×														
	有机毒害品	17	×	×	×	×	×	×	△	×	△	×	×	△	△	△	×	△													
	易感染物品[e]	18	×	×	×	×	×	×	×	×	×	×	×	×	×	×	×	×	×												
腐蚀物品	无机酸性	溴 19	×	×	×	×	×	×	×	×	×	×	×	×	×	×	×	×	×	×											
		硝酸、发烟硝酸 20	×	×	×	×	×	×	×	×	×	×	×	×	△	×	△	△	×	△	△										
		硫酸、发烟硫酸、氯磺酸 21	×	×	×	×	×	×	×	×	×	×	×	×	△	×	△	△	×	△	△	△									
		其他无机酸性腐蚀物品 22	×	×	×	×	×	×	×	×	×	×	×	×	△	×	△	△	×	△	△	△	△								
	碱性腐蚀物品	23	×	×	×	×	×	×	×	×	×	×	×	×	×	×	×	×	×	×	×	×	×								
	其他腐蚀物品	24	×	×	×	×	×	×	×	×	×	×	×	×	×	×	×	×	×	×	×	×	×	△							
	易燃腐蚀物品	25	×	×	×	×	×	×	×	×	×	×	×	×	×	×	×	×	×	×	×	×	×	△	×						
普通货物[h]	化学可燃物品	26	×	×	×	×	×	×	×	×	×	×	×	×	△	×	△	△	×	△	△	△	△	△	△	△					
	非化学可燃物品	27	×	×	×	×	×	×	×	×	×	×	×	×	×	×	×	×	×	×	×	×	×	×	×	×	×				
	饮食品、饲料、药品、药材	28	×	×	×	×	×	×	×	×	×	×	×	×	×	×	×	×	×	×	×	×	×	×	×	×	×	×			
	活动物	29	×	×	×	×	×	×	×	×	×	×	×	×	×	×	×	×	×	×	×	×	×	×	×	×	×	×	×		
	其他货物	30	×	×	×	×	×	×	×	×	×	×	×	×	×	×	×	×	×	×	×	×	×	×	×	×	×	×	×	×	

表内无符号表示可以配装;"×"符号表示不得配装;"△"表示可以配装,但堆放时应隔离 2m 以上。

[a] 不同的炸药及爆炸性药品相互间不得配装;
[b] 其他爆炸品中的点火器材、点火线等与点火器等不得配装,需配装时要隔离;
[c] 其中液氯和液氨不得配装;
[d] 易自燃物品中的黄磷,不得与其他易燃品、易爆炸固体、燃料、药品、药材等配载;
[e] 生石灰、漂白粉与起燥器材及易燃液体、易燃固体,不得与有活动物、饮食物、其他易燃品、药品、药材等配装;
[f] 有恶臭及有毒易燃液体和利用水、泡沫、二氧化碳作主要灭火方法的物品,不得配装;
[g] 含水的易燃物品和利用水、泡沫、二氧化碳作主要灭火方法的物品,不可在同一车厢内配装,与普通货物应按规定条件隔离;
[h] 放射性货物与其他危险货物不可在同一车厢内配装,与普通货物应按规定条件隔离。

由表2-21可知，普通货物中的化学可燃物品可以与易燃气体配装。如乙醇饮料，按体积含乙醇不低于24%，但不超过70%时，UN 3065，属于"危险货物"；而当乙醇饮料，按体积含乙醇低于24%时，应该是"普通货物"。当这两种货物混装时，应该不存在任何问题。普通货物中的"其他"可以与危险货物中的"12～17"进行配装。如普通货物中的"其他"可以与氧化性物质配装。

根据《汽车运输危险货物规则》(JT 617—2004)的危险货物配装表，危险货物可以与普通货物配装(混装)。不过，这与《道路危险货物运输管理规定》第三十三条第三款"不得将危险货物与普通货物混装运输"的规定矛盾。从法理出发，《道路危险货物运输管理规定》的法律效力应大于《汽车运输危险货物规则》，故要优先执行《道路危险货物运输管理规定》；但从科学的角度出发，按照《汽车运输危险货物规则》危险货物配装表，进行配装更科学。故今后《道路危险货物运输管理规定》在修订时，应按危险货物配装的要求予以调整。

第三章　危险货物道路运输包装

本章主要介绍危险货物运输包装的基本要求以及包装分类、包装标志。

《危险化学品安全管理条例》第十七条要求,危险化学品的包装应当符合法律、行政法规、规章的规定以及国家标准、行业标准的要求。危险化学品包装物、容器的材质以及危险化学品包装的型式、规格、方法和单件质量(重量),应当与所包装的危险化学品的性质和用途相适应。根据我国的有关法规,危险货物生产企业、经营企业、托运人等负责危险货物的运输包装,并对包装是否符合国家规定负有法定职责。

从管理学和经济学的角度来说,商品包装是为了保护商品品质的完好和数量的完整所采取的措施。在国际国内贸易中,除少数商品外,绝大多数商品都需要有一定的包装;商品的包装是实现商品价值和使用价值,并使商品价值增值的重要手段;对于危险货物来说,其货物包装还具有确保运输安全以及人民生命财产安全的重大意义。

货物的包装具有保护产品、防止产品遗失、方便储运装卸、加速交接和点验等作用,也是美化、宣传和促销的主要手段之一。但是危险货物的包装更具有特殊性,它必须保证与所装货物的危险性相容(即能承受所装货物的侵蚀、化学反应等),同时还要确保货物在运输、装卸、储存、销售等过程中的安全。危险货物的包装不但影响所装货物的质量,还可能在运输、装卸等过程造成对运输工具、设施的损害和污染以及人员伤亡和财产损毁。因此,危险货物的包装是保护产品、保障运输安全的重要手段。

我国在《一般货物运输包装通用技术条件》(GB/T 9174)等标准的基础上,针对危险货物包装制定了:《危险货物运输包装通用技术条件》(GB 12463)、《危险货物包装标志》(GB/T 190)、《危险货物运输包装类别划分原则》(GB/T 15098)。同时,还根据各种运输方式,制定了:《空运危险货物包装检验安全规范》(GB 19433—2009)、《水路运输危险货物包装检验安全规范》(GB 19270—2009)、《铁路运输危险货物包装检验安全规范》(GB 19359—2009)、《公路运输危险货物包装检验安全规范》(GB 19269—2009)。

在危险货物包装标准中,还有涉及出口危险货物包装检验标准、危险货物包装容器与罐体检验标准、危险货物大包装检验标准和涉及具体品名的危险货物包装标准(如危险货物涂料包装检验标准、危险货物电石包装检验标准)。

综上所述,符合国家标准的危险货物包装是保证危险货物储存、销售、运输安全的前提。

第一节　危险货物道路运输包装的基本要求

包装是指为在流通过程中保护产品,方便储运,促进销售,按一定技术方法而采用的容器、材料及辅助物等的总体总成。包装是安全的保障,对货物进行包装并确保其符合国家安全运输的要求是托运人的责任。

一、危险货物运输包装的作用

对于一般商品来说,其包装的作用主要表现为:一是保护商品,便于运输,这是包装最基本的功能;二是扩大销售,增加利润,这是商品市场竞争的必然要求;三是商品包装在一定程度上还反映出一个国家生产力和科学技术的水平,这是一个国家综合国力和科技水平的外在表现。

危险货物的危险性主要取决于其自身的理化性质,同时也要受到外界条件的影响,如温度、雨雪水、机械作用以及不同性质货物之间的影响。对于危险货物运输包装来说,除了一般的经济学、市场营销学上的意义外,还具有如下重要的作用。

(1)防止货物变质或反应。能够防止被包装的危险货物因接触雨雪、阳光、潮湿空气和杂质而使货物变质,或发生剧烈化学反应所造成的事故。

(2)保持货物稳。可以减少货物在运输过程中所受到的碰撞、振动、摩擦和挤压,使危险货物在包装的保护下保持相对稳定状态,从而保证运输过程的安全,降低事故发生。

(3)控制危险性。可以防止因货物撒漏、挥发以及与性质相悖的货物直接接触而发生事故或污染运输设备及其他货物的事情发生。

(4)便于装卸操作。便于储运过程中的堆垛、搬动、保管,提高车辆生产率、运送速度和工作效率。

二、危险货物运输包装的基本要求

根据危险货物的性质和运输的特点以及包装应起的作用,危险货物的运输包装必须具备以下基本要求。

1. 包装的适应性

包装的材质、形式、规格、方法和内装货物质量(单件质量),应与所装危险货物的性质和用途相适应,并便于装卸、运输和储存。

同时,包装应根据所装危险货物的性质和用途选择相对安全的运输包装材质。如若危险货物具有腐蚀特性,则其运输包装材质必须防腐蚀。如同属强酸的浓硫酸可用铁质容器,而其他任何酸都不能用铁器盛装,这是因为75%以上的浓硫酸会使铁的表面氧化生成一层薄而结构致密的氧化物(四氧化三铁:Fe_3O_4)保护膜,能阻止浓硫酸与铁质容器的连续反应。不过不能将盛装浓硫酸的铁器敞开置放,否则浓硫酸会吸收空气中的水分变稀而变成稀硫酸。稀硫酸能破坏已形成的氧化物保护膜,使铁容器被腐蚀。铝可以作硝酸、醋酸的容器,但不能盛装其他酸。氢氟酸不能使用玻璃容器等。

总而言之,运输包装与内装物直接接触部分,必要时应有内涂层或进行防护处理,运输包装材质不应与内装物发生化学反应而形成危险产物或导致包装强度被削弱。

2. 包装的合理性和质量要求

危险货物运输包装应结构合理、质量良好,并具有足够的强度,防护性能好。其构造和封闭形式应能承受正常运输条件下的各种作业风险,不应因温度、湿度或压力的变化而发生任何渗(洒)漏;表面应清洁,不允许黏附有害的危险物质。

同时,运输包装还应具有足够强度,以保护包装内货物不受损失。危险货物运输包装的强度,与所装货物性质、形态密切相关,对于气体,处于较高的压力下,使用的是耐压钢瓶,强度极大;又因各种气体的临界温度和临界压力不同,要求钢瓶耐受的压力大小也不一样。我国现阶段所用的各种气瓶的设计、制造、充装、运输、储存、销售、使用和检验等,均应符合国家质量技术监督局颁发的《气瓶安全监察规定》(国家质量监督检验检疫总局令2003年第46号)的有关规定。

盛装液体货物的容器,应能经受在正常运输条件下产生的内部压力。灌装时必须留有足够的膨胀余量(预留容积)。除另有规定外,应保证在温度55℃时,内装液体不致完全充满容器。同时,考虑到液体货物热胀冷缩系数比固体大,液体货物的包装强度应比固体的高。同是液体货物,沸点低的可能产生较高的蒸气压力;同是固体货物,密度大的在搬动时产生的动能也大,这些都要求包装有较大的强度。

一般来说,当危险货物危险性较高时,发生事故的危害性也较大,其运输包装强度也应相对较高一些。同一种危险货物,单件包装质量越大,包装强度也应越高。同一类包装运距越长、装卸次数越多,包装强度也应越高。

检验包装强度的方法,是根据在运输过程中可能遇到的各种情况做各种不同的模拟试验,以检验包装构造是否合理,能否经受起正常运输条件下所遇到的冲撞、挤压、摩擦等。通常运输包装试验有液压试验、气密试验、跌落试验、堆码试验等,但不是每一种包装都要做以上的各种试验,而是根据货物性质,选用包装材质和形式。

3. 包装封口的要求

包装封口应根据内装物性质采用严密封口、液密封口或气密封口。一般来说,危险货物包装的封口应严密不漏。特别是挥发性强或腐蚀性强的危险货物,封口更应严密,但对有些危险货物不要求封口严密,甚至还要求设有通气孔。如盛装需浸湿或加有稳定剂的物质时,其容器封闭形式应能有效地保证内装液体(水、溶剂和稳定剂)的百分比,在储运期间保持在规定的范围以内;而对有降压装置的包装,其排气孔设计和安装应能防止内装物泄漏和外界杂质进入,排出的气体量不得造成危险和污染环境。

如何对待某种危险货物包装封口,要根据所装危险货物的性质决定。一般来说,大部分危险货物的包装要求严密封口。对于必须采取非严密包装的货物大致有以下几种。

(1) 油浸的纸、棉、绸、麻等及其制品。该类危险货物要用透笼箱包装,以保持良好的通风。

(2) 碳化钙(电石;UN 1402;CN 43025)。碳化钙吸收空气中的水分,即能发生化学反应产生易燃的乙炔气体。如果桶内乙炔气不能及时排出而积聚起来,运输时遇到滚动、碰撞等原因,桶内坚硬的碳化钙块就会与铁桶壁碰撞产生火星,点燃桶内的乙炔气而发生爆炸。所以,装碳化钙的铁桶应严密到不漏水、不漏气,在桶内充氮抑制乙炔的产生,或者应有排放桶内乙炔气的通气孔,同时注意通气孔应能防止桶外的水进入桶内。

(3)过氧化氢(双氧水,H_2O_2;UN 2014、2015;CN 51001)。纯净的 H_2O_2 为无色浆状液体。20℃时密度为1.438,熔点为-89℃,沸点为151.4℃,能与任何比例的水混合。高浓度的 H_2O_2 溶液中应加入稳定剂。双氧水受热或经振动即分解释放出原子氧,有爆炸危险。所以,H_2O_2 的包装应有出气小孔,以随时排出分解出的 O_2,释放出容器内的压力。另外,H_2O_2 具有强烈的腐蚀性,3%的 H_2O_2 水溶液在医药上常作消毒用。

(4)冷冻液态氮(UN 1977;CN 22006)。液态氮的临界温度 -147.1℃。装液态氮的安瓿瓶不耐高压,也不能保持瓶内的 -147.1℃以下的低温,所以不时会有液态氮气化,如不让其排出,将会有爆炸危险。考虑到氮气无毒不燃的性质(空气中本来就有78%的氮),故液氮要求必须用不封口的安瓿瓶包装。

总的来说,运输包装封口应根据内装物质的性质采取严密封口,可分为气密封口(即不透气的封口)、液密封口(即不透水的封口)和牢固封口(即封口关闭的严密程度应使所装的干燥物质在正常运输过程中不致漏出)三种。

气密封口一般适用于装有下列物质的包装上:①产生易燃气体或蒸气的物质;②如任其干燥,会成为爆炸性物质的物质;③产生毒性气体或蒸气的物质;④产生腐蚀性气体或蒸气的物质。⑤可能与空气发生危险反应的物质。气密封口必须经过检验部门的气密试验。

4. 内外包装间填充材料的要求

内外包装之间应有适当的衬垫材料或吸附材料。运输包装有很多是复合包装。直接用于商品销售的包装,称为销售包装;为方便销售,一般单件重量较小,故又称小包装。为了运输的方便,将若干个小包装组合起来再包装成一个大件,称运输包装。这样的运输包装就是一个组合包装,又称大包装。组合包装由外包装和内包装两部分组成。

包装与内包装物直接接触部分,必要时应有内涂层或进行防护处理,包装材料不得与内装物发生化学反应而形成危险产物或消弱包装强度。

使用复合包装时,内容器应予固定,并与外包装紧密贴合,外包装不得有擦伤内容器的凸出物。此外,如内容器易碎且盛装易洒漏货物,应使用与内装物性质相适应的衬垫材料或吸附材料衬垫妥实。通常,危险货物的特性对衬垫材料有以下特殊要求。

(1)衬垫材料应具备一定的缓冲作用。即衬垫要能防止冲撞、振动、摩擦等情况发生而对内包装产生机械等方面的损害。

(2)衬垫材料应具有吸附作用。当机械损害力量过分强大,以致突破缓冲作用仍使内包装产生损坏隐患时,如果内包装物是液体物质,衬垫材料应能将此液体物质充分吸收,确保其渗漏不会影响到外包装;如果所装的是粉末状货物,衬垫材料应将其充分吸附,不使其洒漏。

(3)衬垫材料应具有缓解作用。正因为要求衬垫材料有吸附所装货物的作用,衬垫材料有可能直接接触危险货物,因此应对所装货物的危险特性有一定的缓解作用。如具有氧化性的货物,不能使用有机材料作衬垫等,不给危险货物以肆虐的机会,或将其破坏作用降到最低限度以至于零。

在实际中,通常使用的衬垫材料有瓦楞纸、细刨花、草套、草垫、纸屑等有机物以及气泡塑料、发泡塑料、硅藻土、蛭石、陶土、黄沙等惰性材料。

5. 包装适应温度、湿度变化的要求

危险货物运输包装应能适应一定范围的温度和湿度变化。我国幅员辽阔,地区之间环境条件差异较大,同一时间各地的气温、气候、湿度等相差很大,如1月份,哈尔滨平均气温为-25.8℃,而广州为9.2℃;8月份,昆明的平均最高气温为24.5℃,南京、上海为33℃。国际货物运输的温差相距更大。

温差和湿差对某些危险货物有重要的影响,运输包装必须适应这些环境和条件的变化。如氯化氢、氰化氢、四氧化氮是经过降温加压后装在钢瓶内呈液态的物质,它们的沸点极低,一般都在20℃以上即可变成气体。这些气体有毒,不能逸出,这样必然增强了包装的内压,故这些货物要用耐压钢瓶盛装。又如无水醋酸(俗称冰醋酸),在低于16℃时即凝成固体,体积会膨胀,容易将盛装的容器胀裂,或部分结冰在容器内晃动,将易碎容器敲破而发生事故。因此,温差较大地区内的运输,不能用易碎品作冰醋酸的内包装等。

此外,在同一时间内各地相对湿度也存在很大差异。如上海8月份的平均相对湿度为84%,乌鲁木齐为44%。因此,运输包装的防潮措施应按相对湿度最大的地区考虑,以利于防止货物吸潮后变质和吸潮后引起化学反应而发生的事故。通常包装用的防潮衬垫有塑料袋、沥青纸、铝箔纸、耐油纸、蜡纸以及干燥剂等,同时一些外包装如纸箱、纸袋、木箱等也有一定的防潮作用。

6. 单件包装满足运输要求

单件包装货物的质量、规格和形式应满足运输要求。每件货物包装的重量和体积应符合包装规定,不能过重或过大,否则不便于搬运。较重的货件应有便于提起的提手或抓手,应有便于使用装卸机械的吊环扣或底部槽间隙。一般来说,危险性大的货物,单件货物重量要小一些;危险性小的货物,可以允许采用较大一些的包装。单件货物重量不只是与危险货物的性质有关,还与各种运输方式的货舱大小、运输形式和装卸手段有关。以铁桶为例,海运规定单件货物的最大容积为450L,最大净重为400kg。因为港口装卸有庞大的船舶起重机、港口起重机,船舱是上部开门,货物进出货舱很方便,这样的体积和重量对海运不存在什么困难。件重400kg对铁路运输来说是可以接受的。但是,450L体积的大铁桶要进入火车的车厢就很困难。所以铁路运输规定,铁桶的件容积不得超过220L。而航空运输则规定桶的最大容积220L,最大净重200kg。

同样,包装的外形尺寸也应与运输工具相适应,包括集装箱的容积、装载量应和装卸机具相配合,以便于装卸、积载、搬运和储存。

7. 包装标志的要求

为了实现危险货物运输安全,使从事危险货物的运输、装卸、储存等有关人员在进行危险货物运输作业时提高警惕,以防发生危险,并在发生事故时能及时采取正确的施救措施,危险货物运输包装必须有符合国家标准《危险货物包装标志》(GB 190)的标志。标志应正确、明显和牢固、清晰。一种危险货物同时具有两种以上危险性质的,应分别具有表明该货物主次特性的主次标志。一个集合包件内具有几种不同性质的货物,所有这些货物的危险性质标志都应在集合包件的表面标示出来。

为了说明货物在装卸、保管、运输、开启时应注意的事项(如易碎、禁用手钩、怕湿、向上、吊装位置等),危险货物运输包装上必须同时粘贴有符合《包装储运图示标志》(GB 191)规定的图示标志。包装的表面还必须有内装货物的正确品名(必须与托运书中所列品名一致)、货物的重量等运输识别标志以及表明包装本身质量等级的标志等。

8. 包装进行性能试验的要求

由于危险货物性质的特殊性,为了确保运输安全,避免危险货物在正常的运输条件下受到损害,对于危险货物的运输包装还必须按照有关规定进行性能试验。经试验合格后并在包装表面标注上持久、清晰、统一的合格标记后方可使用。

一般来说,每种包装形式或包装材质在生产前都应该对该包装的设计、尺寸、体积、选材、制造以及包装方法进行试验,如果在设计、选材、制造和使用等环节有任何变动或改动,都应进行重复试验,以确保性能标准满足运输安全。对重复使用的包装除清洗整理外,应定期进行重复试验,并达到性能试验的要求和标准。

9. 盛装爆炸品包装的附加要求

盛装爆炸品容器的封闭型式,应具有防止渗漏的双重保护;除内包装能充分防止爆炸品与金属接触外,铁钉和其他没有防护涂料的金属部件不得穿透外包装。

双重卷边接合的钢桶、金属桶或以金属做衬里的包装箱,应能防止爆炸物进入间隙。钢桶或铝桶的封闭装置必须有合适的垫圈。包装内的爆炸物质和物品,包括内容器,必须衬垫妥实,在运输中不得发生危险性移动。

盛装有对外部电磁辐射敏感的电引发装置的爆炸品,包装应具备防止所装物品受外部电磁辐射源影响的功能。

第二节 危险货物道路运输包装的分类

一、危险货物运输包装的分类

《危险货物运输包装通用技术条件》(GB 12463—1990)中将危险货物运输包装定义为:根据危险货物的特性,按照有关标准和法规,专门设计制造的运输包装;并按包装结构强度和防护性能及内装物的危险程度,分为3个等级:

(1) Ⅰ级包装,适用于装有较大危险性的货物;

(2) Ⅱ级包装,适用于装有中等危险性的货物;

(3) Ⅲ级包装,适用于装有较小危险性的货物。

《危险货物分类和品名编号》(GB 6944—2012)中规定,为了包装目的,除第1类、第2类、第7类、5.2项和6.2项物质,以及4.1项自反应物质以外的物质,根据其危险程度,划分为3个包装类别:

(1) Ⅰ类包装:具有高度危险性的物质;

(2) Ⅱ类包装:具有中等危险性的物质;

(3) Ⅲ类包装:具有轻度危险性的物质。

《危险货物品名表》(GB 12268—2012)的表1危险货物品名表第5栏"包装类别"列出了该危险货物应使用的包装等级。

在国际危险货物运输中,确定采用哪个等级包装的依据是货物的危险程度。《国际海上危险货物运输规则》《危险货物国际道路运输欧洲公约》等的危险货物一览表中对各自所列危险货物都具体指明应采用包装的等级,这既表明了该货物的危险等级,又强调了等级的重要性。基本形式与我国的《危险货物品名表》(GB 12268—2012)中的"包装类别"相似。

二、商品(货物)包装的种类

商品(货物)包装有多种含义。一种是指盛装商品的容器,通常称为包装用品或包装物,如箱、桶、筐、篓、袋、包、盒、瓶等;另一种是指包扎商品的操作过程和方法,如装箱、打包、灌桶、扎捆等;还有一种是把以上两者结合起来,指使用适当的材料或容器,并采用一定的技术,对货物加以保护的工具和方法。

根据商品(货物)的特点、运输方式以及消费者的习惯,不同的商品(货物)有不同的包装,国际上并没有统一的分类方法,我国按照商品在流通过程中的不同作用,把商品(货物)包装分为运输包装和销售包装两种。

1. 运输包装

运输包装又称外包装、大包装,是指商品(货物)在运输装卸和储存过程中,为避免损伤,保护商品、减少运费所需要的包装。运输包装能防振、防湿、防盗、防漏等,具有保护商品品质安全和数量完整的性能。所以,运输包装一般都比较坚固、结实。运输包装可分为单件运输包装和集合运输包装两类。

2. 销售包装

销售包装又称为内包装,是商品(货物)进入零售和消费环节,同消费者直接见面,消费者消费商品时的包装。所以,这类包装要美观大方,应该注明厂名、商标、品名、规格、容量、用途和用法,方便消费者识别、选购、携带和使用。目前,销售包装趋向小型化、透明化、艺术化和实用化。销售包装主要分为以下四类:便于陈列展销类包装、便于识别商品类包装、便于消费者携带和使用的包装以及便于运输储存类包装等。

本书所说的包装是指危险货物运输包装。它是采用一定的材料和技术对危险货物施加的一种保护性措施,以保证其在运输过程中完好无损。它是保证运输危险货物安全的基础。因此,必须重视危险货物的运输包装。

三、危险货物运输包装的基本分类

危险货物运输包装的分类主要有以下三种分类方法。

1. 按危险货物的物质种类分类

危险货物自身的理化性质在客观上就决定了包装的特殊要求,各类危险货物有的可采用通用的危险货物包装,有的只能或必须采用分类物品的专用包装。所以,按危险货物的物种划分,一般可分为以下五种。

1) 通用包装

一般来说,通用包装主要适用于易燃液体、易燃固体、易于自燃的物质和遇水放出易燃气体的物质、氧化性物质和有机过氧化物、毒性物质和感染性物质等货物。

2) 爆炸品专用包装

对于爆炸品来说,其必须进行专用包装,甚至在爆炸品之间都不能相互替用。一般来说,为了保证爆炸品在储运过程中的安全,爆炸品的生产设计者在设计、生产爆炸品时,往往根据本爆炸品所必须满足的防火、防振、防磁等要求,同时也设计了该爆炸品的包装物,而且其包装设计须与爆炸品的设计同时被批准,否则不得进行爆炸品的生产。

3) 气体专用包装

气体危险货物的专用包装,其最显著的特点是能承受一定程度的内压力,所以又称压力容器包装(图3-1)。

图3-1 气瓶

4) 腐蚀性物质包装

由于腐蚀性物质对其包装的材料具有一定的腐蚀性,所以需用各种不同的材料来包装各类腐蚀性物质。腐蚀性物质的包装从整体看最庞杂,各种材料、各种形式的包装在腐蚀性物质中都被使用了。而从各腐蚀性物质的品种看又是最专一的。某种腐蚀性物质只能用某种材料包装,某件包装用于一种腐蚀性物质后,如能重复使用,也只能用于该腐蚀性物质而不能移作他用。

5) 特殊物品的专用包装

在所有的易燃液体、易燃固体、易于自燃的物质和遇水放出易燃气体的物质、氧化性物质和有机过氧化物、毒性物质和感染性物质中,还有一些品种,由于某种特殊性质而需采用专门包装,如双氧水、二硫化碳、黄磷、碱金属、碳酸钙、磷化铝熏蒸剂等。

2. 按危险货物的包装材料分类

按危险货物使用的包装材料分类,一般可分为木制包装、金属制包装、纸制包装、玻璃陶瓷制包装、棉麻织品制包装、塑料制包装和编织材料包装等。

1)木制包装

(1)木材。木材是传统的主要包装材料之一,包括天然板材和胶合板、木屑板等人工板材。木制运输包装可分为木桶包装和木箱包装两大类。

(2)木桶。主要有桩形木桶、鼓形木桶(即琵琶桶)、胶合板桶、纤维板桶包装等。用于盛装危险货物的木桶,一般规定容积不得超过60L,净重不得超过50kg。

(3)木箱。主要有加挡密木箱、无挡密木箱、条板花格木箱(即透笼木箱)、胶合板箱、纤维板箱、刨花板箱包装等。一般规定盛装危险货物的净重不超过50kg。

2)金属制包装

金属制包装的主要形式有桶(包括罐)和箱(包括盒、听)包装两大类。其基本性能表现为牢固、耐压、耐破、密封、防潮,而且其强度是所有通用包装中最高的。它是运输危险货物中使用最多、最广的包装方式之一。其所用的主要金属材料是各种薄钢板、铝板和塑料复合钢板等。

(1)热轧薄钢板。它属于普通碳素钢板,亦称黑铁皮。其厚度为0.25~2.0mm。单件包装的容积大或所装货物的净重大,所用的板材相应的就厚一些,其强度标准以符合包装性能试验的要求为准。

(2)镀锌钢板。由于锌是保护性镀层,能保护钢板在使用过程中免受腐蚀。锌在干燥空气中不起变化,在潮湿空气中与氧或二氧化碳生成氧化锌或碳酸锌薄膜,可以防止锌继续氧化,锌镀层经铬酸或铬酸盐钝化后形成钝化膜,其防腐能力大为加强,但锌易溶于酸或碱,且易与硫化物反应。对应于黑铁皮而言,镀锌钢皮也称白铁皮。

(3)镀锡钢板。俗称马口铁,它具有良好的耐腐蚀性、冲压成型性、可焊性和弹性。锡遇稀无机酸不溶解,与浓硝酸不起反应。只是在遇浓硫酸、浓盐酸以及苛性碱溶液在加热时溶解。

(4)塑料复合钢板。其基件是普碳钢薄板,复合塑料采用软质或半软质聚氯乙烯塑料薄膜或聚苯乙烯塑料薄膜。塑料复合钢板,具有钢板的断切、弯曲、深冲、钻孔、铆接、咬合、卷边等加工性能,又有很好的耐腐蚀性,可耐浓酸、浓碱以及醇类的侵蚀,但对醇以外的有机溶剂的耐腐蚀性差。

(5)铝薄板。包装使用的铝薄板中铝的纯度应在99%以上,铝板厚2mm以上,其特点是耐硝酸和冰醋酸,可焊而咬合性差。一般不用卷边咬合而用焊接。同时铝薄板的质地较软,往往在铝桶外套上可拆钢质笼筋,以增加其强度。

3)纸制包装

纸质包装主要有纸箱、纸盒、纸桶、纸袋等。纸质包装的特点是防振性能很好,经特殊工艺加工,强度还可以与木材相比。如果纸塑复合,可使纸质包装的防水性和密封性大大提高。

4）玻璃、陶瓷制包装

各种玻璃瓶、陶坛、瓷瓶等包装，其特点是耐腐蚀性强，但很脆、易破碎，所以又称易碎品。

5）棉麻织品及塑料编织纤维包装

用棉麻织品及塑料编织纤维做成的包装，一般统称袋。在危险货物运输包装中也具有较多的用途。

6）塑料制包装

塑料制包装的形状比较多。桶、袋、箱、瓶、盒、罐都可用塑料制造。其所用的塑料种类也很多，主要有聚氯乙烯、聚苯乙烯、聚乙烯、钙塑、发泡塑料等。塑料还能与金属或纸制成各种复合材料。塑料包装的特点是质轻、不易碎、耐腐蚀。与金属、玻璃容器比较，其耐热、密封、耐蠕变性能相对要差一些。

7）编织材料包装

编织材料包装主要是指由竹、柳、草三种材料编织而成的容器。常见的有竹箩、竹箱、竹笼、柳条筐、柳条篓、薄草席包、草袋等。编织包装容器的荆、柳、藤、竹、草等物必须具备不霉、不烂、无虫蛀，而且编织紧密结实的基本要求。

3. 按危险货物的包装类型分类

按危险货物包装容器类型一般可分为桶类、箱类、袋类、筐类、包类、捆类、坛瓶类以及组合包装、复合包装、集装箱等多种。但在各种包装分类方法中，以包装类型分类是最主要的分类方法。危险货物运输包装中不允许使用包类、捆类和裸露的坛瓶类。因此，危险货物按运输包装的类型分，主要可归纳为桶、箱、袋三大类。

1）桶类

（1）钢（铁）桶。

包括马口铁桶、镀锌铁桶和各种大小的铁罐（图3-2）。铁桶和铁罐都是圆柱体形的容器，人们习惯上把在10L以下的小铁桶称为罐。铁桶按其封口盖形式可分为闭口桶、中开口桶和全开口钢桶等3种。闭口桶适用于液体货物，灌装腐蚀性物质的钢桶内壁应涂镀防腐层。中开口钢桶适用于固体、粉末及晶体状货物或稠黏状、胶状货物；全开口钢桶则适用于固体、粉状及晶体状货物。

桶端应采用焊接或双重机械卷边，卷边内均匀填涂封缝胶。桶身接缝，除盛装固体或40L以下（含40L）的液体桶可采用焊接或机械接缝外，其余均应焊接。桶的两端凸缘应采用机械接缝或焊接，也可使用加强箍。桶身应有足够的刚度，容积大于60L的桶，桶身应有两道

图3-2 铁桶

模压外凸环筋，或两道与桶身不相连的钢质滚箍套在桶身上，使其不得移动。滚箍采用焊接

固定时,不允许点焊,滚箍焊缝与桶身焊缝不允许重叠。最大容积为450L,最大净质量为400kg。

目前运输中常见的是220L、110L、60L、30L 四种规格的铁桶(表3-1)和1gal(加仑)、0.5gal、0.25gal 三种规格的铁罐。

常用铁桶规格类型表 表3-1

规格类型	适用品名	材 质	厚度(mm)	尺寸和形状
220L 每桶装200kg	苯酚等	镀锌铁皮	1.0~1.2	Ⅰ型
	硫化碱、氢氧化钠等	黑铁皮	0.5~0.6	
	苯胺、硝基苯等	薄钢板或铝板	1.25	
110L 每桶装100~150kg	甲醛、高锰酸钾等	镀锌铁皮	0.5~0.6	Ⅱ型
	氰熔体、保险粉等	黑铁皮	0.5~0.6	
	丙酮、电石等	薄钢板或铁板	1.0	
60L 每桶装50kg	氯酸钾、氯酸钠等	黑铁皮	0.5~0.6	Ⅲ型
	氰化钾、氰化钠等	镀锌铁皮	0.5~0.6	
30L 每桶装15~30kg	各种油漆	马口铁	0.3	Ⅳ型
	各种油漆	铝锌铁皮	0.35	

(2)铝桶。

制桶材料应选用纯度至少为99%的铝,或具有抗腐蚀和合适机械强度的铝合金(图3-3)。桶的全部接缝必须采用焊接而不能采用卷边机械咬合,如有凸边接缝应采用与桶不相连的加强箍予以加强。容积大于60L的桶,至少有两个与桶身不相连的金属滚箍套在桶身上,使其不得移动。滚箍采用焊接固定时,不允许点焊,滚箍焊缝与桶身焊缝不允许重叠。最大容积为450L,最大净质量为400kg。一般适用于装腐蚀性液体。

(3)钢罐及气瓶。

钢罐两端的接缝应焊接或双重机械卷边。40L以上的罐身接缝应采用焊接;40L以下(含40L)的罐身接缝可采用焊接或双重机械卷边。最大容积为60L,最大净质量为120kg。

气瓶,广义的气瓶应包括不同压力、不同容积、不同结构形式和不同材料,用以储存、运输永久气体,液化气体和溶解气体的一次性或可重复充气的移动式压力容器。需要强调的是,一是气瓶的容积一般不超过1000L;二是气瓶属于压力容器(特种设备)(图3-4)。

图3-3 铝桶

(4)胶合板桶。

胶合板所用材料应质量良好,板层之间应用抗水黏合剂按交叉纹理黏接,经干燥处理,不应有降低其预定效能的缺陷。桶身至少用三合板制造,若使用胶合板以外的材料制造桶端，其质量应与胶合板等效。桶身内缘应有衬肩。桶盖的衬层应牢固地固定在桶盖上，并能有效地防止内装物撒漏。桶身两端应用钢带加强，必要时桶端应用十字形木撑予以加固（图3-5）。最大容积为250L，最大净质量为400kg。胶合板桶适用于装粉末状货物。货物应先装入塑料袋、布袋或多层牛皮纸袋内码紧密封不漏后，再装入胶合板桶内。

图3-4　钢罐及气瓶

(5)木琵琶桶。

所用木材应质量良好，无节子、裂缝、腐朽、边材或其他可能降低木桶预定用途效能的缺陷。桶身应用若干道加强箍加强。加强箍应选用质量良好的材料制造，桶端应紧密地镶在桶身端槽内（图3-6）。最大容积为250L，最大净质量为400kg。桶内涂涂料并衬有塑料袋或多层牛皮纸袋等。木琵琶板桶适用于装黏稠状的液体。

图3-5　胶合板桶

图3-6　木琵琶桶

(6)硬质纤维板桶。

所用材料应选用具有良好抗水能力的优质硬质纤维板，桶端可使用其他等效材料。桶身接缝应加钉结合牢固，并具有与桶身相同的强度，桶身两端应用钢带加强。桶口内缘应有衬肩，桶底、桶盖应用十字形木撑予以加固，并与桶身结合紧密。最大容积为250L，最大净质量为400kg。

(7)硬纸板桶。

桶身应用多层牛皮纸黏合压制成的硬纸板制成。桶身外表面应涂有抗水能力良好的防护层。桶端若采用与桶身相同材料制造,则桶身接缝应加钉结合牢固,并具有与桶身相同的强度,桶身两端应用钢带加强;同时,桶口内缘应有衬肩,桶底、桶盖应用十字形木撑予以加固,并与桶身结合紧密。桶端也可用其他等效材料制造。桶端与桶身的结合处应用钢带卷边压制接合(图3-7)。最大容积为450L,最大净质量为400kg。

(8)塑料桶、塑料罐。

按其开口形式分为闭口和全开口塑料桶两种。闭口塑料桶适用于装腐蚀性液体货物,每桶净重不超过35kg;全开口塑料桶适用于装固体、粉状及晶体状货物,通常内衬塑料袋或多层牛皮纸袋,袋口密封。

所用材料能承受正常运输条件下的磨损、撞击、温度、光照及老化作用的影响。材料内可加入合适的紫外线防护剂,但应与桶(罐)内装物性质相容,并在使用期内保持其效能。用于其他用途的添加剂,不得对包装材料的化学和物理性质产生有害作用。桶(罐)身任何一点的厚度均应与桶(罐)的容积、用途和每一点可能受到的压力相适应(图3-8)。

最大容积:塑料桶为450L,塑料罐为60L;最大净重:塑料桶为400kg,塑料罐为120kg。

图3-7 硬纸板桶

图3-8 塑料桶、塑料罐

(9)铁塑复合桶。

一般有两种铁塑复合桶。一种是塑料复合在钢板上,另一种是小口铁桶内衬一只塑胆。铁塑复合桶只有小口桶,一般应符合小口铁桶的各项要求。塑料内胆胆壁最薄处不得小于0.8mm。内胆和外壳分别用螺纹盖各自密封。其规格一般是220L和60L两种,适用于装腐蚀性液体。

(10)木板桶。

桶壁、桶底都用木板做成,桶身有四道铁箍加固,桶壁严密牢固,底盖有十字形撑挡木。桶内涂涂料并衬有纸、布或塑料薄膜等。板缝都用漆腻相嵌,严密不漏。木板桶适用于装黏稠状的液体。从外形上看,有的桶身成圆柱形称柱形(或直形)木板桶;有的桶身成鼓形称鼓木桶或琵琶桶。鼓形桶比直形桶能承受更大的外部压力,木板桶最大装货量为70kg。

常用桶类包装适装的危险货物类型见表3-2。

常用桶类包装适装危险货物　　　　表3-2

包装号	包装组合形式 外包装	内包装	适用货类	包装件限制重量	备注
1 甲 乙 丙 丁	闭口钢桶： 钢板厚1.5mm 钢板厚1.25mm 钢板厚1.00mm 钢板厚>0.50mm~0.75mm	—	液体货物	每桶净质量不超过： 250kg 200kg 100kg 200kg(一次性使用)	灌满腐蚀性物品钢桶内壁应涂镀防腐层
2 甲 乙 丙 丁 戊	中开口钢桶： 钢板厚1.25mm 钢板厚1.00mm 钢板厚0.75mm 钢板厚0.50mm 钢桶或镀锡薄钢板桶(罐)	塑料袋或多层牛皮纸袋	固体、粉状及晶体状货物稠黏状、胶状货物	每桶净质量不超过： 250kg 150kg 100kg 50kg或20kg 50kg或20kg	—
3 甲 乙 丙 丁	全开口钢桶： 钢板厚1.25mm 钢板厚1.00mm 钢板厚0.75mm 钢板厚0.50mm	塑料袋或多层牛皮纸袋	固体、粉状及晶体状货物	每桶净质量不超过： 250kg 150kg 100kg 50kg	
4 甲 乙	钢塑复合钢桶： 钢板厚1.25mm 钢板厚1.00mm	—	腐蚀性液体货物	每桶净质量不超过： 200kg 50kg或100kg	
5	闭口铝桶： 铝板厚>2mm	—	液体货物	每桶净重不超过 200kg	
6	纤维板桶、胶合板桶、硬纸板桶	塑料袋或多层牛皮纸袋	固体、粉状及晶体状货物	每桶净重不超过 30kg	
7	闭口塑料桶	—	腐蚀性液体货物	每桶净重不超过 35kg	
8	全开口塑料桶	塑料袋或多层牛皮纸袋	固体、粉状及晶体状货物	每桶净重不超过 50kg	

2)箱类

(1)天然木箱。

箱体应有与容积和用途相适应的加强条挡和加强带。箱顶和箱底可由抗水的再生木板、硬质纤维板、塑料板或其他合适的材料制成。满板型木箱各部位应为一块板或一块板等效的材料组成。平板榫接、搭接、槽舌接，或者在每个结合处至少用两个波纹金属扣件对头链接等，均可视作与一块板等效的材料(图3-9)。最大净重为400kg。

固体、粉末及晶体状货物应先装入塑料袋或多层牛皮袋，牢固封口后再封木箱，木箱应密封不漏。液体危险货物应先装入玻璃瓶、塑料瓶或塑料袋内，严密封口后再装入木箱，箱内需用合适材料衬垫。强酸性腐蚀货物先装入耐酸陶坛、瓷瓶中，用耐酸材料严密封口后再装入木箱中，箱内用不燃松软材料衬垫。坛装货物净重不得超过50kg，瓶装货物净重不得超过30kg。

(2)胶合板箱。

又称人造板箱，具有自重轻、节约木材、便于运输等特点，但其用于包装危险货物时则受到较大限制。一般来说，人造板箱只能用于包装固体货物和以铁听、铁罐作内包装的货物，包装方法与件重限制同木箱。只有五层或七层胶合板制成的板箱，经试验有足够的强度，才可代替木箱成为有广泛适用性的外包装(图3-10)。

图3-9 木箱　　　　　　　　图3-10 胶合板箱

胶合板所用材料应质量良好，板层之间应用抗水黏合剂按交叉纹理黏接，经干燥处理，不应有降低其预定效能的缺陷。胶合板箱的角柱件和顶端应用有效的方法装配牢固。最大净重为400kg。

(3)再生木板箱。

箱体应用抗水的再生木板、硬质纤维板、其他合适类型的板材制成。箱体应用木质框架加强，箱体与框架应装配牢固，接缝严密。最大净重为400kg。

(4)硬纸板箱、瓦楞纸箱、钙塑板箱。

硬纸板箱或钙塑板箱应有一定抗水能力。硬纸板箱、瓦楞纸箱、钙塑板箱应具有一定的弯曲性能，切割、折缝时应无裂缝，装配时无破裂或表皮断裂或过度弯曲，板层之间应黏合牢固。箱体结合处，应用胶带粘贴，搭接胶合，或者搭接并用钢钉或U形钉钉合，搭接处应有适当的重叠。如封口采用胶合或胶带粘贴，应使用抗水胶合剂(图3-11)。钙塑板箱外部表层应具有防滑性能。最大净重为60kg。

(5)钢箱。

箱体一般应采用焊接或铆接。花格型箱如采用双重卷边接合,应防止内装物进入接缝的凹槽处。封闭装置应采用合适的类型,在正常运输条件下保持紧固(图3-12)。最大净重为400kg。

图3-11 硬纸板箱

图3-12 钢箱

钢箱一般用于装块状固体或作销售包装的外包装。爆炸物品的专用包装中,有很多是金属箱。如子弹箱、炮弹箱等(表3-3)。

常用箱类包装适用危险货物类型　　　　　　　　　表3-3

包装号	包装组合形式		适用货类	包装件限制重量
	外包装	内包装		
1	满板木箱	塑料袋 多层牛皮袋	固体、粉状及晶体状货物	每桶净重不超过50kg
2	满板木箱	(1)中层金属桶内装:螺纹口玻璃瓶、塑料瓶、塑料袋; (2)中层金属罐内装:螺纹口玻璃瓶、塑料瓶、塑料袋; (3)中层塑料桶内装:螺纹口玻璃瓶、塑料瓶、塑料袋; (4)中层塑料罐内装:螺纹口玻璃瓶、塑料瓶、塑料袋	强氧化剂、过氧化物、氯化钠、氯化钾货物	每箱净重不超过20kg。 箱内:每瓶净重不超过1kg,每袋净重不超过2kg
3	满板木箱	螺纹口 磨砂口玻璃瓶	液体强酸货物	每箱净重不超过20kg。 箱内:每瓶净重不超过0.5~5kg
4	满板木箱	螺纹口玻璃瓶、金属盖压口玻璃瓶、塑料瓶、金属桶(罐)	液体、固体粉状及晶体状货物	每箱净重不超过20kg。 箱内:每瓶、桶(罐)净重不超过1kg

第三章 危险货物道路运输包装

续上表

包装号	包装组合形式 外包装	内包装	适用货类	包装件限制重量
5	满板木箱	安瓿瓶(外加瓦楞纸套或塑料气泡垫,再装入纸盒)	气体、液体货物	每箱净重不超过10kg。箱内:每瓶净重不超过0.25kg
6	满板木箱或半花格木箱	耐酸坛 陶瓷瓶	液体强酸货物	坛装每箱净重不超过50kg。瓶装每箱净重不超过30kg
7	满板木箱或半花格木箱	玻璃瓶 塑料桶	液体酸性货物	瓶装每箱净重不超过30kg,每瓶不超过25kg。桶装每箱净重不超过40kg,每桶不超过20kg
8	花格木箱	薄钢板桶 镀锡薄钢板桶(罐)	稠黏状、胶状货物,如:油漆	每箱净重不超过50kg。每桶(罐)净重不超过20kg
9	花格木箱	金属桶(罐) 塑料桶(桶内衬塑料袋)	固体、粉状及晶体状货物	每箱净重不超过20kg
10	满底板花格木箱	螺纹口玻璃瓶、塑料瓶、镀锡薄钢板桶(罐)	稠黏状、胶状及粉状货物	每箱净重不超过20kg。箱内:每瓶、桶(罐)净重不超过1kg
11	纤维板箱 锯末板箱 刨花板箱	螺纹口玻璃瓶、塑料瓶、镀锡薄钢板桶(罐)	固体、粉状及晶体状货物、稠黏状、胶状货物	每箱净重不超过20kg。箱内:每瓶净重不超过1kg;每桶(罐)净重不超过4kg
12	钙塑板箱	螺纹口玻璃瓶、塑料瓶、复合塑料瓶、金属桶(罐)、镀锡薄钢板桶、金属软管(再装入纸盒)	液体农药、稠黏状、胶状货物	每箱净重不超过20kg。箱内:每桶、瓶、管不超过1kg
13	钙塑板箱	双层塑料袋 多层牛皮纸袋	固体、粉状农药	每箱净重不超过20kg。箱内:每袋净重不超过5kg
14	瓦楞纸箱	金属桶(罐)、镀锡薄钢板桶、金属软管	稠黏状、胶状货物	每箱净重不超过20kg。箱内:每桶(罐)、管不超过1kg
15	瓦楞纸箱	塑料瓶、复合塑料瓶、双层塑料袋、多层牛皮纸袋	粉状农药	每箱净重不超过20kg。箱内:每瓶不超过1kg;每袋不超过5kg

除上述的箱类包装外,还有以下几种类型。

(1) 集装箱。

集装箱是一种现代化的运输单元,也是一种容器。因此集装箱也有货箱或货柜之称。因其装载量大、结构科学、各种类型的货物以及托盘都能装入、装卸速度快,是目前国际海陆空运输中广泛采用的一种运输包装。其特点是将货物集零为整,积小为大,成为一个集装单元。其本身的标准化、系列化、通用化有利于装卸机械化、自动化的实现,有利于不同运输方式之间的快速换装和联合运输。使用集装箱能缩短装卸时间,加快车船周转,保证货运质量,节省包装材料和费用。集装箱因能露天存放还能节约仓容面积,所以能降低运输成本。

制作集装箱的材料90%以上是金属(有钢板、铝合金板等),此外,还有玻璃钢集装箱。集装箱的最小容积为 $1m^3$。考虑到国际和各种运输方式之间的联运,集装箱的大小、规格都有国际标准;国际标准的集装箱宽为 8ft(英尺),高为 8ft 或 8ft6in(8 英尺 6 英寸),长有 10ft、20ft、30ft、40ft 不等。因其断面尺寸基本相同,箱子的大小在于长度的变化,即以长度的尺寸作为集装箱的规格,如 20ft、40ft 箱等。通常在长方体集装箱的 8 个顶角上都有紧固锁扣。

(2) 铁皮箱。

采用黑铁皮或白铁皮制成。接缝一般用焊接、铆接或双重卷边结合。箱内用合适材料作内衬套;铁皮箱一般用于装块状固体或作销售包装的外包装。爆炸物品的专用包装中,有很多是铁皮箱。如子弹箱、炮弹箱等。

(3) 危险货物保险箱。

这是一种特制的包装容器,一般用来运送少量的爆炸品以及性质特殊或科研用的少量贵重的危险货物。保险箱的设计制作要求必须达到即使箱内货物发生爆炸或其他化学变化,也不会对周围环境造成任何破坏。保险箱的构造一般有 5 层:第 1 层(外层)是铁皮,第 2 和第 3 层分别是木板和石棉,第 4 层是铁板,第 5 层是再用塑料或铝板衬里。箱盖和箱体应采用套压口,骑缝处有衬垫,箱盖压紧后应紧闭不漏。箱内不许露铁。箱子的体积不得超过 $0.5m^3$,装货后总重量不得超过 200kg。

3) 袋类

(1) 纺织品编织袋。

图 3-13 纺织品编织袋

袋应缝制、编织或用其他等效强度的方法制作。防撒漏型袋应使用抗水黏合剂在纸或塑料薄膜黏在袋的内表面上。防水型袋应用塑料薄膜或其他等效材料黏附在袋的内表面上。适用于粉状、块状货物(图3-13)。最大净重为50kg。

(2) 塑料编织袋。

袋应缝制、编织或用其他等效强度的方法制作。防撒漏型袋应用纸或塑料薄膜黏在袋的内表面上。

防水型袋应用塑料薄膜或其他等效材料黏附在袋的内表面上。最大净重为50kg。

(3) 塑料袋。

袋的材料应用质量良好的塑料制成,接缝和封口应牢固、密封性能良好,有足够强度,并在正常运输条件下能保持其效能。最大净重为50kg。

塑料袋有塑料薄膜袋和塑料编织袋两种。习惯所称塑料袋即指塑料薄膜袋,塑料编织袋习惯上称为编织袋。塑料袋可制成中型和重型包装袋。中型袋较薄,只能作内包套或衬里用。重型袋较厚,可作外包装,适用于包装粉状、粒状货物,其净重不得超过25kg。

(4) 纸袋。

袋的材料应用质量良好的多层牛皮纸或与牛皮纸等效的纸制成,并具有足够强度和韧性。袋的接缝封口应牢固、密闭性能好,并在正常运输条件下保持其效能。防撒漏型袋应有一层防潮层(图3-14)。最大净重为50kg。

纸袋的层数根据货物的性质、装货重量以及运输条件的优劣和倒运的次数等因素而定。纸袋一般是用2~6层牛皮纸制作。纸袋的用纸重量通常为$70g/m^2$和$80g/m^2$。纸面上不允许有洞眼、破损、裂口和严重的皱纹、褶子或鼓泡等缺陷。纸袋的层数根据货物的性质、装货重量以及运输条件的优劣和倒运的次数等因素而定。为防潮和增加强度,可在牛皮纸上涂塑。牛皮纸袋可作其他包装的内包装或里衬,也可作外包装。作外包装适用于粉状固体货物,最常见的是杀虫粉剂。装货净重小于25kg。

(5) 瓶、坛。

应有足够厚度,容器壁厚均匀,无气泡或砂眼。陶、瓷容器外部表面不得有明显的剥落和影响其效能的缺陷。最大容积为32L,最大净重量为50kg。

(6) 筐、篓。

应采用优质材料编制而成,形状周正,有防护盖,并具有一定刚度(图3-15),最大净重量为50kg。

图3-14 纸袋

图3-15 筐

> **知识链接**

《危险货物国际道路运输欧洲公约》(ADR)第1.2章 定义和度量单位

袋(Bag)指由纸、塑料薄膜、纺织品、编织材料或其他适当材料制作的柔性容器。

箱体(Body)[除复合中型散装容器(IBCs)以外的全部类别的中型散装容器(IBC)]指容器本身,包括其开口和封口装置,但不包括辅助设备。

箱(Box)指由金属、木材、胶合板、再生木材、纤维板、塑料或其他适当材料制成的完整矩形或多面体包装。为了便于搬动或开启,或为了满足分类要求,允许设有小的洞口,只要在运输过程中不损害包装的完整性。

散装容器(Bulkcontainer)指用于运输固体物质的装载系统(包括所有衬里或涂层),其中的固体物质与装载系统直接接触。包装、中型散装容器(IBCs)、大型包装和可移动罐柜不包括在内。

散装容器指:

(1)具有耐久性,且强度坚固足以重复使用;

(2)专门设计便于以一种或多种运输方式运输货物而无须中途装卸;

(3)设有便于吊提的装置;

(4)容量不小于$1.0m^3$。

散装容器包括集装箱、近海散装容器、吊货箱、散料箱、交换箱体、槽形集装箱、滚筒式集装箱、车辆的载货箱等。

复合包装(Composite packaging)指由一个外包装和一个内容器组成的包,其构造使内容器和外包装形成一个完整包装,该包装一旦装配便成为一个单一整体,以用于充装、储存、运输和卸空等。

内包装(Inner packaging)指在运输时需要有外包装的包装。

中间包装(Intermediatapackaging)指置于内包装或物品和外包装之间的包装。

外包装(Outer packaging)指复合或组合包装的外保护及其吸附性材料、衬垫材料,以及为容纳和保护内容器或内包装所需的任何其他部件。

货盘(Tray)(第1类)指放在内包装、中间包装或者外包装中的,由金属、塑料、纤维板或其他合适材料制成的盘,并与该包装紧密贴合。托盘的外观可具有不同形状以便包装或物品可插入、保持安全和彼此分隔。

救助包装(Salvage packaging)指用于放置运输回收或处理损坏、有缺陷、渗漏或不符合规定的危险货物包件,或者已溢出或漏出的危险货物的特别包装。

袋类、筐、篓类包装适装危险货物类型见表3-4。

除上述的袋类包装外,还有以下几种类型。

(1)棉布袋。

用于装粉状货物,其重量不得超过25kg。缝口针距不大于10mm。可内衬纸袋、塑料袋或在布上涂塑。

袋类、筐、篓类包装适装危险货物类型　　　　　　　表3-4

包装号	包装组合形式		适用货类	包装件限制重量
	外包装	内包装		
1	以柳、藤、竹等材料编制的笼、篓、筐	螺纹口玻璃瓶 塑料瓶 镀锡薄钢板桶(罐)	低毒液体或粉状农药;稠黏状、胶状货物;油纸制品;油麻丝	每笼、篓、筐净重不超过20kg;油漆类每桶(罐)净重不超过5kg;每瓶不超过1kg
2	塑料编织袋	塑料袋	粉状、块状货物	每袋净重不超过50kg
3	复合塑料编织袋	—	块状、粉状及晶体状货物	每袋净重25~50kg
4	麻袋	塑料袋	固体货物	每袋净重不超过100kg

(2)麻袋。

一般以黄麻、红麻、青麻等为原料机织而成,分为大粒袋、中粒袋、小粒袋三种。主要适用于装固体货物,重量不超过80kg。可内衬牛皮纸袋或塑料袋,亦可用沥青将牛皮纸黏于麻袋里面,制成沥青麻袋。

(3)乳胶布袋。

用乳胶布制成,内衬塑料袋。具有耐酸碱、防水防潮和密封性能好的特点。可直接用作以液体(如水、酒精等)作稳定剂的固体货物(如硝化棉)的外包装,也可以作内包装再装入大口铁桶或全木箱中。

(4)集装袋。

是集合运输包装的一种。可用塑料丝编织,也可用丙纶编织布、涂塑维纶帆布加工缝制,具有负荷力强、耐腐蚀、使用方便等特点,载质量有1t和2t的两种。粉状货物的包装一般用袋,但25kg一袋的货物装卸很不方便,且难以使用机械化装卸。若把25kg的袋装货集装成1t或2t袋中,可以极大地提高装卸效率,减少货损货差,保证货物运输质量,降低运输成本等。

知识链接

《关于危险货物运输的建议书　规章范本》第1.2章　定义和度量单位

袋,是由纸、塑料薄膜、纺织品、编织材料或其他适当材料制作的柔性容器。

箱,是由金属、木材、胶合板、再生木、纤维板、塑料或其他适当材料制作的完整矩形或多角形容器;为了诸如便于搬动或开启的目的,或为了满足分类的要求允许有小的洞口,只要洞口不损害容器在运输时的完整性。

木制琵琶桶，是由天然木材制成的容器，其截面为圆形，桶身外凸，由木板条和两个圆盖拼成，用铁圈箍牢。

四、危险货物运输包装的标记代号

任何一种危险货物的包装基本上都可分为外包装、中间包装和内包装三部分。只有1层或2层包装的可视为特例。因此，包装的形式、方法就可由若干组数码来表示。每组数码由1个阿拉伯数字后接1个英文大写字母组成。前者表示包装形式，后者表示包装所用的材质。一个最复杂的包装代码可以分为3组数码，从左至右分别代表外、中、内3层包装。如果只用1层包装，那么1个代码就只有1组数码。

1. 标记代号

《危险货物运输包装通用技术条件》(GB 12464-1990)规定，危险货物运输包装可根据需要采用规定的标记代号。

1) 包装级别

包装级别的标记代号用下列小写英文字母表示：

x——符合Ⅰ、Ⅱ、Ⅲ级包装要求；

y——符合Ⅱ、Ⅲ级包装要求；

z——符合Ⅲ级包装要求。

2) 包装容器

包装容器的标记代号用下列阿拉伯数字表示：

1——桶；

2——木琵琶桶；

3——罐；

4——箱、盒；

5——袋、软管；

6——复合包装；

7——压力容器；

8——筐、篓；

9——瓶、坛。

3) 包装容器材质

包装容器的材质标记代号用下列大写英文字母表示：

A——钢；

B——铝；

C——天然木；

D——胶合板；

F——再生木板(锯末板);

G——硬质纤维板、硬纸板、瓦楞纸板、钙塑板;

H——塑料材料;

K——柳条、荆条、藤条及竹篾;

L——编织材料;

M——多层纸;

N——金属(钢、铝除外);

P——玻璃、陶瓷。

2. 包装件组合类型标记代号的表示方法

1) 单一包装

单一包装型号由一个阿拉伯数字和一个英文字母组成,英文字母表示包装容器的材质,其左边平行的阿拉伯数字代表包装容器的类型。英文字母右下方的阿拉伯数字,代表同一类型包装容器不同开口的型号。

1A——表示钢桶;

$1A_1$——表示闭口钢桶;

$1A_2$——表示中开口钢桶;

$1A_3$——表示全开口的钢桶。

其他包装容器开口型号的表示方法,见表3-5。

常见包装组合代号　　　　　　　　　表3-5

序号	包装名称	代号	序号	包装名称	代号
1	闭口钢桶	$1A_1$	16	瓦楞纸箱	$4G_1$
2	中开口钢桶	$1A_2$	17	硬纸板箱	$4G_2$
3	全开口钢桶	$1A_3$	18	钙塑板箱	$4G_3$
4	闭口金属桶	$1N_1$	19	普通型编织袋	$5L_1$
5	全开口金属罐	$3N_2$	20	复合塑料编织袋	$6HL5$
6	闭口铝桶	$1B_1$	21	普通型塑料编织袋	$5H_1$
7	中开口铝罐	$3B_2$	22	防撒漏型塑料编织袋	$5H_2$
8	闭口塑料桶	$1H_1$	23	防水型塑料编织袋	$5H_3$
9	全开口塑料桶	$1H_2$	24	塑料袋	$5H_4$
10	闭口塑料罐	$3H_1$	25	普通型纸袋	$5M_1$
11	全开口塑料罐	$3H_2$	26	防水型纸袋	$5M_3$
12	满板木箱	$4C_1$	27	玻璃瓶	$9P_1$
13	满底板花格木箱	$4C_2$	28	陶瓷坛	$9P_2$
14	半花格型木箱	$4C_3$	29	安瓿瓶	$9P_3$
15	花格型木箱	$4C_4$	—	—	—

2）复合包装

复合包装型号由一个表示复合包装的阿拉伯数字"6"和一组表示包装材质和包装形式的字符组成。这组字符为两个大写英文字母和一个阿拉伯数字。第一个英文字母表示内包装的材质,第二个英文字母表示外包装的材质,右边的阿拉伯数字表示包装形式。如 6HA1 表示内包装为塑料容器,外包装为钢桶的复合包装。

3）其他标记代号

用下列英文字母表示：

S——表示拟装固体的包装标记；

L——表示拟装液体的包装标记；

R——表示修复后的包装标记；

GB——表示符合国家标准要求；

UN——表示符合联合国规定的要求；

钢桶标记代号及修复后标记代号,如图 3-16 和图 3-17 所示。

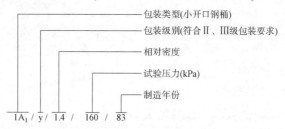

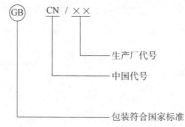

图 3-16　新桶标记代号

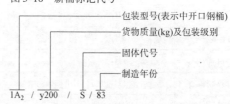

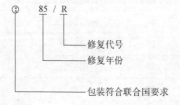

图 3-17　修复后的桶标记代号

第三节 危险货物道路运输包装的标志

一、运输包装标志的意义

货物运输包装标志是指用图形或者文字(文字说明、字母标记或阿拉伯数字)在货物运输包装上制作的特定记号和说明事项。运输包装标志有三方面的内涵:一是在收货、装卸、搬运、储存保管、送达直至交付的运输全过程中区别与辨认货物的重要基础;二是一般贸易合同、发货单据和运输保险文件中记载有关事项的基本组成部分;三是包装货物正确交接、安全运输、完整交付的基本保证。

货物的品类繁杂、包装各异、到达地点不一、货主众多,要做到准确无误、安全迅速地将货物运到指定地点,与收货人完成交接任务,从而使运输任务顺利完成,货物运输包装标志对每个环节都起着决定性作用。主要表现在以下三个方面。

(1)正确使用运输包装标志,可以保护货物运输与各个环节的作业安全,防止发生货损、货差以及危险性事故。究其原因,货物运输包装标志直接表明了货物的主要特性和发货人的要求与意图。

(2)在流通过程中,运输包装标志一般要在单证、货物上同时表现出来。它是核对单证、货物并使单货相符,以便正确、快速地辨认货物,高效率地进行装卸搬运作业,安全顺利完成流通全过程,准确无误地交付货物等环节的关键。

(3)运输包装标志还可以节省制作大量单据的手续与时间,而且易于称呼,使运输人员一见标志即对有关事项一目了然,避免造成误解,浪费人力和时间。

二、运输包装标志的分类和内容

目前,运输包装标志可以分为识别标志、储运指示标志和危险货物包装标志等三类。

1. 识别标志

识别标志是识别不同运输批次之间的标志,具体如下。

(1)主要标志。在贸易合同和文件上一般简称"嘿(唛)头",是以简明的几何图形(如三角形、四边形、六边形、圆形等图形)配以代用简缩字或字母,作为发货人向收货人表示该批货物的特定记号标志。所用的特定记号,以公司或商号的代号表示。有的则直接写明托运人和收货人的单位、姓名与地址的全称。我国民航总局规定,在每件货物上都必须用全称。

(2)目的地标志。亦称到达地或卸货地标志。目的地标志用来表示货物运往到达地的地名。国内即为到达站站名,国外为到达国国名和地名。

(3)批数、件数号码标志。该标志表示同一批货物的总件数及本件的顺序编号,其主要用途是便于清点货物。

(4)输出地标志。亦称为生产地或发货地标志。它是用来表示货物生产地或发货地的地名。国内即为始发站站名,国外为原产国名、产地名或发货站的国名、地名以及站名。

值得注意的是,目的地和输出地标志不能使用简称、代号或缩写文字,必须以文字直接写出全名称。如果是国际货物运输,还必须用中、外两种文字同时对照标明。

(5)货物的品名、质量和体积标志。它表明货物包装内的实际货物,每一单件包装的实际尺寸(长×宽×高)和重量(总重、净重、自重)。体积与重量标志供承运部门计算运费、选择装卸运输方式和货物在运输工具内的堆码方法时参考。危险货物品名应包括该货物的含量以及所处的抑制条件,如含水百分比、加钝感剂等。

(6)运输号码标志。即货物运单号码。它是该批货物进站、核对、清点、装运及到站卸取货物的依据。

(7)附加标志。亦称为副标志。它是在主要标志上附加某种记号,用以区分同一批货物中若干小批或不同的品质等级的辅助标志。

2. 包装储运图示标志

包装储运图示标志是根据货物对易碎、易残损、易变质、怕热、怕冻等有特殊要求所提出的搬运、储存、保管以及运输安全等的注意事项。我国国家标准《包装储运图示标志》(GB 191)将包装储运图示标志分为以下几种(图3-18)。

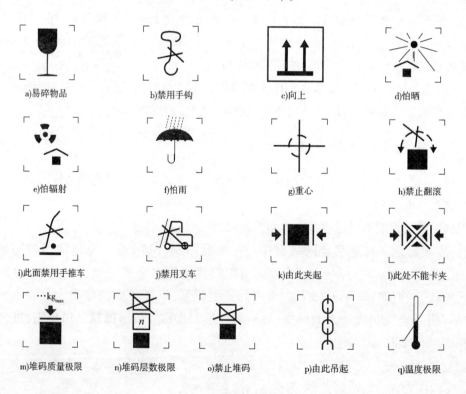

图3-18 包装储运图示标志

(1)易碎物品。表明运输包装件内装易碎品,因此搬运时应小心轻放。

(2) 禁用手钩。表明搬运运输包装件时禁用手钩。

(3) 向上。表明运输包装件的正确位置是竖直向上。

(4) 怕晒。表明运输包装件不能直接照晒。

(5) 怕辐射。表明包装物品一旦受辐射便会完全变质或损坏。

(6) 怕雨。表明包装件怕雨淋。

(7) 重心。表明一个单元货物的重心。

(8) 禁止翻滚。表明不能翻滚运输包装。

(9) 此面禁用手推车。表明搬运货物时此面禁放手推车。

(10) 禁用叉车。表明不能用升降叉车搬运的包装件。

(11) 由此夹起。表明装运货物时夹钳放置的位置。

(12) 此处不能卡夹。表明装卸货物时此处不能用夹钳夹持。

(13) 堆码重量极限。表明该运输包装件所能承受的最大重量极限。

(14) 堆码层数极限。表明相同包装的最大堆码层数,n 表示层数极限。

(15) 禁止堆码。表明该包装件不能堆码并且其上也不能放置其他负载。

(16) 由此吊起。表明起吊货物时挂链条的位置。

(17) 温度极限。表明运输包装件应该保持的温度极限。

3. 危险货物运输包装标志

危险货物运输包装标志,也称危险性能标志。为了明确和显著地识别危险货物的性质,保证装卸、搬运、储存、保管、送达过程的安全,应根据各种危险货物的特性,在运输包装的表面加上特别的图示标志,必要时再加以文字说明,以便于有关人员采取相应的防护措施,防止不安全事故的发生。

危险性能标志的制定是以危险货物的分类为基础,以便于根据货物或包件所贴标志的一般形式(标志图案、颜色、形状等),识别出危险货物及其特性,并为装卸、搬运、储存提供基本指南。

一般来说,标志的颜色或图案不同时,贴有这些标志的货物不能堆放在一起,在某些特殊情况下,即使是贴有同种标志的货物也应慎重复核,不能将其随意堆放在一起。

我国《危险货物包装标志》(GB 190)规定主标志 15 个,副标志 6 个,使用方法与联合国《关于危险货物运输的建议书》相似。标志的图案有:炸弹开花(表示爆炸)、火焰(表示易燃)、骷髅和交叉的大腿骨(表示毒害)、三圈形(表示传染)、三叶形(表示放射性)、从两个玻璃器皿中溢出的酸碱腐蚀着一只手和一块金属(表示腐蚀)、一个圆圈上面有一团火焰(表示氧化性)和一个气瓶等。危险货物包装标志的图形样,参见《道路运输危险货物车辆标志》(GB 13302—2005)的附录 A"标志牌图形"。

危险货物包装件外表面可贴 1 个主标志,说明该危险货物的类别和特性;也可贴 2 个或 2 个以上的标志,按货物标志粘贴的位置顺序可确定主、副标志。如自上而下贴 3 个标志,说明最上边的为主标志,下边 2 个为副标志;自左而右的贴法,说明左边是主标志,其余为副标志。主标志说明是最应注意的危险性,副标志说明该货物兼有其他危险性,是多种危害兼备的危险货物。

航空运输危险货物除采用上述联合国推荐的标志外,还有两种危险货物包装标志:即磁化材料和仅限货机标志。

三、运输包装标志的制作与使用要求

标记采用白底(或采用包装容器底色)黑子,字体要清楚、醒目。标记的制作方法可以印刷、粘贴、图打和钉附。钢制品可以打钢印。标记尺寸,见表3-6。

标志尺寸(单位:mm)　　　　　　　　　　　　　　表3-6

序　号	长	宽
1	70	50
2	140	100
3	210	150
4	280	200

1. 运输包装标志的制作要求

(1)标志要简明清晰醒目,大小适当,易于辨认,便于制作。要求正确、明显、牢固。图案要清楚、文字要精练、字迹要清晰。

(2)制作标志的颜料,应具有耐温、耐晒、耐摩擦和不溶于水的性能,不致发生脱落、褪色或模糊不清的现象。用于制作酸性、碱性、氧化物等危险货物包装使用的各种标志的颜料,应有相应的抗腐蚀性。以免因受内装物的侵蚀而模糊不清。

(3)识别标志如采用货签时,应选用坚韧的纸质材料,对于不宜用纸质货签的运输包装,也可采用金属、木质、塑料或布制货签。

(4)标志的大小要与包装的大小相适应。显示标志的部位要得当、显著,以便于装卸和交付时辨认。

(5)危险货物包装标志及包装储运图示标志的制作尺寸、材料应符合国家标准的规定。

(6)不能加上任何广告性的宣传文字或图案。结汇用的提单、发票等单据上的运输标志应与货物外包装上的运输标志完全相同。

2. 运输包装标志的使用要求

(1)每件货物包装的表面都必须有识别标志和相应的储运图示标志和货物性能标志。

(2)标志的文字书写应与底边平行。带棱角的包装,其棱角不得将标志图形或文字说明分开。书写、粘贴标志都应标在显著的位置,以利于识别。如箱形包装,箱的相对两侧都必须有各种标志;袋形包装袋的两大面,桶形包装的桶盖和桶身的对应侧面都必须有必备的标志。总之,每一包装必须有两组以上相同的标志,其位置应在相对的两侧。"由此吊起"和"重心点"两种标志,使用时应根据要求粘贴、喷涂或钉附在货物外包装的实际准确位置。

(3)如一个集合货物包件内有两种以上不同性质的危险货物,如从包件外不能一目了然

地看清包件内各包装标志,集合包件外除识别标志外,还必须具有包件内各种货物的性能标志。包件内的各包装必须有齐备的标志或标识。

(4)如一种危险货物除主要危险性能外,还有比较重要的副性能,应分别标有相应的主性能标志和副性能标志。磁性物质标志的使用应与其他任何主副标志同时并用。

(5)货物的运输包装上,禁止有广告性、宣传性的文字或图案,以免与包装标志混杂,影响标志的正常使用。包装在重复使用时,应把原有的(废弃的)包装标志痕迹清除干净,以免与新标志混淆不清而造成事故。同时,不准在包装外表乱写乱涂任何与标志无关的文字或图案。

四、危险货物包装标志

危险货物包装标志分为标记和标签。标记有4个,标签有26个,其图形分别标示了9类危险货物的主要特性。

1. 标记

危害环境物质和物品标记,如图3-19所示。

方向标记,如图3-20所示。

高温运输标记,如图3-21所示。

(符号:黑色,底色:白色)

图3-19 危害环境物质和物品标记

(符号:黑色或正红色,底色:白色)　(符号:黑色或正红色,底色:白色)　(符号:正红色,底色:白色)

图3-20 方向标记　　　　　　　　　　　　　　图3-21 高温运输标记

常见的运输标记和使用要求见表3-7。

常见的运输标记和使用要求　　　　表3-7

运输/包装 情况	运输标记	备 注
a)货物为救助容器和救助压力储器	文字"救助"	"救助"标记的大小,高度必须至少12mm
b)货物为危害环境物质		(1)凡是装有危害环境物质(UN3077或UN3082)的包件,必须标上该标记; (2)该标记必须位于其他标记附近; (3)该标记为正方形,取45°角摆放,符号为黑色,底色为白色或适当的反差底色; (4)常规情况,最小尺寸为10×10cm,边线最小宽度为2mm。特殊情况,可适当按原比例压缩; (5)海运时,针对"海洋污染物"也需要加贴此标记

续上表

运输/包装情况	运输标记	备注
c) 内容器装有液态危险货物的组合容器、配有通风口的单容器以及拟装运冷冻液化气体的低温储器		(1) 两个黑色或红色箭头,底色为白色或适当的反差颜色,长方形外框可有可无; (2) 方向箭头必须标在包件相对的两个垂直面上,箭头显示正确的朝上方向; (3) 标记必须是长方形的,大小应与包件大小相适应,清晰可见; (4) 有部分情况可不需要标方向箭头,详情参阅 TDG 中 5.2.1.7.2 章节内容
d) 货物以有限数量运输		上图为有限数量运输包装标记(除空运外);下图为有限数量运输包装标记(空运)
e) 货物以例外数量运输		(1) 标记为正方形,影线和符号使用同一颜色,红色或黑色,放在白色或适当的反差底色上; (2) 最小尺寸为 10×10cm; (3) 在标记中显示分类或已经划定的项目编号; (4) 可在此标记上显示发货人或收货人的姓名
f) 锂电池组的运输		(1) 该标记中应注明 UN 编号(如 UN 3480); (2) 标记应为长方形,边缘为影线,尺寸最小 12×11cm,影线宽度至少 5mm; (3) 应包件大小需要,标记可原比例缩小,最小不得小于 10.5×7.4cm; (4) 锂电池产品从 2019 年起将强制显示该标记
g) 货物以高温运输		(1) 如装有温度 ≥100℃ 的液态物质,或温度 ≥240℃ 的固态物质,则每一侧面和每一端面都需标有该标记; (2) 标记为等边三角形,标记颜色为红色,常规情况边长最小尺寸为 25cm; (3) 特殊情况下,边长最小尺寸可按原比例缩小至 10cm

2. 标签

标签图形分别标示了 9 类危险货物的主要特性。

(1) 爆炸性物质或物品共 4 个,如图 3-22 所示。

图 3-22 爆炸性物质或物品标签图形

注:1.1 项、1.2 项、1.3 项,使用 1 个相同的图。

(2) 易燃气体 2 个,非易燃无毒气体 2 个,毒性气体 1 个,共 5 个,如图 3-23 所示。

图 3-23 易燃气体标签图形

(3) 易燃液体 2 个,如图 3-24 所示。

图 3-24 易燃液体标签图形

(4) 易燃固体 1 个,易于自燃的物质 1 个,遇水放出易燃气体的物质 2 个,共 4 个,如图 3-25 所示。

图 3-25 易燃固体、易于自燃的物质、遇水放出易燃气体的物质标签图形

(5) 氧化性物质 1 个,有机过氧化物 2 个,共 3 个,如图 3-26 所示。

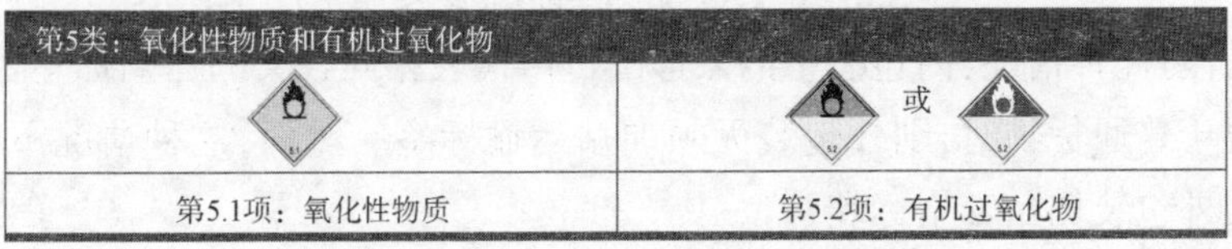

图 3-26 氧化性物质和有机过氧化物标签图形

(6) 毒性物质 1 个,感染性物质 1 个,共 2 个,如图 3-27 所示。

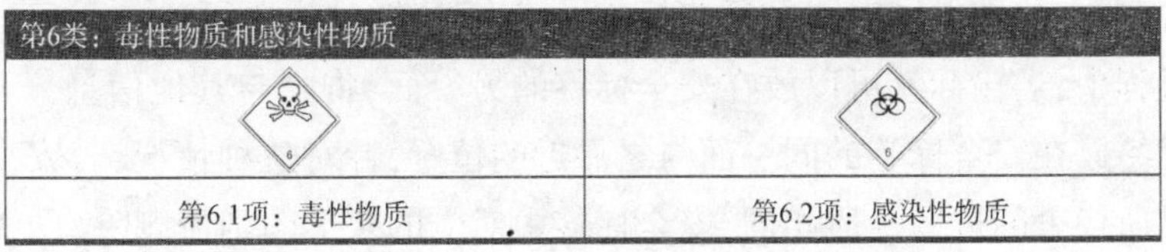

图 3-27 毒性物质和感染性物质标签图形

(7) 腐蚀性物质 1 个,如图 3-28 所示。

(8) 杂项危险物质和物品 1 个,如图 3-29 所示。

图 3-28 腐蚀性物质标签图形   图 3-29 杂项标签图形

3. 运输标签和安全标签的组合使用

当危险货物采用包装运输(非散货运输)时,不可避免地需要同时考虑张贴安全标签和运输标签。然而,在两者组合使用时,需满足相关规则与要求。通常分为以下两种情况。

1) 组合包装

组合包装又称为组合容器,是为了运输而组合在一起的一组包装,一般由一个外包装和一个或多个内包装组成。采用组合包装运输时,内包装要求加贴安全标签,外包装则仅需加贴运输标签。示例如图 3-30 所示。

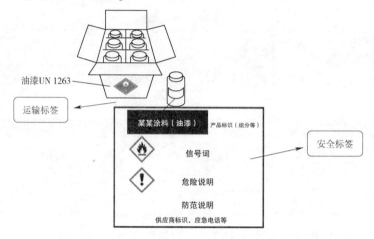

图 3-30　用组合包装运输

同时,仅针对此种情况,内包装中的象形图可由代表相同含义的运输标签替代。

当货物属于普通货物时,则外包装无须加贴运输标签。然而,这种情况下,主管部门亦可要求企业在外包装加贴安全标签。

2) 单一包装

单一包装是指承载货物的容器直接进行运输的包装方式。危险货物在此种包装条件下进行运输时,需要在包装上同时张贴运输标签及安全标签,缺一不可。

在张贴过程中,运输标签可以放在安全标签的另一面,将之与其他信息分开(图 3-31);也可将运输标签放在安全标签的同一面与之靠近的位置,针对这种情况,若安全标签的象形图与运输标签所代表的危害性质相同,安全标签中对应的象形图则应删除(图 3-32)。

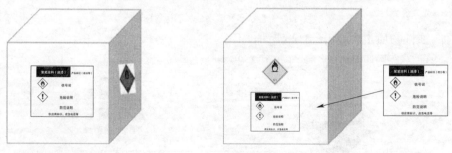

图 3-31　单一包装标签张贴示例(不同面板)　　图 3-32　单一包装标签张贴示例(同一面板)

第三章　危险货物道路运输包装

当货物属于普通货物时,则在包装上仅张贴安全标签即可,无须张贴运输标签。

五、危险货物运输包装英文标识

随着市场经济的发展,尤其是我国加入WTO以后,进出口贸易逐年扩大,其中危险货物运输量也大幅度增加。面对未来国际贸易运输量的不断增加,许多危险货物也将被"请"进或"请"出国门,所以,在危险货物的外包装上,仅能识别危险货物的分类及危害性显然不能满足危险货物运输业务的需要,还要求我们能识别货票、包装以及装箱单上的简单英文标识,这也是从事运输危险货物业务人员"应知""应会"的重要内容之一。

运输危险货物的主要用语有说明性标记词语和警戒性标记词语。说明性标记词语有CENTREOFBALANCE(重心),BOTTOM(下部或底部),BOILINGPOINT(沸点)等。警戒性标记词语有AVOIDECOMPACT(防止冲击碰撞)BEWAREOFFUME(严防漏气);DONOTCRUSH(切勿挤压)等。危险货物运输包装英文标识主要用语表详见附录一。

第四节　ADR《危险货物一览表》中相关包装规定

根据我国法规要求,危险货物的包装是由其生产、经营企业负责的,危险货物道路运输企业需要了解包装的基本形式和要求。ADR《危险货物一览表》中对危险货物运输包装给出了详细规定,包括"容器""可移动罐柜和散货箱""ADR罐体"三部分。

一、"容器"栏

ADR《危险货物一览表》(表1-7)中涉及危险货物运输包装"罐体"的内容有:第(8)栏"包装指南",第(9a)栏"特殊包装规定",第(9b)栏"混合包装规定",各栏中"字母数字代码"的具体含义见第一章第五节。ADR的4.1.4、4.1.4、4.1.10对应"包装规范、特殊包装规定、混合包装规定"的要求。

(一)4.1.4.1 使用容器(中型散货箱和大型容器除外)的包装规范

"4.1.4.1使用容器(中型散货箱和大型容器除外)的包装规范"以表格的形式介绍了"包装指南"。如包装和容器的包装指南P001,见表3-8。

表3-8中介绍了"P001"包装规范(液体)的含义,详细说明认可的包装和容器,并规定:组合容器的"内容器""外容器"的类型、使用的材料以及Ⅰ类包装、Ⅱ类包装、Ⅲ类包装"的容积等。在表3-8中的特别包装规定、条款中,还涉及了PP、RR。"PP"是适用于中型散货箱和大型容器以外的容器,"RR"适用于RID和ADR特殊规定。

"4.1.4.1使用容器(中型散货箱和大型容器除外)的包装规范"还介绍了,P002、P003、P004、P101、P010、P099、P111、P112、P113、P114、P115、P116、P130、P131、P132、P133、P134、P135、P136、P137、P138、P139、P140、P141、P142、P143、P144、P200、P201、P202、P203、P204、

P205、P206、P207、P208、P209、P300、P301、P302、P400、P401、P402、P403、P404、P405、P406、P407、P408、P409、P410、P411、P500、P501、P502、P503、P504、P505、P520、P600、P601、P602、P620、P621、P650、P800、P801、P802、P803、P804、P805、P900、P901、P902、P903、P904、P905、P906、P908、P909、R001。

包装和容器的包装指南 P001   表 3-8

P001 包装规范(液体) P001			
允许使用下列容器,但须符合 4.1.1 和 4.1.3 的一般规定			
组合容器		最大容量/净重(见 4.1.3.3)		
内 容 器	外 容 器	Ⅰ类包装	Ⅱ类包装	Ⅲ类包装
玻璃 10L 塑料 30L 金属 40L	桶			
	钢(1A2)	250kg	400kg	400kg
	铝(1B2)	250kg	400kg	400kg
	其他金属(1N2)	250kg	400kg	400kg
	塑料(1H2)	250kg	400kg	400kg
	胶合板(1D)	150kg	400kg	400kg
	纤维质(1G)	75kg	400kg	400kg
	箱			
	钢(4A)	250kg	400kg	400kg
	铝(4B)	250kg	400kg	400kg
	天然木(4C1,4C2)	150kg	400kg	400kg
	胶合板(4D)	150kg	400kg	400kg
	再生木(4F)	75kg	400kg	400kg
	纤维板(4G)	75kg	400kg	400kg
	泡沫塑料(4H1)	60kg	60kg	60kg
	硬塑料(4H2)	150kg	400kg	400kg
	罐			
	钢(3A2)	120kg	120kg	120kg
	铝(3B2)	120kg	120kg	120kg
	塑料(3H2)	120kg	120kg	120kg
单——容器			
桶			
钢,非活动盖(1A1)		250L	450L	450L
钢,活动盖(1A2)		250L*	450L	450L
铝,非活动盖(1BI)		250L	450L	450L
铝,活动盖(1B2)		250L*	450L	450L
其他金属,非活动盖(1N1)		250L	450L	450L
其他金属,活动盖(1N2)		250L*	450L	450L
塑料,非活动盖(1H1)		250L	450L	450L
塑料,活动盖(1H2)		250L*	450L	450L

续上表

P001 包装规范(液体)P001			
允许使用下列容器,但须符合4.1.1和4.1.3的一般规定			
组 合 容 器	最大容量/净重(见4.1.3.3)		
单——容器	Ⅰ类包装	Ⅱ类包装	Ⅲ类包装
罐			
钢,非活动盖(3A1)	60L	60L	60L
钢,活动盖(3A2)	60L*	60L	60L
铝,非活动盖(3BI)	60L	60L	60L
铝,活动盖(3B2)	60L*	60L	60L
塑料,非活动盖(3H1)	60L	60L	60L
塑料,活动盖(3H2)	60L*	60L	60L
复合容器			
塑料储器在钢或铝桶中(6HA1,6HB1)	250L	250L	250L
塑料储器在纤维质、塑料或胶合板桶中(6HG1,6HH1,6HD1)	120L	250L	250L
塑料储器在钢或铝板条箱或箱中或塑料储器在木质、胶合板、纤维板或硬塑料中(6HA2,6HB2,6HC2,6HD2,6HG2 或 6HH2)	60L	60L	60L
玻璃储器在钢、铝、纤维质、胶合板、硬塑料或泡沫塑料桶中(6PA1,6PB1,6PG1,6PD1,6PH1 或 6PH2)或在钢、铝、木质或纤维板箱或柳条篮中(6PA2,6PB2,6PC,6PG2 或 6PD2)	60L	60L	60L
附加要求: 　　对Ⅲ类包装的第3类物质,它们会放出少量的二氧化碳气体,包装时应该使其通风			

特殊包装规定:
　　PP1 对于 UN 1133、UN 1210、UN 1263 和 UN 1866,Ⅱ和Ⅲ类包装物质的容器如每个金属或塑料容器所装的数量等于或小于5L并且在下列条件下运输,则不需要满足第6.1章的性能试验:
　　(a)装在托盘化货件、集装箱或成组装运设备中,例如个别容器放置或堆叠在托盘上并用捆扎、收缩包装、拉伸包装或其他适当手段紧固。
　　(b)作为最大净重40kg的组合容器的内容器。
　　PP2 对于 UN 3065 和 UN 1170,可以使用木制琵琶桶(2C1 和 2C2)。
　　PP4 对于 UN 1774,容器必须达到Ⅱ类包装性能水平。
　　PP5 对于 UN 1204,容器的构造必须使爆炸不可能因内压增加而发生。气瓶和气体储器不得用于装这些物质。
　　PP6 对于 UN 1851 和 UN 3248,每个包件的最大净容量应为5L。
　　PP10 对于 UN 1791,Ⅱ类包装容器必须带通气孔。
　　PP31 对于 UN 1131,容器必须是气密的。
　　PP33 对于 UN 1308,Ⅰ类和Ⅱ类包装只允许使用最大净重75kg的组合容器。
　　PP81 对于含氢氟酸不大于85%的 UN 1790 和含硝酸大于55%的 UN 2031,允许使用塑料桶和罐作为单容器的期限是从其制造日期算起两年

针对 RID 和 ADR 的特别包装条款:
　　RR1 对于 UN 1790(超过85%的氢氟酸)和 UN 2031(超过55%的纯酸),对塑料桶和瓷器用作单一的包装,其允许的使用期限应当是自生产日期起两年。
　　RR2 对于 UN 1261,活动盖的容器是不允许的

"包装规范"代码针对不同危险货物（UN 编号），给出了详细而具体的要求，如 P200。

（二）4.1.4.2 使用中型散装容器的包装指南

"4.1.4.2 使用中型散装容器的包装指南"以表格的形式介绍了"包装指南"。如包装和容器的包装指南 IBC01、IBC02，见表 3-9。

包装和容器的包装指南 IBC01、IBC02　　　　　　　　表 3-9

IBC01	包 装 指 南	IBC01
允许使用下列中型散装容器，但须符合 4.1.1、4.1.2 和 4.1.3 的一般规定； 金属(31A、31B 和 31N)		
针对 RID 和 ADR 的特殊包装规定； BB1 对 UN3130，应当按顺序使用两套装置来紧密封闭容器开口，其中的一套应当以平衡的方式旋紧或加固		
IBC02	包 装 指 南	IBC02
允许使用下列中型散装容器，但须符合 4.1.1、4.1.2 和 4.1.3 的一般规定： (1)金属(31A、31B 和 31N)； (2)刚性塑料(31H1 和 31H2)； (3)复合(31HZ1)		

（三）4.1.4.3 使用大型包装的包装指南

"4.1.4.3 使用大型包装的包装指南"中以表格的形式介绍了"包装指南"。如包装和容器的包装指南 LP01、LP02，见表 3-10。

包装和容器的包装指南 LP01、LP02　　　　　　　　表 3-10

LP01	包 装 指 南			LP01
允许使用下列大型包装，但须符合 4.1.1 和 4.1.3 的一般规定				
内　包　装	大型外包装	Ⅰ类包装	Ⅱ类包装	Ⅲ类包装
玻璃 10L 塑料 30L 金属 40L	钢(50A) 铝(50B) 钢或铝以外的金属(50N) 刚性塑料(50H) 天然木(50C) 胶合板(50D) 再生木(50F) 纤维板(50G)	不允许	不允许	最大容量 $3m^3$

续上表

LP02	包装指南			LP02
允许使用下列大型包装,但须符合 4.1.1 和 4.1.3 的一般规定:				
内 包 装	大型外包装	Ⅰ类包装	Ⅱ类包装	Ⅲ类包装
玻璃　　10kg 塑料[b]　 50kg 金属　　50kg 纸[ab]　　50kg 纤维质[ab] 50kg	钢(50A) 铝(50B) 钢或铝以外的金属(50N) 刚性塑料(50H) 天然木(50C) 胶合板(50D) 再生木(50F) 纤维板(50G) 柔性塑料(51H)[c]	不允许	不允许	最大容量 3m³

[a] 这些内包装不得用于充装运输过程中可以变成液体的物质。

[b] 内包装应防撒漏。

[c] 只能与软体内包装合用

特殊包装规定:

L2　对于 UN 1950 喷雾器,大型包装应符合Ⅲ类包装的性能水平。装废弃喷雾器的大型包装,按照特殊规定 327 运输时,应另外有能留住在运输过程中可以流出的任何游离状态的装置,例如吸收材料。

L3　注:UN 2208 和 UN 3486,禁止用大型包装海运

针对 RID 和 ADR 的特殊包装规定:

LL1　对于 UN 3509,大型包装无须符合 4.1.1.3 的要求。

　　大型包装应满足 6.6.4 的要求,使用防撒漏或配有防撒漏的、耐穿刺的密封衬里或密封袋。

　　当唯一的残留物是固体,且在运输过程中可以遇到的温度下都不容易变成液体时,可以使用柔性大型包装。

　　当液体残留物存在时,应使用能提供固定方法(例如吸收材料)的刚性大型包装。

　　在装货和移交之前,应检查每个大型包装以确保它没有被腐蚀,污染或其他损害。若大型包装显示出任何强度降低的迹象,都将不再被使用(轻微凹陷和划痕不被视为降低了大型包装的强度)。

　　大型包装用于运输废弃的、空的、有第 5.1 类中未清洗残留物的包装时,应该经过制造或改造使得货物不能接触到木材或任何其他可燃材料

(四) 4.1.4.4 适用于气瓶和气体储器的特别要求

"4.1.4.4 适用于气瓶和气体储器的特别要求"中有压力储器要求:PR1、PR2、PR3、PR4、PR5、PR6。针对具体的危险货物提出了适用于气瓶和气体储器应用性的制造、试验、装载和标签要求。

二、"可移动罐柜和散货箱"栏

"可移动罐柜和散货箱"栏中有第(10)栏"指南(可移动罐柜和散货箱的指南)",第

(11)栏"特种规定(可移动罐柜和散货箱的特殊规定)"。

1. 关于第(10)栏"指南(可移动罐柜和散货箱的指南)"

按照4.2.5.2.1至4.2.5.2.4以及4.2.5.2.6中的内容,一个字母数字代码代表一个可移动罐柜的指南。该可移动罐柜的指南严格规定了允许可移动罐柜运输物质的最低要求。其他适用于可移动罐柜运输物质的指南代码可以在4.2.5.2.5中找到。如果无代码,除非主管机关批准,则可移动罐柜不允许运输,详细信息见6.7.1.3。

> **知识链接**

4.2.5.2 可移动罐柜指南

4.2.5.2.1 可移动罐柜指南适用于第1~9类危险货物,可移动罐柜指南提供与适用于特定物质的可移动罐柜规定有关的具体资料、除了应符合本章的一般规定和6.7章的一般要求外,也应符合这些规定。

4.2.5.2.4 冷冻液化气体适宜用可移动罐柜指南T75。

4.2.5.2.5 确定合适的可移动罐柜指南

当一特定危险货物条目第(10)栏注明某一特定可移动罐柜指南时,试验压力更高、罐壳厚度更大、底开装置和安全降压装置更严格的其他可移动罐柜也可以时用。可适用以下准则(表3-11)确定可用于运输特定物质的可移动罐柜:

用于运输特定物质的可移动罐柜的选择准则 表3-11

指定的便携式罐体指南	也允许使用的可移动罐柜指南
T1	T2,T3,T4,T5,T6,T7,T8,T9,T10,T11,T12,T13,T14,T15,T16,T17,T18,T19,T20,T21,T22
T2	T4,T5,T7,T8,T9,T10,T11,T12,T13,T14,T15,T16,T17,T18,T19,T20,T21,T22
T3	T4,T5,T6,T7,T8,T9,T10,T11,T12,T13,T14,T15,T16,T17,T18,T19,T20,T21,T22
T4	T5,T7,T8,T9,T10,T11,T12,T13,T14,T15,T16,T17,T18,T19,T20,T21,T22
T5	T10,T14,T19,T20,T22
T6	T7,T8,T9,T10,T11,T12,T13,T14,T15,T16,T17,T18,T19,T20,T21,T22
T7	T8,T9,T10,T11,T12,T13,T14,T15,T16,T17,T18,T19,T20,T21,T22
T8	T9,T10,T13,T14,T19,T20,T21,T22
T9	T10,T13,T14,T19,T20,T21,T22
T10	T14,T19,T20,T22

4.2.5.2.6 可移动罐柜指南

可移动罐柜指南详细说明了可移动罐柜在用于运输具体物质时适用的要求。可移动罐柜指南T1~T22详细说明了适用的最低试验压力、最低罐壳厚度(毫米参考纲)和安全降压要求和底开要求(表3-12)。

可移动罐柜指南 T1～T22　　　　　　　　　　　　　　　　　　　　　表 3-12

T1～T22	可移动罐柜指南			T1～T22
可移动罐柜指南	最低试验压力 (bar)	最小罐壳厚度 (单位:mm/参考钢) (见6.7.2.4)	安全降压要求[a] (见6.7.2.8)	底部开口规定[b] (见6.7.2.6)
T1	1.5	见6.7.2.4.2	正常	见6.7.2.6.2
T2	1.5	见6.7.2.4.2	正常	见6.7.2.6.3
T3	2.65	见6.7.2.4.2	正常	见6.7.2.6.2
T4	2.65	见6.7.2.4.2	正常	见6.7.2.6.3
T5	2.65	见6.7.2.4.2	见6.7.2.8.3	不允许
T6	4	见6.7.2.4.2	正常	见6.7.2.6.2

这些可移动罐柜指南适用于第1类和第3～9类液态和固态物质,应符合4.2.1的一般规定和6.7.2的要求。

注:[a] 当注明"正常"时,除6.7.2.8.3之外,6.7.2.8的所有要求均需适用。
　　[b] 当本栏注明"不允许"时,如运输的物质为液体,则不得底开(见6.7.2.6.1)。如在正常运输条件下,运输的物质在可能遇到的任何温度条件下始终保持固定状态,允许符合6.7.2.6.2要求的底开。

在第6.7章可以找到关于可移动罐柜的设计、制造、装置、批准型号、试验和标记的一般性要求,这些使用(如充装)的一般性要求可以在4.2.1至4.2.4中找到。

字母"M"表示该物质可以在联合国多单元气体容器中运输。

注:在第(11)栏中叙述的特殊规定可能改变以上要求。

字母"BK"开头的字母数字代码,指的是6.11中描述的散货箱的类型,按照7.3.1.1 (a)和7.3.2进行散装货物运输时可能会用到。

2. 关于第(11)栏"特种规定(可移动罐柜和散货箱的特殊规定)"

包括需要额外满足的可移动罐柜特殊规定的字母数字代码。以字母"TP"开头,表示该可移动罐柜的制造或适用的特殊规定。这些都可以在4.2.5.3中查到。

注:如果有技术上的相关,这些特殊规定不只适用于第(10)栏明确的可移动罐柜,同样适用于根据4.2.5.2.5表中使用的可移动罐柜。

三、"ADR 罐体"栏

在"ADR 罐体"栏中有第(12)栏"罐体代码(ADR 罐体的罐体代码)";第(13)栏"(特殊规定)ADR 罐体的特殊规定"。

1. 第(12)栏"罐体代码(ADR 罐体的罐体代码)"

包括描述罐体类型的字母数字代码,与4.3.3.1.1(针对第2类气体)或4.3.4.1.1(针对第3～9类物质)一致。该罐体类型对应于允许 ADR 罐体运输相关物质的最低严格罐体规定。其他允许的罐体类型代码,能在4.3.3.1.2(针对第2类气体)或4.3.4.1.2(针对第3～9类物质)中找到。无编号表示不允许在 ADR 罐体中运输。

知识链接

4.3.3.1.1 罐体、管束式车辆和 MEGCs 的代码

3.2 章表 A 第(12)栏所示代码(罐体代码)的 4 个部分具有以下意义(表 3-13)。

罐体代码的分类　　　　　　　　　　　表 3-13

部分	种类	罐体代码
1	罐体、管束式车辆或 MEGCs	C = 针对压缩气体的罐体、管束式车辆或 MEGCs； P = 针对液化气体或高压液化气体的罐体、管束式车辆或 MEGCs； R = 针对冷冻液化气体的罐体
2	计算压力	X = 按照 4.3.3.2.5 表中最小相关试验压力；或 22 = 最小计算压力(bar)
3	开口（见 6.8.2.2 和 6.8.3.2）	B = 充装或卸载开口在底部，具有 3 层密闭装置的罐体；或开口在液体或压缩气体表面下的管束式车辆或 MEGCs； C = 清洗口在液面下部，充装或卸载开口在上部，具有 3 层密闭装置的罐体； D = 充装或卸载开口在上部，具有 3 层密闭装置的罐体；或在液面下无开口的管束式车辆或 MEGCs
4	安全阀/装置	N = 按照 6.8.3.2.9 或 6.8.3.2.10 没有密封关闭的具有安全阀的罐体、管束式车辆或 MEGCs； H = 密封关闭的罐体、管束式车辆或 MEGCs(见 1.2.1)

注 1：3.2 章表 A 中第(13)栏针对特定气体的特殊规定 TU17 指该气体只能用管束式车辆或 $MEGC_S$ 运输。

注 2：3.2 章表 A 中第(13)栏针对特定气体的特殊规定 TU40 指该气体只能用管束式车辆或 $MEGC_S$ 运输。

注 3：罐体本身标示压力或在标牌上的压力不能小于"X"或最小计算压力值

4.3.3.1.2 罐体等级

罐体代码	适用本代码物质的其他罐体代码
C＊BN	C#BN,C#CN,C#DN,C#BH,C#CH,C#DH
C＊BN	C#BH,C#CH,C#DH
C＊CN	C#CN,C#DN,C#CH,C#DH
C＊CH	C#CH,C#DH
C＊DN	C#DN,C#DH
C＊DH	C#DH
P＊BN	P#BN,P#CN,P#DN,P#BH,P#CH,P#DH
P＊BH	P#BH,P#CH,P#DH
P＊CN	P#CN,P#DN,P#CH,P#DH
P＊CH	P#CH,P#DH
P＊DN	P#DN,P#DH

P∗DH	P#DH
R∗BN	P#BN,P#CN,P#DN
R∗CN	P#CN,P#DN
R∗DN	P#DN

以#表示的数字等于或大于以∗表示的数字。

注:该罐体级别对每一条目未考虑任何特殊规定(见4.3.5和6.8.4)。

4.3.4.1.2 对于ADR罐体编码指定物质种类和罐体级别的合理方法见表3-14。

注:没有包括在合理方法表格中的一些物质和物质组(见4.3.4.1.3)。

ADR罐体编码指定物质种类和罐体级别的合理方法   表3-14

罐体代码	合理方法		
	物 质 组		
	类　别	分类代码	包装类别
液体LGAY	3	F2	Ⅲ
	9	M2	Ⅲ
LGBV	4.1	F2	ⅡⅢ
	5.1	O1	Ⅲ
	9	M6	Ⅲ
		M11	Ⅲ
	罐体代码为LGAV的物质组		
LCBF	3	F1	Ⅱ 蒸气压力在50℃≤1.1bar
		F1	Ⅲ
		D	Ⅱ 蒸气压力在50℃≤1.1bar
		D	Ⅲ
	罐体代码为LGAV和LGBV的物质组		

本栏中针对固体(S)和液体(L)的罐体代码,表示这类物质应该在固体或液体(熔融)状态下运输。一般这种规定适用于熔点在20℃~180℃的物质。对于固体,如果本栏只有液体(L)的罐体代码,表示该物质只能在液体(熔融)状态下运输。

关于制造、装置、批准型号、试验和标记的一般性要求,没有以罐体代码表示,可以在6.8.1,6.8.2,6.8.3和6.8.5中找到。关于使用的一般性要求(如最大充罐度,最小试验压力)见4.3.1至4.3.4。

罐体代码之后的"M"表示这类物质同样适用于管束式车辆或多单元气体容器的运输。

罐体代码之后的"+"表示罐体的替代使用,只有当批准型号证书中明确指出时,才是允许的。

对于纤维增强塑料罐,见4.4.1和第6.9章;对于真空处理的废罐体,见4.5.1和第6.10章。

注:第(13)栏叙述的特殊规定可能改变以上要求。

2. 关于第(13)栏"特殊规定(ADR罐体的特殊规定)"

包括需要额外满足的ADR罐体特殊规定的字母数字代码:

①以字母"TU"开头的字母数字代码,表示罐体使用的特殊规定。这些在4.3.5中可以找到。

②以字母"TC"开头的字母数字代码,表示罐体制造的特殊规定。这些在6.8.4(a)中可以找到。

③以字母"TE"开头的字母数字代码,表示关于罐体装置的特殊规定。这些在6.8.4(b)中可以找到。

④以字母"TA"开头的字母数字代码,表示罐体批准型号的特殊规定。这些在6.8.4(c)中可以找到。

⑤以字母"TT"开头的字母数字代码,表示罐体试验的特殊规定。这些在6.8.4(d)中可以找到。

⑥以字母"TM"开头的字母数字代码,表示罐体标记的特殊规定。这些在6.8.4(e)中可以找到。

注:如果有技术上的相关,这些特殊规定不只适用于第(12)栏明确的罐体,同样适用于根据4.3.3.1.2和4.3.4.1.2使用的罐体。

知识链接

6.8.4 特殊条款

注1:对闪点(Flash-point)不超过60℃的液体和可燃性气体,还需满足6.8.2.1.26、6.8.2.1.27和6.8.2.2.9的要求。

注2:对于压力试验不低于1MPa(10bar)的罐体和用于传输冷冻液化气体的罐体,还需满足6.8.5的要求。

当在3.2章表A第(13)栏中显示出以下某条代码时,该代码代表下列特殊条款:

(a)制造(TC)

TC1 6.8.5的要求适用于这些壳体的材料和制作。

TC2 壳体及其零部件,都应由纯度不低于99.5%的铝,或者不易引起过氧化氢分解的合适钢材制成。若壳体由纯度不低于99.5%的铝制成,即使根据6.8.2.1.17计算得出较厚的壁厚,其壁厚也不必超过15mm。

TC3 壳体应采用奥世体不锈钢制成。

TC4 如果壳体的材料易受UN 3250氯化酸的腐蚀,壳体应涂有瓷釉或等效的保护性衬里。

TC5 壳体应配备厚度不小于5mm的铅衬里或等效衬里。

TC6 若罐体必须使用铝材,这种罐体应采用纯度不低于99.5%的铝制成,即使根据6.8.2.1.17计算得出较厚的壁厚,其壁厚也不必超过15mm。

TC7 壳体的有效最小厚度应不小于3mm。

TC8 壳体应该由铝或者铝合金制成。

(b) 设备条款(TE)

TE1(删除)

TE2(删除)

TE3 罐体应另外满足下列要求。加热装置应不穿透进壳体内,而应布置在壳体的外表面。然而,用于抽吸磷的管道可以配备一个加热夹套。夹套装置在加热时需防止磷的温度超过充装时壳体的温度。其他的管道应从壳体的上部进入;所有开口应当位于磷的最高允许充装液面以上,并且都能够被锁帽完全封闭起来。罐体应配备一个可确定磷液位的测量装置,或者如果使用水作为保护性介质,应有一个最高允许水位的固定刻度标记。

(c) 型式认可(TA)

TA1 罐体不能被批准用于运输有机物质。

TA2 以下面提到的试验为基础,如果主管机关在确认一种运输作业的安全性时,在起运国的主管机关规定的条件下,此物质可以采用固定式罐体或者可拆卸式罐体或罐式集装箱进行运输。如果起运国不属于ADR成员,这些条件应当被第一个托付物到达的ADR国家的主管机关认可。

对型号批准,应进行下列试验:

——证明所有与运输物质正常接触材料的相容性;

——考虑罐体的设计特性,提供便于紧急压力泄放装置和安全阀设计胡数据,以及

——建立所有对物质安全运输的必要特殊要求。

型号批准的报告中应包括试验结果

TA3 该介质仅能采用设计代码为 LGAV 或 SGAV 的罐体运输,4.3.4.1.2 的罐体等级建议是不适用的。

TA4 1.8.7 的合格评定程序应当由主管机关实施,其代表或检验机构符合1.8.6.2、1.8.6.4、1.8.6.5和1.8.6.8要求,具有 EN ISO/IEC 1720:2012(8.1.3除外)A 型认证。

TA5 该介质仅能采用设计代码为 52.65AN(+) 的罐体运输,4.3.4.1.2 的罐体等级建议是不适用的。

(d) 体验(TT)

TT1 纯铝制罐体需要在压力仅为250kPa(2.5bar)(表压)的条件下进行初次和定期的滚压试验。

TT2 壳体衬里的状况应当每年由主管机关批准的检查壳体内部的专家检查。

TT3 根据6.8.2.4.2的免除条款,定期检查应当至少每8年进行一次,且应包括通过使用合适工具对壁厚进行的检查。对这些罐体,6.8.2.4.3中制定的防漏试验和检验应当至少每4年进行一次。

TT4(保留)

(e)标记(TM)

注:这些细节应当使用批准国家的官方语言,如果官方语言不是英语、法语或德语,除非在运输作业相关的国家之间达成协议,也应该使用英语,法语或德语进行标记。

TM1 罐体还应当标注6.8.2.5.2中规定的附加细节,如字样:"运输时禁止开启,容易自燃"(见上面的注释)。

TM2 罐体还应当标注6.8.2.5.2中规定的附加细节。如字样:"运输时禁止开启,与水接触时会放出可燃性气体"(见上面的注释)。

TM3 罐体还应在6.8.2.5.1要求的金属铭牌上标注运输介质的正确运输名称和罐体的最大允许载荷(kg)。

TM4 罐体的以下额外要求还应当以钢印或其他类似的方法标记在6.8.2.5.2规定的金属铭牌上,如果壳体的壁厚度足够坚固而不至于损坏罐体的强度时,可以直接标记在壳体上:介质批准浓度的化学名称。

第五节 美国消防协会(NFPA)警示菱形标识

长期以来,世界各国和有关国际组织都在着力研究货物危险性的评价标志和系统方法。不少国家或部门从不同的角度提出了危险货物危险性能的评价方法。综合起来,可以归纳成五种危险性:火灾的危险性、健康的危险性、反应危险性、对生物资源的危险性和对环境的危险性等。每种危险性再分别根据定性或定量标准分成五个等级,即几乎无危险性、较小危险性、中等危险性、高等危险性和激烈危险性。

(1)火灾的危险性。根据货物闪点高低将其分成五等。

(2)健康的危险性。根据对皮肤、眼睛的腐蚀刺激程度和 LD_{50} 或 LC_{50} 的值将其分为五等。

(3)反应危险性。反应危险性又称化学活动性,主要是从与水的反应性(禁水性)和自身反应性两方面考虑。分别根据反应温度的高低、使货物温度上升的程度以及反应产物是否有气体生成或是否有聚合反应等将其分为五等。

(4)对生物资源的危险性。主要是指某物质在生物体内的积聚从而造成损害。根据被污染的水、气、食物经口摄产生急性或慢性中毒的危险程度将其分为五等。

(5)对环境的危险性。主要是指对海上自然环境的影响和毒性的耐久性。

很显然,与运输危险货物密切相关的是前三种危险性。美国消协会(NFPA)采用称作704M制的标志体系来表示这三种危险性,并用特定的标志贴在危险货物包装的表面,如一旦发生火灾或其他危险,消防或其他工作人员便能迅速识别货物的危险性能和等级。

美国消防协会(NationalFireProtectionAssociation,简称NFPA)警示菱形(即美国防火协会704标准系统,也称为"NFPA704M"、NFPA化学品菱形标识),是美国消防协会制定的化学品紧急处理系统鉴别标准。该标准提供了一套简单判断化学品危害程度的系统,并将其用蓝、红、黄、白四色的警示菱形来表示(图3-33)。

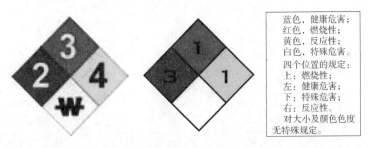

图3-33 NFPA化学品菱形标识

警示菱形按颜色分为四部分:蓝色表示健康危害性;红色表示可燃性;黄色表示反应性;白色表示化学品的特殊危害性。前三部分根据危害程度被分为0、1、2、3、4五个等级,用相应数字标识在颜色区域内。蓝色、红色、黄色、白色的颜色区域内,相应数字标识的含义如下。

一、蓝色/健康危害等级

在NFPA分类系统中,蓝色表示健康危害性,主要涉及急性毒性(经口、经皮、吸入)、腐蚀性、器官损害性等因素。简单分类见表3-15。

蓝色/健康危害等级　　　　　　　　　　　　　　表3-15

等级	描述	范例
4	短时间的暴露可能会导致死亡或重大持续性伤害	氢氰酸
3	短时间的暴露可能导致严重的暂时性或持续性伤害	氯气
2	高浓度或持续性暴露可能导致暂时失去行为能力或可能造成持续性伤害	氯仿
1	暴露可能导致不适,但是仅可能有轻微持续性伤害	氯化铵
0	暴露在火中时对人体造成的危害不超过一般可燃物	花生油

详细的分类标准见表3-16。常见的健康危害性物质有氟(危害等级4)、氯(危害等级3)、硝化甘油(危害等级2)、丙酮(危害等级1)等物质。

分类标准 表3-16

危害等级	危害描述	气体 吸入 LC_{50}	液体 吸入 LC_{50}	液体 饱和蒸气浓度（20℃）	粉尘/烟雾 吸入 LC_{50}	经皮 LD_{50}	经口 LD_{50}	腐蚀性	其他
4	在紧急情况下,可致命	≤1000 ppm	≤1000 ppm	≥10LC_{50}	≤0.5 mg/L	≤40 mg/kg	≤5 mg/kg	—	
3	在紧急情况下,可导致严重的暂时性或持续性伤害	>1000, ≤3000 ppm	>1000, ≤3000 ppm	≥LC_{50}	>0.5, ≤2.0 mg/L	>40, ≤200 mg/kg	>0.5, ≤50 mg/kg	对皮肤、眼睛和呼吸道有腐蚀作用,引起不可逆角膜混浊,pH≤2 或 pH≥11.5	冷冻液体或加压液化气体（沸点≤-55℃）,可造成人体组织冻伤或不可逆损失
2	在紧急情况下,可导致人体暂时失去行为能力或造成持续性伤害	>3000, ≤5000 ppm	>3000, ≤5000 ppm	≥0.2 LC_{50}	>2, ≤10 mg/L	>200, ≤1000 mg/kg	>50, ≤500 mg/kg	导致严重但可逆的眼睛或催泪刺激,导致皮肤和呼吸刺激,引起皮肤过敏	加压液化气体(沸点-55～-30℃)接触时导致严重组织损伤(取决于曝光时间)
1	在紧急情况下,可对人体造成严重刺激性危害	>5000, ≤10000 ppm	—	—	>10, ≤200 mg/L	>1000, ≤2000 mg/kg	>500, ≤2000 mg/kg	对皮肤、眼睛和呼吸道有轻微刺激	—
0	在紧急情况下,对人体无危害	>10000 ppm	—	—	>200 mg/L	>2000 mg/kg	>2000 mg/kg	对皮肤、眼睛和呼吸道几乎无刺激	

二、黄色/反应活性等级

在 NFPA 分类系统中,黄色表示反应活性,一般有反应活性危害的物质主要危害体现在爆炸性、自反应性、放热性等方面。简单分类见表3-17。

黄色/反应活性等级 表3-17

等级	描述	范例
4	可以在常温常压下迅速发生爆炸	三硝基甲苯
3	可以在某些条件下(如被加热或与水反应等)发生爆炸	乙炔
2	在加热加压条件下发生剧烈化学变化,或与水剧烈反应,可能与水混合后发生爆炸	单质钙
1	通常情况下稳定,但是可能在加热加压的条件下变得不稳定,或可以与水发生反应	氧化钙
0	通常情况下稳定,即使暴露于明火中也不反应,并且不与水反应	液氮

详细的分类标准见表3-18。

分类标准　　　　　　　　　　　　　　　　　　　　　表3-18

危害等级	危害描述	分类标准
4	在常温常压下可迅速发生爆炸	①在常温常压下对局部受热或机械冲击敏感的物质； ②在250℃条件下能产生瞬时功率密度为(反应热和反应速率)≥1000W/mL 的物质
3	被强烈引发或者加热时可发生爆炸	①在250℃条件下能产生瞬时功率密度为(反应热和反应速率)≥100W/mL 但≤1000W/mL 的物质； ②在温度升高过程跟压力条件下，对热或机械冲击敏感的物质
2	在加热加压条件下可迅速发生剧烈化学变化	①在250℃条件下能产生瞬时功率密度为(反应热和反应速率)≥0.01W/mL 但<10W/mL 的物质； ②通过差示扫描热法，当温度在>150℃时即呈现出放热曲线的物质
1	通常情况下稳定，但是可能在加热加压的条件下变得不稳定	①在250℃条件下能产生瞬时功率密度为(反应热和反应速率)≥0.01W/mL 但<10W/mL 的物质； ②通过差示扫描热法，当温度在>150℃且≤300℃时即呈现出放热曲线的物质
0	通常情况下稳定，即使暴露于明火中也不反应	①在250℃条件下能产生瞬时功率密度为(反应热和反应速率)≤0.01W/mL 的物质； ②通过差示扫描热法，当温度在≤500℃时未呈现出放热曲线的物质

根据上述分类标准，常见的反应活性物质有TNT(危害等级4)、乙炔(危害等级3)、白磷(危害等级2)、氧化钙(危害等级1)等物质。

三、红色/可燃性等级

在NFPA分类系统中，红色表示可燃性，分类依据主要有闪点、沸点、物质形态、燃烧速率等。物质状态不同，所参照的分类依据也有所不同。简单分类见表3-19。

红色/可燃性等级　　　　　　　　　　　　　　　　　　　表3-19

等级	描 述	范 例
4	在常温常压下迅速或完全汽化，或是可以迅速分散在空气中，可以迅速燃烧	甲烷
3	在各种环境温度下可以迅速被点燃的液体和固体	汽油
2	需要适当加热或在环境温度较高的情况下可以被点燃	柴油
1	需要预热才可点燃	鱼肝油
0	不会燃烧	水

详细的分类标准，见表3-20。

分 类 标 准　　　　　　　　　　　表3-20

危害等级	危害描述	分类标准
4	在常温常压下迅速或完全汽化，或是可以迅速分散在空气中，可迅速燃烧	①易燃气体； ②易燃低温材料； ③任何液体或气体物质，在压力下的液体和具有闪点＜22.8℃。沸点＜37.8℃（即，LA类液体）； ④材料，当暴露在空气中自燃； ⑤含有＞0.5%（按重量）某种易燃成分或通过闭杯闪点测试为易燃溶剂的固体
3	在各种环境温度下可被点燃的液体和固体	①易燃液体：闪点＜22.8℃，沸点≤37.8℃（1B类液体）； ②易燃液体：闪点≥22.8℃，沸点＜37.8℃（1C类液体）； ③会升高形成可燃粉尘风险的细粒径固体，通常小于75μm（200目）（如细分硫、铝粉尘、铝、钛和双酚A等）； ④燃烧速度极快的材料，通常是自身含有氧元素的物质，如干燥的硝化棉和许多有机过氧化物； ⑤含有＞0.5%（按重量）某种易燃成分或通过闭杯闪点测试为易燃溶剂的固体
2	必须适当加热或在环境温度较高的情况下才可点燃	①易燃液体：闪点≥37.8℃，＜93.4℃； ②具有一般风险形成可燃粉尘的细粒径固体，＜420μm（40目）； ③片状、纤维状或屑状固体，能迅速燃烧并产生闪火隐患。如棉、麻等； ④易放出易燃气体的固体和半固体； ⑤含有＞0.5%（按重量）某种易燃成分或通过闭杯闪点测试为易燃溶剂的固体
1	必须加热才可点燃	①暴露在温度为815.5℃空气环境中5min，并能点燃的物质； ②有闪点，但闪点＞93.4℃的液体、固体及半固体； ③闪点＞35℃，但是不能持续燃烧的液体； ④闪点＞35℃的易燃液体，存于与水混溶的溶剂遇水不可燃的液体/固体分散剂，且按重量计含量大于85%； ⑤开杯无闪点的液体，加热至液体沸点或至某一温度样品发生明显物理变化； ⑥可燃颗粒，粉末或颗粒，颗粒大于420μm（40目）； ⑦细粒径固体，粒径大于420μm（40目），在空气中室温条件下无爆炸性。如低挥发性炭黑、聚氯乙烯（PVC）等； ⑧最普通的可燃材料； ⑨含有＞0.5%（按重量）某种易燃成分或通过闭杯闪点测试为易燃溶剂的固体
0	通常遇明火不会燃烧	不会在空气中燃烧的物质

根据上述分类标准，常见的可燃性物质有甲烷（危害等级4）、汽油（危害等级3）、苯基硫脲（危害等级2）、甘油（危害等级1）等物质。

四、白色区域符号

在 NFPA 分类系统中,除了上述几类危害外,还有一些其他危害被纳入了"特殊危害性"的行列。如氧化性、遇水反应性、生物危害性、放射性等。对于这些危害,需要在警示菱形的白色区域填写对应的字母符号。简单分类见表 3-21。

白色区域符号　　　　　　　　　　表 3-21

符号	含义	物质示例	图形示例	备注
W	与水发生剧烈反应或爆炸	钾、钠、钙等		这些符号中,前三个为 NFPA 标准中所规定的符号;其余符号,厂商可根据自行需求进行添加
OX	氧化剂	高锰酸钾、双氧水等		
SA	需要简单保护气	—		
COR	腐蚀性	硫酸、氢氧化钾等		
ACID	强酸	盐酸、硫酸等		
ALK	强碱	氢氧化钾、氢氧化钠等		
BIO	生物危害性	溴化乙锭等		
RAD	放射性	铀、钚等		

此外,白色还有表示放射物质的记号等。

五、说明

综上所述,NFPA 化学品菱形标识样式(图 3-34)。这种标识方法的好处是消防、应急人员可据此识别化学品名称、特性等简单信息以确保救援行动正确性。当然,消防应急人员需要接受相关的培训以熟练掌握菱形标识的含义。

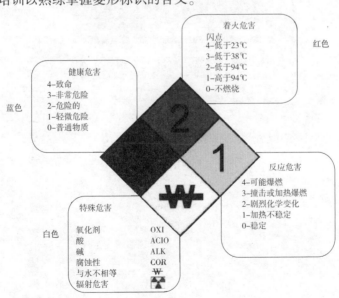

图 3-34　NFPA 化学品菱形标识样式

甲醇 NFPA 分类的示例见表 3-22。

甲醇 NFPA 分类　　　　　　　　　　　　　　　　表 3-22

物质名称	危害识别图形	危害种类	危害等级	危害描述
甲醇 67-56-1	（图）	健康危害性	1	在紧急情况下,可对人体造成严重刺激性危害
		可燃性	3	在各种环境温度下可以被点燃的液体和固体
		反应活性	0	通常情况下稳定,即使暴露于明火中也不反应
		特殊危害性	无	无

　　NFPA 化学品菱形标识实际上是一种简单、快速和一目了然的现场危害信息传递系统,作为一种标示体系已被美国 OSHA(职业安全健康管理局)所认可采用,已在化学品作业场所(图 3-35)、危险货物包装物、容器上标注。有些专家、学者认为,天津爆炸事故的消防救援,如果现场有类似 NFPA 化学品菱形标识专供消防应急人员的标识,对施救工作的展开可能更有利。

图 3-35　国外作业场所化学品危险信息传递标识的现场照片

第四章　危险化学品与剧毒化学品

本章主要介绍危险化学品、剧毒化学品的概念以及化学品与危险货物的关系。

第一节　危险化学品相关知识

一、危险化学品的概念

1. 危险化学品的定义

危险化学品是指具有毒害、腐蚀、爆炸、燃烧、助燃等性质,对人体、设施、环境具有危害的剧毒化学品和其他化学品❶。这是对危险化学品的定性表述。

2. 危险化学品的界定

《危险化学品安全管理条例》第三条第二款规定,危险化学品目录,由国务院安全生产监督管理部门会同国务院工业和信息化、公安、环境保护、卫生、质量监督检验检疫、交通运输、铁路、民用航空、农业主管部门,根据化学品危险特性的鉴别和分类标准确定、公布,并适时调整,危险化学品以列入《危险化学品目录》备注的为准。

2015年2月27日,国家安全监督管理总局等10部门颁布了2015年第5号公告,确定了危险化学品和剧毒化学品的范围。危险化学品以《危险化学品目录(2015版)》为准,剧毒化学品以《危险化学品目录(2015版)》中备注的为准。

> **知识链接**
>
> 　　　　国家安全生产监督管理总局　中华人民共和国工业和信息化部
> 　　　　中华人民共和国公安部　中华人民共和国环境保护部
> 　　　　中华人民共和国交通运输部　中华人民共和国农业部
> 　　　　中华人民共和国国家卫生和计划生育委员会
> 　　　　中华人民共和国国家质量监督检验检疫总局
> 　　　　国家铁路局　中国民用航空局
> 　　　　　　　　公告
> 　　　　　　　2015年第5号
> 　　按照《危险化学品安全管理条例》(国务院令第591号)有关规定,安全监管总局会同工

---

❶ 《危险化学品安全管理条例》(国务院令第591号,自2011年12月1日起施行)第三条第一款。

业和信息化部、公安部、环境保护部、交通运输部、农业部、国家卫生计生委、质检总局、铁路局、民航局制定了《危险化学品目录(2015版)》,现予公布,请自行下载(网址:www.chinasafety.gov.CN)。《危险化学品目录(2015版)》于2015年5月1日起实施,《危险化学品名录(2002版)》(原国家安全生产监督管理局公告2003年第1号)、《剧毒化学品目录(2002年版)》(原国家安全生产监督管理局等8部门公告2003年第2号)同时予以废止。

安全监管总局 工业和信息化部 公安部
环境保护部 交通运输部 农业部
国家卫生计生委 质检总局 铁路局
民航局
2015年2月27日

3.《危险化学品目录(2015版)》的样式

《危险化学品目录》的样式见表4-1。

《危险化学品目录》的样式　　　　　　　　　　　表4-1

序号	品　名	别　名	CAS号	备注
1	阿片	鸦片	8008-60-4	
2	氨	液氨;氨气	7664-41-7	
3	5-氨基-1,3,4-三甲基环己甲胺	异佛尔酮二胺;3,3,5-三甲基-4,6-二氨基-2-烯环己酮;1-氨基-4-氨基甲基-3,5,5-三甲基环己烷	2855-14-2	
4	5-氨基-4-苯基-1-[双(N,N-二甲基氨基氧膦基)]-1,2,4-三唑[含量>20%]	威菌磷	1031-47-6	剧毒1
5	4-[4-氨基-5-(1-甲基胍基)戊酰氨基]-1-[4-氨基-2-氧代-1(2H)-嘧啶基]-1,2,3,4-四脱氧-β,D赤己-2-烯吡喃糖醛酸	灰瘟素	2079-00-7	
6	4-氨基-N,N-二甲基苯胺	N,N-二甲基对苯二胺;对氨基-N,N-二甲基苯胺	99-98-9	
7	2-氨基苯酚	邻氨基苯酚	95-55-6	
8	4-氨基苯酚	间氨基苯酚	591-27-5	
9	4-氨基苯酚	对氨基苯酚	124-30-8	
10	4-氨基苯甲腈	间氨基苯甲腈;氰化氨基苯	2237-30-1	
11	2-氨基苯胂酸	邻氨基苯胂酸	2045-00-3	
12	4-氨基苯胂酸	间氨基苯胂酸	2038-72-4	

第四章　危险化学品与剧毒化学品

续上表

序号	品名	别名	CAS号	备注
13	4-氨基苯胂酸	对氨基苯胂酸	98-50-0	
14	4-氨基苯胂酸钠	对氨基苯胂酸钠	127-85-5	
15	2-氨基吡啶	邻氨基吡啶	504-29-0	
16	4-氨基吡啶	间氨基吡啶	462-08-8	
17	4-氨基吡啶	对氨基吡啶；4-氨基氮杂苯；对氨基氮苯；γ-吡啶胺	504-24-5	
18	1-氨基丙烷	正丙胺	107-10-8	
19	2-氨基丙烷	异丙胺	75-31-0	
20	4-氨基丙烯	烯丙胺	107-11-9	剧毒2

《危险化学品目录》各栏目的含义：

第1栏"序号"是指《危险化学品目录》中化学品的顺序号。

第2栏"品名"是指根据《化学命名原则》(1980)确定的名称。

第3栏"别名"是指除"品名"以外的其他名称，包括通用名、俗名等。

第4栏"CAS号"是指美国化学文摘社对化学品的唯一登记号❶。

第5栏"备注"是对剧毒化学品的特别注明。

危险化学品以《危险化学品目录(2015版)》为准，剧毒化学品以《危险化学品目录(2015版)》第5栏备注的"剧毒"为准。在国际上，危险化学品、剧毒化学品均有唯一对应的"CAS号"，这与危险货物必须有对应的联合国编号UN一样。

由于CAS号是化学品的唯一登记号，所有"化学品"都具有"CAS号"，且如今几乎所有化学品的化学数据库都采用CAS号检索。随着"化学品"的成分变化和危害的增大，"化学品"可以转变为"危险化学品"，而危险化学品以列入《危险化学品目录(2015版)》的为准。这时，危险化学品(剧毒化学品)也有对应的CAS号。反过来讲，具有"CAS号"的物质不一定都是危险化学品。

4.《危险化学品目录(2015版)》的有关说明

《危险化学品目录(2015版)》关于危险化学品的分类采纳了2013年发布的《化学品分类和标签规范》(GB 30000.X)系列国家标准(表4-2)。该系列标准的技术内容与联合国化学品分类及标签全球协调制度(GHS)第4修订版完全一致，将化学品的危害分为物理危险、健康危害和环境危害3个种类，28个类和81项❷

---

❶ CAS号是美国化学会的下设组织化学文摘服务社(ChemicalAbstractsService，简称CAS)为每一种出现在文献中的物质分配的唯一识别号，其目的是避免化学物质有多种名称的麻烦，使数据库的检索更为方便。如今几乎所有的化学数据库都采用CAS号检索。危险化学品目录增加CAS也是基于提高日常的检索和查阅速度。

❷ 有些文献将危险化学品划分为物理危险、健康危害和环境危害3大类，28个大项和81小项。

知识链接

《化学品分类和标签规范》(GB 30000.1~30—2013)　　　　　表 4-2

1		第1部分:通则	GB 30000.1—2013
2		第2部分:爆炸物	GB 30000.2—2013
3		第3部分:易燃气体	GB 30000.3—2013
4		第4部分:气溶胶	GB 30000.4—2013
5		第5部分:氧化性气体	GB 30000.5—2013
6		第6部分:压力气体	GB 30000.6—2013
7		第7部分:易燃液体	GB 30000.7—2013
8		第8部分:易燃固体	GB 30000.8—2013
9		第9部分:自反应物质和混合物	GB 30000.9—2013
10		第10部分:自燃液体	GB 30000.10—2013
11	化学品分类和标签规范	第11部分:自燃固体	GB 30000.11—2013
12		第12部分:自热物质和混合物	GB 30000.12—2013
13		第13部分:遇水放出易燃气体的物质和混合物	GB 30000.13—2013
14		第14部分:氧化性液体	GB 30000.14—2013
15		第15部分:氧化性固体	GB 30000.15—2013
16		第16部分:有机过氧化物	GB 30000.16—2013
17		第17部分:金属腐蚀物	GB 30000.17—2013
18		第18部分:急性毒性	GB 30000.18—2013
19		第19部分:皮肤腐蚀/刺激	GB 30000.19—2013
20		第20部分:严重眼睛损伤/眼睛刺激性	GB 30000.20—2013
21		第21部分:呼吸或皮肤致敏	GB 30000.21—2013
22		第22部分:生殖细胞突变性	GB 30000.22—2013
23		第23部分:致癌性	GB 30000.23—2013
24		第24部分:生殖毒性	GB 30000.24—2013
25		第25部分:特异性靶器官系统毒性　一次接触	GB 30000.25—2013
26		第26部分:特异性靶器官系统毒性　反复接触	GB 30000.26—2013
27		第27部分:吸入危害	GB 30000.27—2013
28		第28部分:对水环境的危害	GB 30000.28—2013
29		第29部分:对氧气层的危害	GB 30000.29—2013
30		第30部分:化学品作业场所警示性标志	GB 30000.30—2013

注:表中除去第1部分:通则和第2部分:标志,化学品(危险化学品)共有28项。

《危险化学品目录》(2015版)中将危险化学品分为3类,28项,81个项别;共计有2828个序号,2998个品名;含有剧毒化学品条目148种。

同时,还需注意以下事项。

(1)《危险化学品目录》按"品名"汉字的汉语拼音排序。

(2)《危险化学品目录》中除列明的条目外,无机盐类同时包括无水和含有结晶水的化合物。

(3)序号2828是类属条目,《危险化学品目录》中除列明的条目外,符合相应条件的,属于危险化学品。

(4)《危险化学品目录》中除混合物之外无含量说明的条目,是指该条目的工业产品或者纯度高于工业产品的化学品,用作农药用途时,是指其原药。

(5)《危险化学品目录》中的农药条目结合其物理危险性、健康危害、环境危害及农药管理情况综合确定。

二、危险化学品的分类

依据化学品的分类和标签的国家标准,危险化学品的种类是从其危险和危害特性类别中确定的。

1. 危险化学品的危险和危害种类

危险化学品的危险和危害种类分为物理危险、健康危害、环境危害3大类。

2. "物理危险"的类和项

1) 分类

"物理危险"分为16类:爆炸物、易燃气体、气溶胶、氧化性气体、加压气体、易燃液体、易燃固体、自反应物质和混合物、自热物质和混合物、自燃液体、自燃固体、遇水放出易燃气体的物质和混合物、金属腐蚀物、氧化性液体、氧化性固体、有机过氧化物,见表4-3。

表4-3 "物理危险"的分类

序号	危险种类	序号	危险种类
1	爆炸物	9	自燃液体
2	易燃气体	10	自燃固体
3	气溶胶	11	自热物质和混合物
4	氧化性气体	12	遇水放出易燃气体的物质和混合物
5	加压气体	13	氧化性液体
6	易燃液体	14	氧化性固体
7	易燃固体	15	有机过氧化物
8	自反应物质和混合物	16	金属腐蚀物

2) 分项

在"物理危险"的16类中,又细分以下45项(危险类别):

(1)爆炸物:不稳定爆炸物、1.1、1.2、1.3、1.4。

(2)易燃气体:类别1、类别2、化学不稳定性气体类别A、化学不稳定性气体类别B。

(3)气溶胶(又称气雾剂):类别1。

(4)氧化性气体:类别1。

(5)加压气体:压缩气体、液化气体、冷冻液化气体、溶解气体。

(6)易燃液体:类别1、类别2、类别3。

(7)易燃固体:类别1、类别2。

(8)自反应物质和混合物:A型、B型、C型、D型、E型。

(9)自燃液体:类别1。

(10)自燃固体:类别1。

(11)自热物质和混合物:类别1、类别2。

(12)遇水放出易燃气体的物质和混合物:类别1、类别2、类别3。

(13)氧化性液体:类别1、类别2、类别3。

(14)氧化性固体:类别1、类别2、类别3。

(15)有机过氧化物:A型、B型、C型、D型、E型、F型。

(16)金属腐蚀物:类别1。

"物理危险"的分类、分项(危险类别)情况,见表4-4。

"物理危险"分16类,45项 表4-4

危险和危害种类		危险类别					
物理危险	(1)爆炸物	不稳定爆炸物	1.1	1.2	1.3	1.4	
	(2)易燃气体	1	2	A(化学不稳定性气体)	B(化学不稳定性气体)		
	(3)气溶胶(又称气雾剂)	1					
	(4)氧化性气体	1					
	(5)加压气体	压缩气体	液化气体	冷冻液化气体	溶解气体		
	(6)易燃液体	1	2	3			
	(7)易燃固体	1	2				
	(8)自反应物质和混合物	A	B	C	D	E	
	(9)自燃液体	1					
	(10)自燃固体	1					
	(11)自热物质和混合物	1					
	(12)遇水放出易燃气体的物质和混合物	1	2	3			
	(13)氧化性液体	1	2	3			
	(14)氧化性固体	1	2	3			
	(15)有机过氧化物	A	B	C	D	E	F
	(16)金属腐蚀物	1					

3."健康危害"的类和项

1)分类

"健康危害"类分为10大项:急性毒性、皮肤腐蚀/刺激、严重眼损伤/眼刺激、呼吸道或皮肤致敏、生殖细胞致突变性、致癌性、生殖毒性、特异性靶器官毒性——次接触、特异性靶器官毒性—反复接触、吸入危害,见表4-5。

"健康危害"的分项　　　　　　　　表4-5

序号	危害类别
1	急性毒性
2	皮肤腐蚀/刺激
3	严重眼损伤/眼刺激
4	呼吸道或皮肤致敏
5	生殖细胞致突变性
6	致癌性
7	生殖毒性
8	特异性靶器官毒性——次接触
9	特异性靶器官毒性—反复接触
10	吸入危害

2)分项

在"健康危害"的10类中,又细分以下30项(危险类别):

(1)急性毒性:类别1、类别2、类别3。

(2)皮肤腐蚀/刺激:类别1A、类别1B、类别1C、类别2。

(3)严重眼损伤/眼刺激:类别1、类别2A、类别2B。

(4)呼吸道或皮肤致敏:呼吸道致敏物1A、呼吸道致敏物1B、皮肤致敏物1A、皮肤致敏物1B。

(5)生殖细胞致突变性:类别1A、类别1B、类别2。

(6)致癌性:类别1A、类别1B、类别2。

(7)生殖毒性:类别1A、类别1B、类别2、附加类别。

(8)特异性靶器官毒性——次接触:类别1、类别2、类别3。

(9)特异性靶器官毒性—反复接触:类别1、类别2。

(10)吸入危害:类别1。

"健康危害"的分类、分项(危险类别)情况,见表4-6。

4."环境危害"的类和项

1)分类

"环境危害"分为2类:危害水生环境、危害臭氧层,见表4-7。

"健康危害"分 10 类,30 项　　　　　　　　　　　　　　　　表 4-6

危险和危害种类		危险类别			
健康危害	(1)急性毒性	1	2	3	
	(2)皮肤腐蚀/刺激	1A	1B	1C	2
	(3)严重眼损伤/眼刺激	1	2A	2B	
	(4)呼吸道或皮肤致敏	呼吸道致敏物 1A	呼吸道致敏物 1B	皮肤致敏物 1A	皮肤致敏物 1B
	(5)生殖细胞致突变性	1A	1B	2	
	(6)致癌性	1A	1B	2	
	(7)生殖毒性	1A	1B	2	附加类别(哺乳效应)
	(8)特异性靶器官毒性——一次接触	1	2	3	
	(9)特异性靶器官毒性—反复接触	1	2		
	(10)吸入危害	1			

"环境危害"的分类　　　　　　　　　　　　　　　　表 4-7

环境危害的分类	(1)危害水生环境
	(2)危害臭氧层

2)分项

在"环境危害"的 2 类中,又细分以下 6 项(危险类别):

①危害水生环境——急性危害:类别 1、类别 2;危害水生环境—长期危害:类别 1、类别 2、类别 3。

②危害臭氧层:类别 1。

"环境危害"的分类,分项(危险类别)情况,见表 4-8。

"环境危害"分 2 类,6 项　　　　　　　　　　　　　　　　表 4-8

危险和危害种类		危险类别				
环境危害	(1)危害水生环境	急性 1	急性 2		长期 1	长期 2	长期 3
	(2)危害臭氧层	1				

由表 4-1~表 4-7 可知,危险化学品分为 3 大类:物理危险、健康危害、健康危害。其中:物理危险分为 16 类、45 项;健康危害分为 10 类、30 项;环境危害分为 2 类、6 项。这样,危险化学品分为 3 大类、28 类、81 项。危险化学品的分类,如图 4-1 所示。

《危险化学品目录(2015 版)》与联合国化学品分类和标志全球协调系统专家分委员会制订的《化学品分类及标记全球协调制度》(GHS)的关系,如图 4-2 所示。该分委员会具体介绍见附录一。

第四章 危险化学品与剧毒化学品

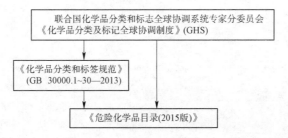

危险化学品的分类

危险化学品的危险和危害种类分为3大类：

危害信息统一公示为9种象形图

- 物理危害(16类)
- 健康危害(10类)
- 环境危害(2类)

《化学品分类和标签规范 第1部分：通则》(GB 30000—2013)

图 4-1 化学品的分类

```
┌─────────────────────────────────────┐
│ 联合国化学品分类和标志全球协调系统专家分委员会 │
│   《化学品分类及标记全球协调制度》(GHS)    │
└─────────────────────────────────────┘
              │
              ▼
    ┌──────────────────┐
    │ 《化学品分类和标签规范》│
    │ (GB 30000.1~30—2013)│
    └──────────────────┘
              │
              ▼
    ┌──────────────────┐
    │ 《危险化学品目录(2015版)》│
    └──────────────────┘
```

图 4-2 《化学品分类及标记全球协调制度》(GHS)与《危险化学品目录(2015版)》的关系

5. 危险化学品分类信息表

2015年8月19日，国家安全生产监督管理总局办公厅印发《危险化学品目录(2015版)实施指南(试行)》，对《危险化学品目录(2015版)》的实施提出了11条要求，并公布了《危险化学品分类信息表》，见表4-9。

危险化学品分类信息表　　　　　　　　　　　　　　　　　表4-9

序号	品名	别名	英文名	CAS号	危险性类别	备注
1	阿片	鸦片	opium	8008-60-4	特异性靶器官毒性—反复接触,类别2	
2	氨	液氨;氨气	ammonia;liquid ammonia	7664-41-7	易燃气体,类别2 加压气体 急性毒性—吸入,类别3 皮肤腐蚀/刺激,类别1B 严重眼损伤/眼刺激,类别1 危害水生环境—急性危害,类别1	

续上表

序号	品名	别名	英文名	CAS号	危险性类别	备注
3	5-氨基-1,3,4-三甲基环己甲胺	异佛尔酮二胺;3,3,5-三甲基-4,6-二氨基-2-烯环己酮;1-氨基-4-氨基甲基-3,5,5-三甲基环己烷	5-amino-1,3,4-trimethyl-cyclohexanemethanamine; isophoronediamine; 4-aminomethyl-3,5,5-trimethyl-cyclohexylamine; isophoronediamine;3,3,5-trimethyl-4,6-diamino-2-enecyclohexanone;4,6-diamino-3,5,5-trimethyl-2-cyclo-hexen-1-one	2855-14-2	皮肤腐蚀/刺激,类别1B 严重眼损伤/眼刺激,类别1 皮肤致敏物,类别1 危害水生环境—长期危害,类别3	
4	5-氨基-4-苯基-1-[双(N,N-二甲基氨基氧膦基)]-1,2,4-三唑[含量>20%]	威菌磷	5-amino-4-phenyl-1,2,4-triazol-1-yl-N,N,N',N'-tetramethylphosphonicdiamide(more than 20%);triamiphos;wepsyn	1031-47-6	急性毒性—经口,类别2* 急性毒性–经皮,类别1	剧毒

对比《危险化学品目录》的样式(表4-1),表4-8仅是在表4-1的第4栏后面加入了"第5栏危险性类别",表4-1的第5栏推移至第6栏。

知识链接

《危险化学品目录(2015版)》实施指南(试行)

一、《危险化学品目录(2015版)》(以下简称《目录》)所列化学品是指达到国家、行业、地方和企业的产品标准的危险化学品(国家明令禁止生产、经营、使用的化学品除外)。

二、工业产品的CAS号与《目录》所列危险化学品CAS号相同时(不论其中文名称是否一致),即可认为是同一危险化学品。

三、企业将《目录》中同一品名的危险化学品在改变物质状态后进行销售的,应取得危险化学品经营许可证。

四、对生产、经营柴油的企业(每批次柴油的闭杯闪点均大于60℃的除外)按危险化学品企业进行管理。

五、主要成分均为列入《目录》的危险化学品,并且主要成分质量比或体积比之和不小于70%的混合物(经鉴定不属于危险化学品确定原则的除外),可视其为危险化学品并按危险化学品进行管理,安全监管部门在办理相关安全行政许可时,应注明混合物的商品名称及其主要成分含量。

六、对于主要成分均为列入《目录》的危险化学品,并且主要成分质量比或体积比之和小于70%的混合物或危险特性尚未确定的化学品,生产或进口企业应根据《化学品物理危险性鉴定与分类管理办法》(国家安全监管总局令第60号)及其他相关规定进行鉴定分类,经过鉴定分类属于危险化学品确定原则的,应根据《危险化学品登记管理办法》(国家安全监管总局令第53号)进行危险化学品登记,但不需要办理相关安全行政许可手续。

七、化学品只要满足《目录》中序号第2828项闪点判定标准即属于第2828项危险化学品。为方便查阅,危险化学品分类信息表中列举部分品名。其列举的涂料、油漆产品以成膜物为基础确定。如条目"酚醛树脂漆(涂料)",是指以酚醛树脂、改性酚醛树脂等为成膜物的各种油漆涂料。各油漆涂料对应的成膜物详见国家标准《涂料产品分类和命名》(GB/T 2705—2003)。胶粘剂以粘料为基础确定。如条目"酚醛树脂类胶粘剂",是指以酚醛树脂、间苯二酚甲醛树脂等为粘料的各种胶粘剂。各胶粘剂对应的粘料详见国家标准《胶粘剂分类》(GB/T 13553—1996)。

八、危险化学品分类信息表是各级安全监管部门判定危险化学品危险特性的重要依据。各级安全监管部门可根据《指南》中列出的各种危险化学品分类信息,有针对性的指导企业按照其所涉及的危险化学品危险特性采取有效防范措施,加强安全生产工作。

九、危险化学品生产和进口企业要依据危险化学品分类信息表列出的各种危险化学品分类信息,按照《化学品分类和标签规范》系列标准(GB 30000.2—2013 ~ GB 30000.29—2013)及《化学品安全标签编写规定》(GB 15258—2009)等国家标准规范要求,科学准确地确定本企业化学品的危险性说明、警示词、象形图和防范说明,编制或更新化学品安全技术说明书、安全标签等危险化学品登记信息,做好化学品危害告知和信息传递工作。

十、危险化学品在运输时,应当符合交通运输、铁路、民航等部门的相关规定。

十一、按照《危险化学品安全管理条例》第三条的有关规定,随着新化学品的不断出现、化学品危险性鉴别分类工作的深入开展,以及人们对化学品物理等危险性认识的提高,国家安全监管总局等10部门将适时对《目录》进行调整,国家安全监管总局也将会适时对危险化学品分类信息表进行补充和完善。

三、危险化学品道路运输

由于我国根据联合国《全球化学品统一分类和标签制度》(GHS)制定的《危险化学品目录》,与联合国危险货物专家委员会对危险货物的分类体系和制定的《危险货物品名表》的差别很大,因此,从《危险化学品目录(2015版)》出发,几乎无法判断"危险化学品"与"危险货物"的关系。而《危险化学品安全管理条例》第四十三条规定,从事危险化学品道路运输、水路运输的,应当分别依照有关道路运输、水路运输的法律、行政法规的规定,取得危险货物道路运输许可、危险货物水路运输许可,并向工商行政管理部门办理登记手续。即从事危险化学品道路运输的,应当取得危险货物道路运输许可。也可以理解为"有任何一种危险货物道路运输资质的企业,就可以运所有类别的危险化学品"。

四、危险化学品与危险货物的关系

危险货物分类的基础性法规文件是联合国《关于危险货物运输的建议书　规章范本》(TDG)，该文件于 1956 年正式发布，目前已更新至第十九修订版。危险货物对应的是 UN 编号。化学品(包括危险化学品)分类的基础性法规文件则为联合国《全球化学品统一分类和标签制度》(GHS 制度)❶，于 2003 年正式出台，目前最新版本为第六修订版。危险化学品、剧毒化学品对应的是 CAS 号。因此，两者没有直接关系。

1. 危险化学品与危险货物有何关联

TDG 作为危险货物分类的"鼻祖"性文件，也是 GHS 制度建立的技术基础之一。两者既有相通亦有差异。从内容上看，GHS 制度较 TDG 对于化学品的危害分类更加细致全面；从适用范围上看，TDG 主要对应的是货物的运输环节，关注的是货物的急性危害，而 GHS 制度则适用于化学品全生命周期的危害管理，如图 4-3 所示。

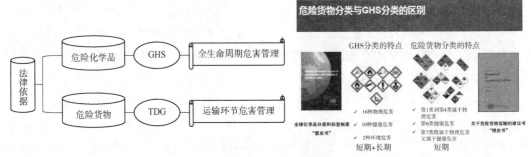

图 4-3　危险化学品与危险货物的关联

由于危险化学品与危险货物的分类标准完全不同，在对化学品进行危害分类时，往往会出现某一物质属于危险化学品，然而却不属于危险货物的情况，其主要原因是很多健康和环境的亚慢性危害(如致癌性，生殖毒性等)未被危险货物分类标准所采纳。

同时，对于部分货物由于其自身的特殊性，也存在被定为危险货物却不属于危险化学品的情况。具体原因主要分为以下 3 种：

(1)该货物属于危险物品，不属于化学物质(如汽车安全气囊等)；

(2)该货物运输条件特殊(如高温运输)；

(3)该货物的危险性不在危险化学品的 28 项危害之中(如锂电池)。

通过对危险货物、危险化学品的类别分析，危险货物与危险化学品分类可以建立起一定的关系(表 4-10)。也就是说，第 1 类危险货物爆炸品，对应化学品：爆炸物；第 2 类危险货物气体，对应化学品：易燃气体、易燃气溶胶、氧化性气体、压力气体；第 3 类危险货物易燃液体，对应化学品：易燃液体、自燃液体；第 4 类危险货物易燃固体、易于自燃的物质和遇水放出易燃气体的物质，对应化学品：易燃固体、自反应物质、自热物质、自热固体、遇水放出易燃

---

❶ 联合国全球化学品统一分类和标签制度问题专家委员会(GHS)。

气体的物质;第 5 类危险货物氧化性物质和有机过氧化物,对应化学品:氧化性液体、氧化性固体、有机过氧化物;第 6 类危险货物毒性物质和腐蚀性物质,对应化学品:急性毒性、皮肤腐蚀/刺激、严重眼睛损伤/眼睛刺激性、呼吸或皮肤过敏、生殖细胞突变性、致癌性、特异性靶器官系统毒性——一次接触、特异性靶器官系统毒性—反复接触、吸入危害;第 8 类危险货物腐蚀性物质,对应化学品:金属腐蚀;第 9 类危险货物杂项危险物质及物品,对应化学品:对水环境的危害、对氧气层的危害。

危险货物与化学品 GHS 分类关系　　　　　　　表 4-10

GB 6944—2012 危险货物分类和品名编号	GHS/GB 30000.i—2013 化学品分类和危险性公示通则
第 1 类　爆炸品	爆炸物 GB 30000.2—2013
第 2 类　气体	易燃气体、易燃气溶胶、氧化性气体、压力下气体 GB 30000.3~6—2013
第 3 类　易燃液体	易燃液体、自燃液体 GB 30000.7—2013;GB 30000.10—2013
第 4 类　易燃固体、自燃物品和遇水放出易燃气体的物质	易燃固体、自反应物质、自热物质、自燃物质、遇水放出易燃气体的物质 GB 30000.8~9—2013;GB 30000.11~14—2013
第 5 类　氧化性物质和有机过氧化物	氧化性液体、氧化性固体、有机过氧化物 GB 30000.14~16—2013
第 6 类　毒性物质	急性毒性、皮肤腐蚀/刺激、严重眼睛损伤/眼睛刺激性、呼吸或皮肤过敏、生殖细胞突变性、致癌性、生殖毒性、特异性靶器官系统毒性——一次接触、特异性靶器官系统毒性—反复接触、吸入性危害 GB 30000.18~27—2013
第 7 类　放射性物品	—
第 8 类　腐蚀性物质	金属腐蚀物 GB 30000.17—2013
第 9 类　杂项危险物质和物品,包括危害环境物质	对水环境的危害、危害臭氧层 GB 30000.28—2013、GB 30000.29—2013

2. 品名间的关系

根据联合国和我国的有关规定,危险化学品(剧毒化学品)有对应的 CAS 号;危险货物也有对应的 UN 编号。如果危险化学品(剧毒化学品)也是危险货物,那么在其《化学品安全技术说明书》(MSDS)上会同时标注 CAS 号、UN 编号、CN 编号(也称为中国编号、危险货物编号、危规编号)。为了便于找到危险化学品与危险货物的直接关系,我们在人民交通出版社股份有限公司出版的《危险货物品名表和安全卡实用大全》中的"危险货物品名表",针对一种物质(品名)同时给出了 UN 、CN 和 CAS 编号。同时为了解决企业专职安全管理人员的实际工作需求,在"危险货物品名表"中还给出了危险货物的公路运输别名、铁路运输别名和危险性、储运要求、急救等内容。

一般地讲,危险货物的范围中有危险化学品,但不包含所有危险化学品;同时,有些货物不属于危险化学品,但属于危险货物。

危险化学品与危险货物品名关系的实例,见表 4-11。

一种货物(物品、物质),是属于普通货物,还是属于危险货物或者危险化学品,或既属于危险货物,又属于危险化学品,都要根据《危险货物品名表》(GB 12268)和《危险化学品目录(2015 版)》确定。如潮湿的棉花,根据《危险货物品名表》(GB 12268),属于危险货物(UN 1365;CN 42505),而不属于危险化学品;又如,椰肉干(UN 1363;CN 42524)、锂电池组(UN 3090)属于危险货物,而不属于危险化学品。乙醇(酒精)或乙醇溶液(酒精溶液),既属于危险货物(CN 1170、CN 32061),也属于危险化学品(乙醇[无水],CAS:64-17-5)。六溴联苯,属于危险化学品(CAS:36355-01-8),不属于危险货物。棉花,即不属于危险货物,也不属于危险化学品。具体比较见表4-12。当然,货物的性质还可以根据其产品的说明书(化学品安全说明书)进行判定。

危险化学品与危险货物品名关系的实例　　　　　　　　　　　　　　　表4-11

名称	危害性分类	分类结论	
		危险货物	危险化学品
乙醇	易燃液体	√	√
六溴联苯	致癌性、生殖毒性	×	√
锂电池	杂项危险物质和物品	√	×

目录序号	品名	CAS 号	氧化性固体危险类别	TDG 分类			包装标记
				UN 编号	危险类别	包装类别	
894	过氧化钾	17014-71-0	类别1	1491	5.1	Ⅰ	
1540	氯酸铜	26506-47-8	类别2	2721	5.1	Ⅱ	
2294	硝酸钙	10124-37-5	类别3	1454	5.1	Ⅲ	

目录序号	名称	CAS 号码	腐蚀性危害类别	TDG 分类			包装标记
				UN 编号	危险类别	包装类别	
3	异佛尔酮二胺	2855-13-2	皮肤腐蚀物	2289	8	Ⅲ	
1322	硫酸羟胺	10039-54-0	金属腐蚀物	2865	8	Ⅱ	
1649	氢碘酸	10034-85-2	皮肤腐蚀物	1787	8	Ⅱ	
2049	四氯化钒	7632-51-1	皮肤腐蚀物	2444	8	Ⅰ	

货物的比较　　　　　　　　　　　　　　　表4-12

物质、物品、货物	危险货物(UN)	危险化学品(CAS)
潮湿的棉花、椰肉干、锂电池组	√	×
乙醇	√	√
六溴联苯	×	√
棉花	×	×

综上所述,识别物质时,要了解物质的化学名称、化学分子式、物理性质、化学性质、对生物的有害影响等或是否有联合国编号(UN)、化学文摘社登记号码(SAC)。

第二节　剧毒化学品相关知识

一、剧毒化学品的概念和特性

1. 剧毒化学品的概念

在国家安全生产监督管理总局等10部门颁布的2015年第5号公告中要求,《危险化学品目录(2015版)》于2015年5月1日起实施,《危险化学品名录(2002版)》(原国家安全生

第四章 危险化学品与剧毒化学品

产监督管理局公告2003年第1号)、《剧毒化学品目录(2002年版)》(原国家安全生产监督管理局等8部门公告2003年第2号)同时予以废止,故在实际工作中,剧毒化学品要以《危险化学品目录(2015版)》中的第5栏"备注"为准(表4-1)。

《危险化学品目录(2015版)》的"说明"对剧毒化学品进行了定义和判定界限。剧毒化学品是指具有剧烈急性毒性危害的化学品,包括人工合成的化学品及其混合物和天然毒素,还包括具有急性毒性易造成公共安全危害的化学品。其剧烈急性毒性判定界限为,急性毒性类别1,即满足下列条件之一:大鼠实验,经口 $LD_{50} \leq 5mg/kg$,经皮 $LD_{50} \leq 50mg/kg$,吸入(4h) $LC_{50} \leq 100mL/m^3$(气体)或$0.5mg/L$(蒸气)或$0.05mg/L$(尘、雾)。经皮 LD_{50} 的实验数据,也可使用兔实验数据。

剧毒化学品标志如图4-4所示。

图4-4 剧毒化学品标志

知识链接

剧毒化学品的毒性是通过医学试验判定的。医学实验中的实验动物是指专门培育供实验用的动物,主要指作为医学、药学、生物学、兽医学等的科研、教学、医疗、鉴定、诊断、生物制品制造等需要为目的驯养、繁殖、育成的动物。如小鼠和大鼠是最先按实验要求,严格进行培育的实验动物,其次如兔子、地鼠类、豚鼠、其他啮齿类、鹌鹑等亦已实验动物化。

大鼠是野生褐家鼠的变种,18世纪后期开始人工饲养,其习性昼伏夜动,喜独居,胆小怕惊,喜啃咬,抗病力较强,敏感性强,遗传学较为一致,对实验条件反应较为近似,被誉为精密的生物研究工具,被广泛用于内分泌、药物、行为学、老年病学、肿瘤、感染性疾病、心血管疾病及中医药等方面的研究,并具有多个品种、品系,可供不同实验选用。

实验兔是实验动物中的一种,符合实验动物的规范与要求。实验兔具有较高的敏感性、较好的重复性和反应的一致性等特点。

相对于《剧毒化学品目录》(2002版)而言,《危险化学品目录(2015版)》提高了剧烈急性毒性判定界限的标准(表4-13)。同时,剧毒化学品种类由335种减少到148种,其中138种为原有的,另有10种为新增加的。

剧烈急性毒性判定界限对比 表4-13

项 目	《危险化学品目录(2015版)》	《剧毒化学品目录》(2002年版)
经口	$LD_{50} \leq 5mg/kg$	$LD_{50} \leq 50mg/kg$
经皮	$LD_{50} \leq 50mg/kg$	$LD_{50} \leq 200mg/kg$
吸入	(4h)$LC_{50} \leq 100mL/m^3$(气体)或$0.5mg/L$(蒸气)或$0.05mg/L$(尘、雾)	(4h)$LC_{50} \leq 500ppm$(气体)或$2mg/L$(蒸气)或$0.5mg/L$(尘、雾)
对应的危险类别	急性毒性,类别1	急性毒性,类别1和类别2

2. 剧毒化学品的特性

此部分内容参第二章第六节中有关"毒性物质的特性"的内容。

二、剧毒化学品的分类和主要危害

1. 剧毒化学品的分类

为了更好地了解剧毒化学品,《化学品分类和标记安全规范急性毒性》(GB 30000.18—2013)将"急性毒性"定义为"经口腔或经皮肤摄入物质的单次剂量或在24h内给予的多次剂量,或者4h的吸入暴露发生的那些有害影响"。其剧毒化学品分类以化学品的急性经口腔、经皮肤和吸入毒性划分为五类危害,即按其经口腔、经皮肤(大致)LD_{50}、吸入LC_{50}值的大小进行危害性的基本分类,见表4-14。

急性毒性危险类别 LD_{50}/LC_{50} 值　　　　　　表4-14

暴露方式	类别1	类别2	类别3	类别4	类别5
经口(mg/kg体重)	5	50	300	2000	5000
经皮肤(mg/kg体重)	50	200	1000	2000	
气体(ppmV)	100	500	2500	5000	
蒸气(mg/L)	0.5	2.0	10	20	
粉尘和烟雾(mg/L)	0.05	0.5	1.0	5	

由表4-9可知,急性毒性危险类别中的类别1和类别2属于剧毒化学品。

另外,剧毒化学品还根据不同需要和分类方法进行分类,主要有:

(1)按照物质类别可分为:无机剧毒化学品、有机剧毒化学品;

(2)按照化学组成可分为:氰化物、砷化物、汞化物、磷化物、生物碱和其他类等;

(3)按不同用途可分为:工业品、试剂、医药品和农药等。

2. 剧毒化学品的主要危害

从实际情况来看,剧毒化学品的主要危害有以下几点,从业人员在运输、装卸过程中应引起足够的注意。

(1)具有剧烈的毒害性,少量进入机体即可造成中毒或死亡。

(2)相当多的剧毒化学品具有隐蔽性,即多为白色粉状、块状固体或无色液体,易与食盐、糖、面粉等混淆,不易识别。

(3)许多剧毒化学品还具有易燃、爆炸、腐蚀等特性,如液氯、四氧化锇、三氟化硼等。

(4)一些剧毒化学品与其他物质混合时反应剧烈,甚至可产生爆炸。如氰化物与硝酸盐、亚硝酸盐等混合时反应就相当剧烈,可以引起爆炸。

(5)一些剧毒化学品能与其他物质作用产生剧毒气体,如氰化物与酸接触生成剧毒氰化氢气体,磷化铝与水或水蒸气作用生成易燃、剧毒的磷化氢气体。

三、常见的剧毒化学品

1. 三氧化二砷(白砒;砒霜;亚砷(酸)酐,UN 1561;CN 61007;分子式As_2O_3;《危险化学

品目录(2015版)》序号:1912;CAS号:1327-54-3)

在我国,砒霜用于中药,它也是最古老的毒物之一(图4-5)。砒霜的毒性很强,进入人体后能破坏某些细胞呼吸酶,使组织细胞不能获得氧气而死亡;还能强烈刺激胃肠黏膜,使黏膜溃烂、出血;亦可破坏血管,发生出血,破坏肝脏,严重的会因呼吸和循环衰竭而死。如一次服用大量砷,可引起重度循环衰竭、血压下降、脉搏快弱、呼吸浅表、中枢神经麻痹。其症状为头晕、头疼、肌肉疼痛性痉挛,迅速不省人事,继而呼吸麻痹,1小时内可死亡。三氧化二砷中毒量为0.005~0.05g,致死量为0.1~0.2g。用于玻璃、搪瓷、颜料工业和杀虫剂、皮革保存剂等。

图4-5 三氧化二砷样品

三氧化二砷不会燃烧,但一旦发生火灾时,由于193℃时开始升华,会产生剧毒气体。一旦发生火灾,消防人员应戴防毒面具。

灭火剂:水、干粉、砂土。

2.液氯(氯、氯气,UN 1017,CN 23002;化学符号为Cl;《危险化学品目录(2015版)》序号:1381;CAS号:7782-50-5)

氯单质为黄绿色气体。在常温和6个大气压下,人们可以将氯液化为一种黄绿色的液体,叫作"液氯"。

氯气是一种黄绿色的剧毒气体,有强烈的刺激气味。氯气具有毒性,如果空气中含有万分之一的氯气,就会严重影响人的健康。空气中的最高允许浓度为$2mg/m^3$,如超过$0.1\sim0.5mg/m^3$,人吸入后,会发生咽喉、鼻、支气管痉挛、眼睛失明,并导致肺炎、肺气肿、肺出血而死亡;如超过$2.5g/m^3$,则会立即使人畜窒息死亡。

由于氯气密度是空气密度的2.5倍,所以氯气泄漏后要注意以下问题:一是氯气中混合体积分数为5%以上的氢气时,遇强光可能会有爆炸的危险;二是氯气泄漏在空气中会沉在下部沿地面扩散,使地面人员受害;三是氯气溶于水,常温下1体积水可溶解2.5体积的氯气,故氯气瓶漏气时,可大量浇水,或迅速将其推入水池,或用潮湿的毛巾捂住口鼻,以减轻危害。

氯气是很活泼的物质,有极强的氧化性。如铜能在氯气中燃烧;氯气与易燃气体能直接化合,其混合气遇光照会发生爆炸;氯与非金属如磷、砷等接触也会发生剧烈的反应甚至爆炸。氯气与有机物接触也会发生强烈反应。

氯的产量是工业发展的一个重要标志。氯主要用于化学工业尤其是有机合成工业上,用于生产塑料、合成橡胶、染料及其他化学制品或中间体,还用于漂白剂、消毒剂、合成药物等。氯气可以作为一种廉价的消毒剂,一般的自来水及游泳池常采用它来消毒。

3.氰化钾(山奈钾,UN 1680;CN 61001;化学符号为KCN;《危险化学品目录(2015版)》序号:1686;CAS号:151-50-8)

白色圆球形硬块,粒状或结晶性粉末,剧毒(图4-6)。在湿空气中潮解并放出微量的氰化氢气体。易溶于水，微溶于醇，水溶液呈强碱性，并很快水解。密度为 $1.857g/cm^3$，沸点为 $1497℃$，熔点为 $563℃$。接触皮肤的伤口或吸入微量粉末即可中毒死亡。

4.黄磷（白磷，UN 2447；CN 42001；化学符号为 P；《危险化学品目录（2015版）》序号：46；CAS 号：12185-10-3）

白色或浅黄色半透明性固体（图4-7）。质软，冷时性脆，见光色变深。暴露空气中在暗处产生绿色磷光和白色烟雾。在湿空气中约 $40℃$ 着火，在干燥空气中则稍高。白磷能直接与卤素、硫、金属等起作用，与硝酸生成磷酸，与氢氧化钠或氢氧化钾生成磷化氢及次磷酸钠。应避免与氯酸钾、高锰酸钾、过氧化物及其他氧化物接触。1g 溶于 300000 份水、400mL 无水乙醇、102mL 无水乙醚、40mL 氯仿、35mL 苯、0.8mL 二硫化碳、80mL 橄榄油、60mL 松节油、约 100mL 杏仁油。相对密度为 1.83（α型）、1.88（β型）。熔点为 $44.1℃$（β型）。

图4-6 氰化钾样品

图4-7 黄磷样品

黄磷有剧毒。人的中毒剂量为 15mg，致死量为 50mg。误服白磷后很快产生严重的胃肠道刺激腐蚀症状。大量摄入可因全身出血、呕血、便血和循环系统衰竭而死。若病人暂时得以存活，亦可由于肝、肾、心血管功能不全而慢慢死去。皮肤被磷灼伤面积达 7% 以上时，可引起严重的急性溶血性贫血，以至死于急性肾功能衰竭。长期吸入磷蒸气，可导致气管炎、肺炎及严重的骨骼损害。

黄磷对健康危害是，急性吸入中毒表现有呼吸道刺激症状、头痛、头晕、全身无力、呕吐、心动过缓、上腹疼痛、黄疸、肝肿大。重症出现急性重型肝炎、中毒性肺水肿等。口服中毒出现口腔糜烂、急性胃肠炎，甚至发生食道、胃穿孔。数天后出现肝、肾损害。重者发生肝、肾功能衰竭等。本品可致皮肤灼伤，轻者经灼伤皮肤吸收引起中毒，重者发生中毒性肝病、肾损害、急性溶血等，以致死亡。

黄磷的包装方法：小开口钢桶（黄磷顶面须用厚度为 15cm 以上的水层覆盖）；装入盛水的玻璃瓶、塑料瓶或金属容器（用塑料瓶时必须再装入金属容器内）。物品必须完全浸没在水中，严封后再装入坚固木箱。

在工业上用黄磷制备高纯度的磷酸。利用白磷易燃产生烟（P_4O_{10}）和雾（P_4O_{10} 与水蒸气形成 H_3PO_4 等雾状物质），在军事上常用来制烟幕弹、燃烧弹。还可用白磷制造赤磷（红磷）、三硫化四磷（P_4S_3）、有机磷酸酯、燃烧弹、杀鼠剂等。

第四章　危险化学品与剧毒化学品

为便于危险货物道路运输企业管理人员和从业人员查询剧毒化学品名录,编者根据《危险化学品名录(2015版)》,制作了《剧毒化学品目录(2015年版)》,见附录二。

第三节　化学品安全标签与化学品安全技术说明书

《危险化学品安全管理条例》第十五条规定,危险化学品生产企业应当提供与其生产的危险化学品相符的化学品安全技术说明书,并在危险化学品包装(包括外包装件)上粘贴或者拴挂与包装内危险化学品相符的化学品安全标签。化学品安全技术说明书和化学品安全标签所载明的内容应当符合国家标准的要求。第七十八条规定,有下列情形之一的,由安全生产监督管理部门责令改正,可以处5万元以下的罚款;拒不改正的,处5万元以上10万元以下的罚款;情节严重的,责令停产停业整顿:

(1)危险化学品生产企业未提供化学品安全技术说明书,或者未在包装(包括外包装件)上粘贴、拴挂化学品安全标签的;

(2)危险化学品生产企业提供的化学品安全技术说明书与其生产的危险化学品不相符,或者在包装(包括外包装件)粘贴、拴挂的化学品安全标签与包装内危险化学品不相符,或者化学品安全技术说明书、化学品安全标签所载明的内容不符合国家标准要求的。

同时,国家质量监督检查检疫总局2012年第30号公告、国家安全生产监督管理总局《危险化学品登记管理办法》(第53号令)以及环保部《新化学物质环境管理办法》等法规中也明确指出了危险化学品在进出口、危化品登记、新化学物质登记等环节需提供安全标签的强制要求。

我国于2009年6月1日发布了安全标签编制的强制性国家标准《化学品安全标签编写规定》(GB 15258—2009),并于2010年5月1日正式实施,其主要技术内容与联合国GHS制度完全一致。

一、化学品安全标签

本部分主要依据《化学品安全标签编写规定》(GB 15258—2009)介绍化学品安全标签的有关知识。

1. 标签的概念

标签是用于标示化学品所具有的危险性和安全注意事项的一组文字、象形图和编码组合,它可粘贴、挂栓或喷印在化学品的外包装或容器上。

标签要素是安全标签上用于表示化学品危险性的一类信息,如象形图、信号词等。标签上主要使用以下信息:

(1)信息词,标签上用于表明化学品危险性相对严重程度和提醒接触者注意潜在危险的词语。

(2)图形符号,旨在简明地传达安全信息的图形要素。

(3)象形图,是由图形符号及其图形要素,如边框、背景图案和颜色组成,表达特定信息的图形组合。

(4)防范说明,用文字或象形图描述的降低或防止与危险化学品接触,确保正确储存和搬运的有关措施。

2. 标签的内容

标签的内容主要包括:化学品标识、象形图、信号词、危险性说明、防范说明、应急咨询电话、供应商标识、资料参阅提示语等。

(1)化学品标识。用中文和英文分别标明化学品名称或通用名称。名称要求醒目清晰,位于标签的上方。名称应与化学品安全技术说明书的名称一致。

(2)象形图。象形图采用《化学品分类和标签规范》(GB 30000.1~30—2013)(见本书第四章表4-2)规定的象形图。

(3)信号词。根据化学品的危险程度和类别,用"危险""警告"两个词分别进行危害程度的警示。信号词位于化学品名称的下方,要求醒目、清晰。根据《化学品分类和标签规范》(GB 30000.1~30—2013),选择不同类别危险化学品的信号词。

(4)危险性说明。简要概述化学品的危险特性,居信号词下方。根据《化学品分类和标签规范》(GB 30000.1~30—2013),选择不同类别危险化学品的危险性说明。

(5)防范说明。表述化学品在处置、搬运、储存和使用作业中所必须注意的事项和发生意外时简单有效的救护措施等,要求内容简明扼要、重点突出。该部分应包括安全预防措施、意外情况(如泄漏、人员接触或火灾等)的处理、安全储存措施及废弃处置等内容。

(6)供应商标识:①供应商名称、地址、邮编和电话等。②应急咨询电话。③填写化学品生产商或生产商委托的24h化学品事故应急咨询电话。

(7)资料参阅提示语。提示化学品用户应参阅化学品安全技术说明书。

3. 标签的样式

一份合规的安全标签各组成要素缺一不可,且须满足法规及标准对各项要素的具体要求,见表4-15。

化学品安全标签样式如图4-8所示。

安全标签6要素的基本要求　　　　　　　　　　　　　　　　表4-15

标签要素	要　　求
产品信息	(1)包括中英文名称等,名称要求醒目清晰,位于标签上方,且名称需与SDS中名称完全一致; (2)对于混合物应标出对其危险分类有贡献的主要成分名称及浓度(或浓度范围),组分个数一般不超过5个
象形图	(1)包含"火焰""腐蚀""感叹号"等9种(图4-10),形状为方块形状,颜色为白色背景、黑色符号以及红色边框; (2)象形图使用原则,如使用了骷髅和交叉骨图形符号则不应该出现感叹号图形符号等
信号词	(1)分为"危险"和"警告",也有部分危险种类和类别对应的危害程度较低,无信号词; (2)出现信号词"危险"时,则不应再出现"警告"

第四章 危险化学品与剧毒化学品

续上表

标签要素	要 求
危险说明	（1）描述危险性质的固定短语（H 编码对应短语），在国内需与 GB 30000 系列标准中的危害描述相一致； （2）常规情况，所有危险说明都应列出，按照物理危险、健康危险、环境危险顺序排列； （3）危险说明省略原则，出现 H314 时可省略 H318 等
防范说明	（1）包括预防措施、事故响应、安全存储、废弃处置四个部分； （2）防护信息的选择权属于标签制作者或主管部门，非强制性内容
供应商标识	（1）包括供应商的名称、地址和电话号码； （2）在我国，一般需列出境内 24h 应急咨询电话（根据 GB 15258）

图 4-8 化学品安全标签样式

对于小于或等于 0.1L 的化学品小包装,为了方便使用,可使用简化标签。与常规安全标签相比,简化标签不包含防范说明,如图 4-9 所示。

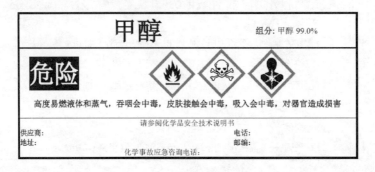

图 4-9　简化化学品安全标签样式

《化学品安全标签编写规定》(GB 15258—2009)还对标签制作(编写、颜色、标签尺寸、印刷)以及使用(使用方法、位置、使用注意事项)等提出了要求。

4. 其他

(1)化学品安全标签与运输标志粘贴样例,如图 4-10 所示。

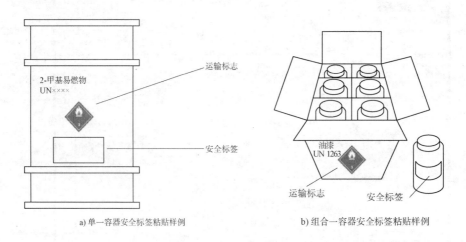

图 4-10　容器安全标签粘贴样例

知识链接

一、TDG 对标签的规定要求

根据《联合国关于危险货物运输的建议书　规章范本》的规定,危险货物在运输时需要张贴与其运输危险性(TDG 分 9 大类)相对应的运输标签,以提醒运输人员及使用人员。TDG 标签在国内一般又称为**运输标签**,与 GHS 标签完全不同,仅由**符号**、**数字**、**底色**及**边框**构成,也可加入联合国编号、危险类别等文字(如"易燃")。

第四章 危险化学品与剧毒化学品

1. 运输标签要素

运输标签形状与 GHS 标签中的象形图类似,也为呈45°角的正方形(菱形),由符号、数字、底色及边框组成,范例见表4-16。

运输标签范例　　　　　　　　表4-16

2. 运输标签使用原则

(1)标签必须贴在反衬底色上,或者用虚线或实线标出外缘(见表4-16中范例所示);

(2)每一种危害所对应的运输标签都是固定的,不可随意变更、涂改或替代;

(3)标签尺寸最小 10cm×10cm,外缘内线的最小宽度为 2mm,线的外缘与菱形边缘之间距离为5mm。根据货物包装的大小需要,标签尺寸可缩小,但是所有要素必须清晰可见,同时边缘内侧线与标签边缘必须保持5mm,边缘内侧的线宽必须保持2mm;

(4)针对气瓶等特殊容器,根据其形状、放置方向等因素,标签可采取适当缩小、折叠、悬挂、喷印等措施,但表明主要危险的符号需完全可见,易于辨认;

(5)所有标签上的符号须经得起风吹雨打日晒,而不明显降低其效果。

二、运输时包装容器对标签的规定要求

货物运输时,产品包装主要分为两类:单一包装及组合包装。在这两种包装情况下运输货物需要同时考虑 TDG 标签和 GHS 标签的张贴。

1. 单一包装

(1)联合国 TDG 的运输标签和联合国 GHS 标签缺一不可;

(2)针对无运输危险(TDG 分类为普货),而有 GHS 危害分类的物质,在包装上只需张贴 GHS 标签;

(3)在标签的张贴过程中,运输标签可以放在 GHS 标签的另一面版;也可放在同一面板,若 GHS 标签中象形图与运输标签重复时,需删除 GHS 标签中对应象形图。

2. 组合包装

(1)外包装:仅要求有联合国 TDG 的运输标签;

(2)内包装:产品的联合国 GHS 标签。

如果无运输标签,某一些主管部门可能会要求在外包装上张贴 GHS 标签,同时针对特殊包装组合,也可采取其他方式进行 TDG 标签及 GHS 标签的张贴,如文中提到的特殊用途的小型容器及纸箱组合。

(1) 标签尺寸。对于不同容量的容器或包装，标签的最低尺寸要求也有所差异，在 GB 15258 中给出了详细要求。

(2) 标签印刷。作为公示文件，标签在印刷时需添加一个黑色边框，边框外应留有大于或等于 3mm 的空白，边框宽度需大于或等于 1mm。

同时，标签中象形图必须从较远距离，以及在烟雾条件下或容器部分模糊不清条件下也可看到。另外，标签的印刷应清晰，所使用的印刷材料和胶黏材料应具有耐用性和防水性。

(3) 标签位置。安全标签应粘贴、拴挂或喷印在化学品包装或容器的明显位置，一般情况按照以下规则进行：

①桶、瓶形包装：位于桶、瓶侧身；

②箱状包装：位于包装断面或侧面明显处；

③袋、捆包装：位于包装明显处。

值得注意的是，当安全标签与运输标志组合使用时（运输用途），还需首先判断化学品是单一包装还是组合包装，在这两种情况下，安全标签的位置要求也有所差异。

(4) 其他注意事项。

①安全标签的粘贴、挂拴或喷印应牢固，保证在运输、储存期间不脱落，不损坏；

②安全标签应由生产企业在出厂前粘贴、挂拴或喷印。若须改换包装，则由改换包装单位重新粘贴、挂栓或喷印；

③当化学品有新的危害发现或组分发生变更时，标签须及时更新。

三、化学品安全技术说明书

本部分根据《化学品安全技术说明书编写规定》（GB 16483—2000），介绍有关化学品安全技术说明书的知识。

化学品安全技术说明书（CSDS）包括 16 部分内容，见表 4-17。

化学品安全技术说明书内容　　　　表 4-17

序　号	内　　容	序　号	内　　容
1	化学品及企业标识	9	理化特性
2	成分/组成信息	10	稳定性和反应性
3	危险性概述	11	毒理学资料
4	急救措施	12	生态学资料
5	消防措施	13	废弃处置
6	泄漏应急处理	14	运输信息
7	操作处置与储存	15	法规信息
8	接触控制/个体防护	16	其他信息

注：CSDS 的 16 部分内容与 SDS 的 16 部分内容基本相同。

《化学品安全技术说明书编写规定》（GB 16483—2000）中，确定了 16 部分内容的、详细内容。同时,制定了编写和使用要求,并在附录中提供了"化学品安全技术说明书填写指南"和"化学品安全技术说明书通用格式"。

为了便于危险货物道路运输企业安全管理人员,进一步了解化学品安全技术说明书,在此给出"化学品安全技术说明书填写样例"。

化学品安全技术说明书

第一部分 化学品及企业标识

化学品中文名称:苯
化学品英文名称:Benzene
企业名称:×××
地址:××× 邮编:×××
电子邮件地址:×××
传真号码:××× 企业应急电话:×××
技术说明书编码:生效日期: 年 月 日
国家应急电话:(0532)3889090;(0532)3889191

第二部分 成分/组成信息

纯品□混合物□
化学品名称:苯
有害物成分浓度苯100%;CASNo.71-44-2。

第三部分 危险性概述

危险性类别:第3.2类中闪点易燃液体。
侵入途径:吸入食入经皮吸收。
健康危害:高浓度苯对中枢神经系统具麻醉作用,可引起急性中毒并强烈地作用于中枢神经很快引起痉挛;长期接触高浓度苯对造血系统有损害,引起慢性中毒。对皮肤、黏膜有刺激、致敏作用,可引起出血性白血病。
环境危害:该物质对环境有危害,应特别注意对水体的污染。
燃爆危险:易燃,其蒸气与空气可形成爆炸性混合物,遇明火、高热有燃烧爆炸危险。

第四部分 急救措施

皮肤接触:脱去污染的衣着,用肥皂水及清水彻底冲洗皮肤。

眼睛接触:立即翻开上下眼睑,用流动清水或生理盐水冲洗至少15min,就医。

吸入:迅速脱离现场至空气新鲜处。保持呼吸道通畅。呼吸困难时给输氧。如呼吸及心跳停止,立即进行人工呼吸和心脏按压。就医。忌用肾上腺素。

食入:饮足量温水,催吐,就医。

第五部分 消防措施

危险特性:其蒸气与空气形成爆炸性混合物,遇明火、高热能引起燃烧爆炸。与氧化剂能发生强烈反应。其蒸气比空气重,能在较低处扩散到相当远的地方,遇火源引着回燃。若遇高热,容器内压增大,有开裂和爆炸的危险。流速过快,容易产生和积聚静电。

有害燃烧产物:CO

灭火方法及灭火剂:可用泡沫、二氧化碳、干粉、砂土扑救,用水灭火无效。

第六部分 泄漏应急处理

应急处理:切断火源。迅速撤离泄漏污染区人员至安全地带,并进行隔离,严格限制出入。建议应急处理人员戴自给正压式呼吸器,穿防毒服。尽可能切断泄漏源。防止进入下水道、排洪沟等限制性空间。小量泄漏:尽可能将溢漏液收集在密闭容器内,用砂土、活性炭或其他惰性材料吸收残液,也可以用不燃性分散剂制成的乳液刷洗,洗液稀释后放入废水系统。大量泄漏:构筑围堤或挖坑收容。用泡沫覆盖,降低蒸气灾害。喷雾状水冷却和稀释蒸气、保护现场人员。用防爆泵转移至槽车或专用收集器内,回收或运至废物处理场所处理。

第七部分 操作处置与储存

操作处置注意事项:密闭操作,加强通风。操作人员必须经过专门培训,严格遵守操作规程。建议操作人员佩戴自吸过滤式防毒面具(半面罩),戴化学安全防护眼镜,穿防毒物渗透工作服,戴橡胶耐油手套。远离火种、热源、工作场所严禁吸烟。使用防爆型的通风系统和设备。防止蒸气泄漏到工作场所空气中。避免与氧化剂接触。灌装时应注意流速(不超过5m/s),且有接地装置,防止静电积聚。搬运时要轻装轻卸,防止包装及容器损坏。配备相应品种和数量的消防器材及泄漏应空气中浓度超标时,建议佩戴过滤式防毒面具(半面罩)。紧急事态抢救或撤离时,急处理设备。倒空的容器可能残留有害物。

储存注意事项:储存于阴凉、通风库房。远离火种、热源。仓温不宜超过30℃。保持容器密封。应与氧化剂、食用化学品分开存放,切忌混储。采用防爆型照明、通风设施。禁止使用易产生火花的机械设备和工具。储区应备有泄漏应急处理设备和合适的收容材料。

第八部分 接触控制/个体防护

最高容许浓度:中国(MAC)40mg/m3[皮]。

监测方法:气相色谱法。
工程控制:生产过程密闭,加强通风。
呼吸系统防护:应该佩戴空气呼吸器或氧气呼吸器。
眼睛防护:戴化学安全防护眼镜。
身体防护:穿防毒物渗透工作服。
手防护:戴橡胶耐油手套。
其他防护:工作现场禁止吸烟、进食和饮水。工作前避免饮用酒精性饮料。工作后,淋浴更衣。进行就业前和定期的体检。

第九部分 理化特性

外观与性状:无色透明液体,有强烈芳香味。
熔点(℃):5.5 相对密度(水=1):0.88
沸点(℃):80.1 相对蒸气密度(空气=1):2.77
饱和蒸气压(kPa):13.33/26.1℃ 燃烧热(kJ/mol):3264.4
临界温度(℃):289.5 临界压力(MPa):4.92
辛醇/水分配系数的对数值:2.15
闪点(℃):-11 爆炸上限%(V/V):8
引燃温度(℃):562 爆炸下限%(V/V):1.2
溶解性:微溶于水,可与醇、醚、丙酮、二硫化碳、四氯化碳、乙酸等混溶。
主要用途:用作溶剂及合成苯的衍生物,如香料、染料、塑料、医药、炸药、橡胶等。

第十部分 稳定性和反应性

稳定性:稳定。
禁配物:强氧化剂。
避免接触的条件:明火、高热。
聚合危害:不能发生。
分解产物:一氧化碳、二氧化碳。

第十一部分 毒理学资料

急性毒性:LD_{50} 3306mg/kg(大鼠经口);48mg/kg(小鼠经皮) LC_{50} 31900mg/m³,7h(大鼠吸入)。
急性中毒:轻者有头痛、头晕、恶心、呕吐、轻度兴奋、步态蹒跚等酒醉状态;严重者发生昏迷、抽搐、血压下降,以致呼吸和循环衰竭而死亡。
慢性中毒:主要表现有神经衰弱综合征;造血系统改变:白细胞、血小板减少,重者出现再生障碍性贫血;少数病例在慢性中毒后可发生白血病(以急性粒细胞性为多见)。皮肤损害有脱脂、干燥、皲裂、皮炎。可致月经量增多与经期延长。

刺激性:①家兔经眼 2mg/24h,重度刺激;②家兔经皮 500mg/24h,中度刺激。

亚急性和慢性毒性:家兔吸入 10mg/m^3,数天到几周,引起白细胞减少,淋巴细胞百分比相对增加。慢性中毒动物造血系统改变,严重者骨髓再生不良。

致突变性:①DNA 抑制:人白细胞 2200μmol/L;②姊妹染色单体交换:人淋巴细胞 200μmol/L。

致畸性:大鼠吸收最低中毒浓度(TCLo)150ppm,24h(孕 7~14 天),引起植入后死亡率增加和骨髓肌肉发育异常。

致癌性:国际癌症研究中心(IARC)已确认为致癌物。

第十二部分　生态学资料

生态毒理毒性:

LC_{100}12.8mmol/L/24h(梨形四膜虫)。

LC_{50}27mg/L/96h(小长臂虾)。

LC_{50}20mg/L/96h(褐虾)。

LC_{50}108mg/L/96h(黄道蟹的蚤状幼蟹)。

LC_{50}12mg/L/1h(一年的欧鳟)。

LC_{50}63mg/L/14 天(虹鳟)。

LC_{50}5.8~10.9mg/L/96h(条纹石鲩)。

LC_{50}370mg/L/48h(孵化后 3~4 周的墨西哥蝶螈)。

LC_{50}90mg/L/148h(孵化后 3~4 周的滑抓蟾)。

LD_{50}46mg/L/24h(金鱼);20mg/L/14~48h(蓝鳃太阳鱼)。

LD_{100}34mg/L/24h 或 60mg/L/2h(蓝鳃太阳鱼)。

TLm66~21mg/L/24h,48h(海虾)。

TLm35.5~33.5mg/L/24h,96h 软水,24.4~32mg/L/24h、96h 硬水(黑头软口鲦)。

TLm22.5mg/L/24h,96h,软水(蓝鳃太阳鱼)。

TLm34.4mg/L/24h、96h,软水(金鱼)。

TLm36.6mg/L/24h、96h,软水(虹鳟)。

TLm395mg/L/24h,96h(食蚊鱼)。

生物降解性:初始浓度为 20mg/L 时,1.5 和 10 周内分别降解 24%、44%和 47%(在棕壤中);低浓度下,6~14 天去除率为 44~100%(在污水处理厂)。

非生物降解性:光解半衰期为 13.5(计算)或 17d(实验)。

生物蓄集性:BFC:日本鳗鲡 3.5;大西洋鲱 4.4;金鱼 4.3。

第十三部分　废　弃　处　置

废弃物性质:危险废物。

废弃处置方法:用控制焚烧法处理。

第十四部分 运 输 信 息

危险货物编号:32050

UN 编号:1114

包装标志:易燃

包装类别:Ⅱ

包装方法:小开口钢桶;螺纹口玻璃瓶、铁盖压口玻璃瓶、塑料瓶或金属桶(罐)外普通木箱。

运输注意事项:夏季应早晚运输,防止日光曝晒。运输按规定路线行驶。

第十五部分 法 规 信 息

化学危险物品安全管理条例(1987年2月17日国务院发布),针对化学危险品的安全生产、使用、储存、运输、装卸等方面均作了相应规定。

《常用危险化学品的分类及标志》(GB 13690—1992),将其划为第3.2类中闪点易燃液体。

第十六部分 其 他 信 息

参考文献

[1] 周国泰.化学危险品安全技术全书,化学工业出版社,1997.

[2] 国家环保局有毒化学品管理办公室、北京化工研究院,化学品毒性法规环境数据手册,中国环境科学出版社,1992.

[3] Canadian Centre for Occupational Health and Safety,CHEMINFO Database,1989.

[4] Canadian Centre for Occupational Health and Safety,RTECS Database,1989.

填表时间:××××年××月××日

填表部门:×××

数据审核单位:×××

修改说明:×××

附　录

附录一　易制爆危险化学品道路运输知识

一、易制爆危险化学品

《危险化学品安全管理条例》第二十三条第一款规定,生产、储存剧毒化学品或者国务院公安部门规定的可用于制造爆炸物品的危险化学品(以下简称易制爆危险化学品)的单位,应当如实记录其生产、储存的剧毒化学品、易制爆危险化学品的数量、流向,并采取必要的安全防范措施,防止剧毒化学品、易制爆危险化学品丢失或者被盗;发现剧毒化学品、易制爆危险化学品丢失或者被盗的,应当立即向当地公安机关报告。

由此可知:

(1)易制爆危险化学品是指可用于制造爆炸物品的危险化学品。

(2)易制爆危险化学品以国务院公安部门规定的为准。公安部于2017年5月11日颁布了《易制爆危险化学品名录》(2017年版)。

二、易制爆危险化学品的界定

易制爆危险化学品以列入《易制爆危险化学品名录》(2017年版)的为准。《易制爆危险化学品名录》(2017年版)样式见附表1-1。该名录共有酸类、硝酸盐类、氯酸盐类、高氯酸盐类、重铬酸盐类、过氧化物和超氧化物类、易燃物还原剂类、硝基化合物类、其他共9类,70个品名。

易制爆危险化学品名录(2017年版)(摘录部分)　　　　　　　　　附表1-1

序号	品　名	别名	CAS号	主要的燃爆危险性分类
1 酸类				
1.1	硝酸		7697-37-2	氧化性液体,类别3
1.2	发烟硝酸		52583-42-3	氧化性液体,类别1
1.3	高氯酸[浓度>72%]	过氯酸	7601-90-3	氧化性液体,类别1
	高氯酸[浓度50%~72%]			氧化性液体,类别1
	高氯酸[浓度≤50%]			氧化性液体,类别2
2 硝酸盐类				
2.1	硝酸钠		7631-99-4	氧化性固体,类别3

附录

续上表

序号	品名	别名	CAS号	主要的燃爆危险性分类
2.2	硝酸钾		7757-79-1	氧化性固体,类别3
2.3	硝酸铯		7789-18-6	氧化性固体,类别3
2.4	硝酸镁		10377-60-3	氧化性固体,类别3
2.5	硝酸钙		10124-37-5	氧化性固体,类别3
2.6	硝酸锶		10042-76-9	氧化性固体,类别3
2.7	硝酸钡		10022-31-8	氧化性固体,类别2
2.8	硝酸镍	二硝酸镍	13138-45-9	氧化性固体,类别2
2.9	硝酸银		7761-88-8	氧化性固体,类别2
2.10	硝酸锌		7779-88-6	氧化性固体,类别2
2.11	硝酸铅		10099-74-8	氧化性固体,类别2
3	氯酸盐类			
3.1	氯酸钠		7775-09-9	氧化性固体,类别1
	氯酸钠溶液			氧化性液体,类别3*
3.2	氯酸钾		3811-04-9	氧化性固体,类别1
	氯酸钾溶液			氧化性液体,类别3*
3.3	氯酸铵		10192-29-7	爆炸物,不稳定爆炸物

注:

(1)各栏目的含义:

"序号":《易制爆危险化学品名录》(2017年版)中化学品的顺序号。

"品名":根据《化学命名原则》(1980)确定的名称。

"别名":除"品名"以外的其他名称,包括通用名、俗名等。

"CAS号":Chemical Abstract Service 的缩写,是美国化学文摘社对化学品的唯一登记号,是检索化学物质有关信息资料最常用的编号。

"主要的燃爆危险性分类":根据《化学品分类和标签规范》系列标准(GB 30000.2—2013~GB 30000.29.2013)等国家标准,对某种化学品燃烧爆炸危险性进行的分类。

(2)除列明的条目外,无机盐类同时包括无水和含有结晶水的化合物。

(3)混合物之外无含量说明的条目,是指该条目的工业产品或者纯度高于工业产品的化学品。

(4)标记"*"的类别,是指在有充分依据的条件下,该化学品可以采用更严格的类别。

三、易制爆危险化学品道路运输要求

易制爆危险化学品是危险化学品的一部分(附图1-1),需依据《危险化学品安全管理条例》等法规对危险化学品道路运输的有关要求进行运输。如《危险化学品安全管理条例》第五十一条规定,剧毒化学品、易制爆危险化学品在道路运输途中丢失、被盗、被抢或者出现流散、泄漏等情况的,驾驶人员、押运人员应当立即采取相应的警示措施和安全措施,并向当地公安机关报告。公安机关接到报告后,应当根据实际情况立即向安全生产监督管理部门、环境保护主管部门、卫生主管部门通报。有关部门应当采取必要的应急处置措施。

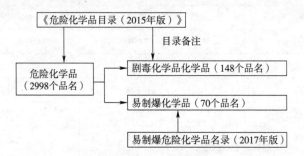

附图1-1　易制爆危险化学品与危险化学的关系

《道路危险货物运输管理规定》第八条规定,运输剧毒化学品、爆炸品、易制爆危险化学品的,应当配备罐式、厢式专用车辆或者压力容器等专用容器;第四十一条第三款规定,运输剧毒化学品或者易制爆危险化学品需要较长时间停车的,驾驶人员或者押运人员应当向当地公安机关报告。

由此可见,《危险化学品安全管理条例》在道路运输的要求方面,易制爆危险化学品与危险化学品基本一致;但在生产、储存、仓库以及销售、购买的要求方面,易制爆危险化学品比危险化学品的相关要求更多、更严格。

附录二 危险货物运输包装英文标识主要用语表

一、说明性标记词语

BOILING POINT	沸点
BOTTOM	下部(或底部)
CENTRE OF BALANCE	重心
CODE NUMBER	危规编号
COLOR	色
COMBUSTION POINT	燃点
COMPRESSED GAS	压缩气体
CORROSIVES	腐蚀性物品
CRYSTAL	晶体
DEPTH	厚(或深度)
DIMENSION	尺寸
ENFLAMMABLE	易燃物品
EXPLOSIVE LIMIT	爆炸极限
EXPLOSIVES	爆炸物品
FIRE FIGHTING	消防方法
FIRST AID	急救措施
FLASH POINT	闪点
FORMULA	分子式
FRAGILE	易碎的
GAS	气体
GLASS	玻璃货物
GROSS WEIGHT(简写 G)	毛重
HAVANA VLA PANAMS	哈瓦那经由巴拿马
HAZARDOUS ARTICLE	危险物品
HAZARDOUS CHEMICALS	化学危险物品
HEIGHT	高
KEEP DR	怕潮湿货物

KG	千克
LBS	磅
LIFT HERE	由此吊起
LIQUID	液体货物
LUMP	固体
MADE IN THE PEOPLE'S REPUBLIC OF CHINA	中华人民共和国制造
MADE IN TOKYO JAPAN	日本东京制造
MADE IN SHANGHAI CHINA	中国上海制造
MADE IN UNITED STATES OF AMERICA	美国制造
MAIN COMPOSITIONS	主要成分
MELTING POINT	熔点
METHOD FOR LEAKAGE	散漏处理方法
NET WEIGHT(简写 N)	净重
OBSERVATIONS	运输注意事项
OPEN HERE	此处打开
OPEN IN DARK ROOM	暗室开启
OXIDANT MATERIAL	氧化性物质
PACKAGING GROUP	运输包装等级
PACKING METHOD	包装方法
PERISHABLE	易腐物品
POINT OF STRENGTH	着力点
POISON	毒害性物品
POWDER	粉末
PROPERTY	性质
RADIOACTIVES	放射性物质
REMOVE TOP FIRST CUT STRAPS	先开顶部
SERIAL NUMBER	编号
SIZE	尺寸
SLING HERE	挂绳位置
SMELL	味
SPECIFIC GRAVITY	相对密度

STATE	状态
TARE WEIGHT(简写 T)	皮重
THIS DANGEROUS GOODS SHOULD BE IN CLASS	属于第____类危险货物
THIS SIDE UP	此端向上
TO BE PROTECTED FROM COLD	怕冷货物
TO BE PROTECTED FROM HEAT	怕热货物
TOP	上部(或向上)
UPPER LIMIT OF POISONING	最大中毒浓度
USE ROLLERS	用圆物滚动移位
WIDTH	宽

二、警戒性标记词语

AVOIDE COMPACT	防止冲击碰撞
AVOIDE FRICTION	防止摩擦
BE WARE OF FUME	严防漏气
DO NOT CRUSH	切勿挤压
DO NOT DROP	切勿坠落
DO NOT STAKE ON TOP	勿放顶上
DO NOT STOW IN DAMP PLACE	勿放湿处
DO NOT UNSCREW ENTIRELY UNTIL ALL INTERIOR PRESSURE HAS ESCAPED THROUGH THE LOOSENED THREADS	内部气体压力没有经过螺纹隙缝全部消失前,勿将桶盖完全旋开
HAND WITH CARE	轻拿轻放
IF LEAKING, DO NOT BREATHE FUME,TOUCH CONTENTS	如包装破漏,勿吸入其气体,勿接触内容物
KEEP AWAY FROM FIRE, HEAT AND OPEN FLAME LIGHTS	离开火、热和有火焰的灯
KEEP AWAY FROM FOOD PRODUCTS	切勿接近食品
KEEP IN DARK PLACE	放在暗处
KEEP IN DRY PLACE	干处保管
KEEP UPRIGHT	切勿倒置
LEAKING PACKAGES MUST BE REMOVED A	破漏包装必须移至安全地点

SAFE PLACE
 NO DROPPING   切勿坠落
 NO FLAME   禁止明火
 NO FULLING   不准拖拉
 NO INCOMPATIBLE GOODS SHOULD BE STOWED IN THE SAME COMPARTMENT   不得与性质相抵触货物混装
 NO ROLLING   不准滚翻
 NO SHOOT   严禁抛掷
 NO SMOKING   禁止吸烟
 NO TURNING OVER   切勿倾倒
 NOT TO BE LOADED FLAT   切勿平放
 REMOVE BUNG IN OPEN AIR   在通风处打开盖子
 REMOVE LEAKING PACKAGES, WASH ACID OFF WITH WATER   移开破漏包装并用水冲洗酸性物
 SAFE DISTANCE NOT LESS THAN ____ METRE IF OUTER PACKAGE DAMAGED   外包装破损时,安全距离不少于 ____ m(用于放射性货物对人体辐射)
 STOW COOL   放于凉处
 STOW LEVEL   必须平放
 UNSCREW THIS BUNG SLOWLY   缓慢地旋开盖子
 USE EXPLOSIVE PROOF LAMP   使用防爆灯具
 USE NO HOOKS   禁用手钩
 WEAR MASK, RUBBER GLOVES, PROTECTIVE CLOTHS AND RUBBER BOOTS   戴口罩、橡胶手套、防护服和橡胶套鞋

附录

附录三 《剧毒化学品目录(2015年版)》

为便于危险货物道路运输管理者使用,本目录是根据《危险化学品目录(2015年版)》和《危险货物品名表》(GB 12268)制作。本目录第7栏和第8栏内容供有关人员学习参考。

序号	原表目录编号	名 称	别 名	CAS号	参考UN	参考包装类别
1	4	5-氨基-3-苯基-1-[双(N,N-二甲基氨基氧膦基)]-1,2,4-三唑[含量>20%]	威菌磷	1031-47-6	3018	
2	20	3-氨基丙烯	烯丙胺	107-11-9	2334	
3	40	八氟异丁烯	全氟异丁烯;1,1,3,3,3-五氟-2-(三氟甲基)-1-丙烯	382-21-8	3162	
4	41	八甲基焦磷酰胺	八甲磷	152-16-9	3018	
5	42	1,3,4,5,6,7,8,8-八氯-1,3,3a,4,7,7a-六氢-4,7-甲撑异苯并呋喃[含量>1%]	八氯六氢亚甲基苯并呋喃;碳氯灵	297-78-9	2761	
6	71	苯基硫醇	苯硫酚;巯基苯;硫代苯酚	108-98-5	2337	
7	88	苯胺化二氯	二氯化苯胂;二氯苯胂	696-28-6	1556	
8	99	1-(3-吡啶甲基)-3-(4-硝基苯基)脲	1-(4-硝基苯基)-3-(3-吡啶基甲基)脲;灭鼠优	53558-25-1	2588	
9	121	丙腈	乙基氰	107-12-0	2404	
10	123	2-丙炔-1-醇	丙炔醇;炔丙醇	107-19-7	2929	
11	138	丙酮氰醇	丙酮合氰化氢;2-羟异丁腈;氰丙醇	75-86-5	1541	
12	141	2-丙烯-1-醇	烯丙醇;蒜醇;乙烯甲醇	107-18-6	1098	
13	155	丙烯亚胺	2-甲基氮丙啶;2-甲基乙撑亚胺;丙撑亚胺	75-55-8	1921	
14	217	叠氮化钠	三氮化钠	26628-22-8	1687	

209

续上表

序号	原表目录编号	名　称	别　名	CAS号	参考UN	参考包装类别
15	241	3-丁烯-2-酮	甲基乙烯基酮;丁烯酮	78-94-4	1251	
16	258	1-(对氯苯基)-2,8,9-三氧-5-氮-1-硅双环(3,3,3)十二烷	毒鼠硅;氯硅宁;硅灭鼠	29025-67-0		
17	321	2-(二苯基乙酰基)-2,3-二氢-1,3-茚二酮	2-(2,2-二苯基乙酰基)-1,3-茚满二酮;敌鼠	82-66-6	2588	
18	339	1,3-二氟丙-2-醇(Ⅰ)与1-氯-3-氟丙-2-醇(Ⅱ)的混合物	鼠甘伏;甘氟	8065-71-2	2588	
19	340	二氟化氧	一氧化二氟	7783-41-7	2190	
20	367	O-O-二甲基-O-(2-甲氧甲酰基-1-甲基)乙烯基磷酸酯[含量>5%]	甲基-3-[(二甲氧基磷酰基)氧代]-2-丁烯酸酯;速灭磷	7786-34-7	3018	
21	385	二甲基-4-(甲基硫代)苯基磷酸酯	甲硫磷	3254-63-5	3018	
22	393	(E)-O,O-二甲基-O-[1-甲基-2-(二甲基氨甲酰)乙烯基]磷酸酯[含量>25%]	3-二甲氧基磷氧基-N,N-二甲基异丁烯酰胺;百治磷	141-66-2	3018	
23	394	O,O-二甲基-O-[1-甲基-2-(甲基氨基甲酰)乙烯基]磷酸酯[含量>0.5%]	久效磷	6923-22-4	2783	
24	410	N,N-二甲基氨基乙腈	2-(二甲氨基)乙腈	926-64-7	2378	
25	434	O,O-二甲基-对硝基苯基磷酸酯	甲基对氧磷	950-35-6	3018	
26	461	1,1-二甲基肼	二甲基肼[不对称];N,N-二甲基肼	57-14-7	1163	
27	462	1,2-二甲基肼	二甲基肼[对称]	540-73-8	2382	
28	463	O,O′-二甲基硫代磷酰氯	二甲基硫代磷酰氯	2524-03-0	2267	
29	481	二甲双胍	双甲胍;马钱子碱	57-24-9	1692	
30	486	二甲氧基马钱子碱	番木鳖碱	357-57-3	1570	
31	568	2,3-二氢-2,2-二甲基苯并呋喃-7-基-N-甲基氨基甲酸酯	克百威	1563-66-2	2757	
32	572	2,6-二噻-1,3,5,7-四氮三环-[3,3,1,1,3,7]癸烷-2,2,6,6-四氧化物	毒鼠强	80-12-6		

续上表

序号	原表目录编号	名　称	别　名	CAS号	参考UN	参考包装类别
33	648	S-[2-(二乙氨基)乙基]-O,O-二乙基硫赶磷酸酯	胺吸磷	78-53-5	3018	
34	649	N-二乙氨基乙基氯	2-氯乙基二乙胺	100-35-6	2810	
35	654	O,O-二乙基-N-(1,3-二硫戊环-2-亚基)磷酰胺[含量>15%]	2-(二乙氧基磷酰亚氨基)-1,3-二硫戊环;硫环磷	947-02-4	3018	
36	655	O,O-二乙基-N-(4-甲基-1,3-二硫戊环-2-亚基)磷酰胺[含量>5%]	二乙基(4-甲基-1,3-二硫戊环-2-叉氨基)磷酸酯;地胺磷	950-10-7	3018	
37	656	O,O-二乙基-N-1,3-二噻丁环-2-亚基磷酰胺	丁硫环磷	21548-32-3	3018	
38	658	O,O-二乙基-O-(2-乙硫基乙基)硫代磷酸酯与O,O-二乙基-S-(2-乙硫基乙基)硫代磷酸酯的混合物[含量>3%]	内吸磷	8065-48-3	3018	
39	660	O,O-二乙基-O-(4-甲基香豆素基-7)硫代磷酸酯	扑杀磷	299-45-6	2811	
40	661	O,O-二乙基-O-(4-硝基苯基)磷酸酯	对氧磷	311-45-5	3018	
41	662	O,O-二乙基-O-(4-硝基苯基)硫代磷酸酯[含量>4%]	对硫磷	56-38-2	3018	
42	665	O,O-二乙基-O-[2-氯-1-(2,4-二氯苯基)乙烯基]磷酸酯[含量>20%]	2-氯-1-(2,4-二氯苯基)乙烯基二乙基磷酸酯;毒虫畏	470-90-6	3018	
43	667	O,O-二乙基-O-2-吡嗪基硫代磷酸酯[含量>5%]	虫线磷	297-97-2	3018	
44	672	O,O-二乙基-S-(2-乙硫基乙基)二硫代磷酸酯[含量>15%]	乙拌磷	298-04-4	3018	
45	673	O,O-二乙基-S-(4-甲基亚磺酰基苯基)硫代磷酸酯[含量>4%]	丰索磷	115-90-2	3018	
46	675	O,O-二乙基-S-(对硝基苯基)硫代磷酸	硫代磷酸-O,O-二乙基-S-(4-硝基苯基)酯	3270-86-8	3018	

续上表

序号	原表目录编号	名　称	别　名	CAS号	参考UN	参考包装类别
47	676	O,O-二乙基-S-(乙硫基甲基)二硫代磷酸酯	甲拌磷	298-02-2	3018	
48	677	O,O-二乙基-S-(异丙基氨基甲酰甲基)二硫代磷酸酯[含量>15%]	发硫磷	2275-18-5	3018	
49	679	O,O-二乙基-S-氯甲基二硫代磷酸酯[含量>15%]	氯甲硫磷	24934-91-6	3018	
50	680	O,O-二乙基-S-叔丁基硫甲基二硫代磷酸酯	特丁硫磷	13071-79-9	3018	
51	692	二乙基汞	二乙汞	627-44-1	2929	
52	732	氟		7782-41-4	1045	
53	780	氟乙酸	氟醋酸	144-49-0	2642	
54	783	氟乙酸甲酯		453-18-9		
55	784	氟乙酸钠	氟醋酸钠	62-74-8	2629	
56	788	氟乙酰胺		640-19-7	2811	
57	849	癸硼烷	十硼烷；十硼氢	17702-41-9	1868	
58	1008	4-己烯-1-炔-3-醇		10138-60-0	2810	
59	1041	3-(1-甲基-2-四氢吡咯基)吡啶硫酸盐	硫酸化烟碱	65-30-5	1658	
60	1071	2-甲基-4,6-二硝基酚	4,6-二硝基邻甲苯酚；二硝酚	534-52-1	1598	
61	1079	O-甲基-S-甲基-硫代磷酰胺	甲胺磷	10265-92-6	2783	
62	1081	O-甲基氨基甲酰基-2-甲基-2-(甲硫基)丙醛肟	涕灭威	116-06-3	2771	
63	1082	O-甲基氨基甲酰基-3,3-二甲基-1-(甲硫基)丁醛肟	O-甲基氨基甲酰基-3,3-二甲基-1-(甲硫基)丁醛肟；久效威	39196-18-4	2771	
64	1097	(S)-3-(1-甲基吡咯烷-2-基)吡啶	烟碱；尼古丁；1-甲基-2-(3-吡啶基)吡咯烷	1954/11/5	2771	
65	1126	甲基磺酰氯	氯化硫酰甲烷；甲烷磺酰氯	124-63-0	3246	
66	1128	甲基肼	一甲肼；甲基联氨	60-34-4	1244	
67	1189	甲烷磺酰氟	甲磺氟酰；甲基磺酰氟	558-25-8	2927	

续上表

序号	原表目录编号	名　　称	别　　名	CAS号	参考UN	参考包装类别
68	1202	甲藻毒素(二盐酸盐)	石房蛤毒素(盐酸盐)	35523-89-8	3172	
69	1236	抗霉素A		1397-94-0	3172	
70	1248	镰刀菌酮X		23255-69-8		
71	1266	磷化氢	磷化三氢;膦	7803-51-2	2199	
72	1278	硫代磷酰氯	硫代氯化磷酰;三氯化硫磷;三氯硫磷	3982-91-0	1837	
73	1327	硫酸三乙基锡		57-52-3	3146	
74	1328	硫酸铊	硫酸亚铊	7446-18-6	1707	
75	1332	六氟-2,3-二氯-2-丁烯	2,3-二氯六氟-2-丁烯	303-04-8	2927	
76	1351	(1R,4S,4aS,5R,6R,7S,8S,8aR)-1,2,3,4,10,10-六氯-1,4,4a,5,6,7,8,8a-八氢-6,7-环氧-1,4,5,8-二亚甲基萘[含量2%～90%]	狄氏剂	60-57-1	2761	
77	1352	(1R,4S,5R,8S)-1,2,3,4,10,10-六氯-1,4,4a,5,6,7,8,8a-八氢-6,7-环氧-1,4;5,8-二亚甲基萘[含量>5%]	异狄氏剂	72-20-8	2761	
78	1353	1,2,3,4,10,10-六氯-1,4,4a,5,8,8a-六氢-1,4-挂-5,8-挂二亚甲基萘[含量>10%]	异艾氏剂	465-73-6	2761	
79	1354	1,2,3,4,10,10-六氯-1,4,4a,5,8,8a-六氢-1,4:5,8-桥,挂-二甲撑萘[含量>75%]	六氯-六氢-二甲撑萘;艾氏剂	309-00-2	2761	
80	1358	六氯环戊二烯	全氯环戊二烯	77-47-4	2646	
81	1381	氯	液氯;氯气	7782-50-5	1017	
82	1422	2-[(RS)-2-(4-氯苯基)-2-苯基乙酰基]-2,3-二氢-1,3-茚二酮[含量>4%]	2-(苯基对氯苯基乙酰)茚满-1,3-二酮;氯鼠酮	3691-35-8	2761	
83	1442	氯代膦酸二乙酯	氯化磷酸二乙酯	814-49-3		
84	1464	氯化汞	氯化高汞;二氯化汞;升汞	7487-94-7	1624	
85	1476	氯化氰	氰化氯;氯甲腈	506-77-4	1589	

续上表

序号	原表目录编号	名称	别名	CAS号	参考UN	参考包装类别
86	1502	氯甲基甲醚	甲基氯甲醚;氯二甲醚	107-30-2	1239	
87	1509	氯甲酸甲酯	氯碳酸甲酯	79-22-1	1238	
88	1513	氯甲酸乙酯	氯碳酸乙酯	541-41-3	1182	
89	1549	2-氯乙醇	乙撑氯醇;氯乙醇	107-07-3	1135	
90	1637	2-羟基丙腈	乳腈	78-97-7	2810	
91	1642	羟基乙腈	乙醇腈	107-16-4	2810	
92	1646	羟间唑啉(盐酸盐)		2315/2/8		
93	1677	氰胍甲汞	氰甲汞胍	502-39-6	2025	
94	1681	氰化镉		542-83-6	2570	
95	1686	氰化钾	山奈钾	151-50-8	1680	
96	1688	氰化钠	山奈	143-33-9	1689	
97	1693	氰化氢	无水氢氰酸	74-90-8	1051	
98	1704	氰化银钾	银氰化钾	506-61-6	1588	
99	1723	全氯甲硫醇	三氯硫氯甲烷;过氯硫醇;四氯硫代碳酰	594-42-3	1670	
100	1735	乳酸苯汞三乙醇铵		23319-66-6	2026	
101	1854	三氯硝基甲烷	氯化苦;硝基三氯甲烷	1976/6/2		
102	1912	三氧化二砷	白砒;砒霜;亚砷酸酐	1327-53-3	1561	
103	1923	三正丁胺	三丁胺	102-82-9	2542	
104	1927	砷化氢	砷化三氢;胂	7784-42-1	2188	
105	1998	双(1-甲基乙基)氟磷酸酯	二异丙基氟磷酸酯;丙氟磷	55-91-4	3018	
106	1999	双(2-氯乙基)甲胺	氮芥;双(氯乙基)甲胺	51-75-2	2810	
107	2000	5-[(双-2-氯乙基)氨基]-2,4-(1H,3H)嘧啶二酮	尿嘧啶芳芥;嘧啶苯芥	66-75-1	3249	
108	2003	O,O-双(4-氯苯基)N-(1-亚氨基)乙基氨基硫代磷酸胺	毒鼠磷	4104-14-7	2783	
109	2005	双(二甲胺基)磷酰氟[含量>2%]	甲氟磷	115-26-4	3018	
110	2047	2,3,7,8-四氯二苯并对二噁英	二噁英;2,3,7,8-TCDD;四氯苯二噁英	1746-01-6	2811	
111	2067	3-(1,2,3,4-四氢-1-萘基)-4-羟基香豆素	杀鼠醚	5836-29-3	3027	

续上表

序号	原表目录编号	名　称	别　名	CAS号	参考UN	参考包装类别
112	2078	四硝基甲烷		509-14-8	1510	
113	2087	四氧化锇	锇酸酐	20816-12-0	2471	
114	2091	O,O,O′,O′-四乙基二硫代焦磷酸酯	治螟磷	3689-24-5	1704	
115	2092	四乙基焦磷酸酯	特普	107-49-3	3018	
116	2093	四乙基铅	发动机燃料抗爆混合物	78-00-2	1649	
117	2115	碳酰氯	光气	75-44-5	1076	
118	2118	羰基镍	四羰基镍;四碳酰镍	13463-39-3	1259	
119	2133	乌头碱	附子精	302-27-2	1544	
120	2138	五氟化氯		13637-63-3	2548	
121	2144	五氯苯酚	五氯酚	87-86-5	3155	
122	2147	2,3,4,7,8-五氯二苯并呋喃	2,3,4,7,8-PCDF	57117-31-4		
123	2153	五氯化锑	过氯化锑;氯化锑	7647-18-9	1730	
124	2157	五羰基铁	羰基铁	13463-40-6	1994	
125	2163	五氧化二砷	砷酸酐;五氧化砷;氧化砷	1303-28-2	1559	
126	2177	戊硼烷	五硼烷	19624-22-7	1380	
127	2198	硒酸钠		13410-01-0	2630	
128	2222	2-硝基-4-甲氧基苯胺	枣红色基GP	96-96-8		
129	2413	3-[3-(4′-溴联苯-4-基)-1,2,3,4-四氢-1-萘基]-4-羟基香豆素	溴鼠灵	56073-10-0	3027	
130	2414	3-[3-(4-溴联苯-4-基)-3-羟基-1-苯丙基]-4-羟基香豆素	溴敌隆	28772-56-7	3027	
131	2460	亚砷酸钙	亚砒酸钙	27152-57-4	1574	
132	2477	亚硒酸氢钠	重亚硒酸钠	7782-82-3	2630	
133	2527	盐酸吐根碱	盐酸依米丁	316-42-7	1544	
134	2533	氧化汞	一氧化汞;黄降汞;红降汞	21908-53-2	1641	
135	2549	一氟乙酸对溴苯胺		351-05-3		
136	2567	乙撑亚胺	吖丙啶;1-氮杂环丙烷;氮丙啶	151-56-4	1185	
137	2588	O-乙基-O-(4-硝基苯基)苯基硫代膦酸酯[含量>15%]	苯硫膦	2104-64-5	3018	

续上表

序号	原表目录编号	名　　称	别　　名	CAS 号	参考UN	参考包装类别
138	2593	O-乙基-S-苯基乙基二硫代膦酸酯[含量>6%]	地虫硫膦	944-22-9	3018	
139	2626	乙硼烷	二硼烷	19287-45-7	1911	
140	2635	乙酸汞	乙酸高汞;醋酸汞	1600-27-7	1629	
141	2637	乙酸甲氧基乙基汞	醋酸甲氧基乙基汞	151-38-2	2025	
142	2642	乙酸三甲基锡	醋酸三甲基锡	1118-14-5	2788	
143	2643	乙酸三乙基锡	三乙基乙酸锡	1907-13-7	2788	
144	2665	乙烯砜	二乙烯砜	77-77-0	2927	
145	2671	N-乙烯基乙撑亚胺	N-乙烯基氮丙环	5628-99-9	2810	
146	2685	1-异丙基-3-甲基吡唑-5-基N,N-二甲基氨基甲酸酯[含量>20%]	异索威	119-38-0	2992	
147	2718	异氰酸苯酯	苯基异氰酸酯	103-71-9	2487	
148	2723	异氰酸甲酯	甲基异氰酸酯	624-83-9	2480	

注:1. 有的剧毒化学品不是危险货物,故其没有"参考用的 UN 编号(联合国编号)"和第 8 栏"参考包装类别"。

2. 含磷农药剧毒品(液体形式为 UN 3018),若存在固态形式,对应 UN 编号为 2783。

附录四 联合国化学品分类和标志全球协调系统专家分委员会相关介绍

一、联合国化学品分类和标志全球协调系统专家分委员会基本情况

利用化学品改善生活是当今的世界潮流,但是,化学产品在为人们生活带来益处的同时,也给人体或环境造成了负面影响;不同国家或组织制定的各种法律或命令,期望通过标记或物质安全数据表的形式将化学产品的各种信息传递给相关使用者,而鉴于化学品的数量和种类繁多,任一单位的法规都无法有效管理所有的化学品,亟须成立全球性的组织来全面协调,切实做好统一、有效的管理。

不同国家间现行相关的法规存在很大相似性,但是在内容上存在一定差异,甚至同一化学品有不同的标记或物质安全数据表。如某种化学品在某一国家被认为是易燃物质,而在另一国家被认为是非易燃物质;又如某种化学品在某一国家被认定是致癌物,在另一国家则认定不是。因此,需要大量有专业知识和丰富经验的专家,针对不同国家法规间的内容差异,编制不同的标记和物质安全数据表。

各国在采用国际协调做法进行分类和标记的基础上,掌握本国生产或进口化学品的正确信息,就能建立有效的防护与化学品接触的人员与环境的基础设施。

为了统一全球化学品的分类,协调化学品的标志和安全数据信息,并使之与运输相衔接,1999年10月,联合国经济与社会理事会决定从2001年起将联合国危险货物运输专家委员会(TDG)重组为联合国危险货物运输与全球化学品统一分类和标志协调制度专家委员会(TDG、GHS),下设联合国危险货物运输专家委员会(TDG委员会)和全球化学品统一分类和标志协调制度专家委员会(GHS委员会)两个分委员会(附图4-1)。GHS委员会将确定"环境有害物质"的标准,提出对所运化学品的分类、标志和标记等与运输各环节直接相关的问题,致力于使危险化学品安全管理在全球达到一致,以促进商品流通,消除贸易障碍。

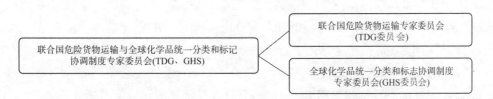

附图4-1 联合国危险货物运输与全球化学品统一分类和标记协调制度专家委员会

> 知识链接

关于危险货物运输的建议书 规章范本
第十六修订版(第一卷)
前言(摘)

联合国经济及社会理事会1999年10月26日第1999/65号决议扩大了专家委员会的任务范围,包括对不同管理制度下采用的化学品分类和标签制度作全球统一的问题,如运输、工作场所的安全、对消费者的保护、环境保护等。

委员会经过重组,改名为"危险货物运输与全球化学品统一分类和标志协调制度问题专家委员会",下设一个危险货物运输问题专家小组委员会,和一个全球化学品统一分类和标志制度问题专家小组委员会(GHS委员会)。

1. GHS委员会

GHS委员会的主要工作内容包括:一是根据化学品的物理和化学性质以及对健康、环境的危害性,对其进行正确分类,并提供全球统一的分类标准;二是制定统一的化学品公示制度,包括化学品安全技术说明、化学品安全标签以及易懂符号、安全数据卡等。标签的种类分为危险性警告申明,危险性符号和标记文字等。安全数据卡包括了化学产品的标识和公司名称、化学品组分信息、危害鉴别、急救和消防措施等16项内容,如附图4-2所示。

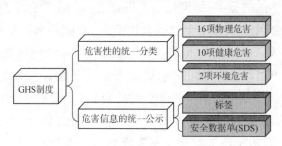

附图4-2　GHS的主要内容包括

2002年9月4日在约翰内斯堡所通过的《行动计划》第22(c)段中,永续发展世界高峰会议鼓励各国尽快执行新的全球调和制度,期待让该制度到2008年能够全面实施。2002年12月联合国危险货物运输和全球化学品统一分类和标志协调制度专家委员会(UN CETDG/GHS)完成制订GHS系统,在2003年7月经联合国经济社会委员会议(United Nations Economic and Social Council)正式采用GHS系统,并且授权将其翻译成联合国官方语言,以便于全世界使用。

2002年12月,联合国危险货物运输专家委员会和全球化学品统一分类和标志协调制度专家委员会通过了《化学品分类和标志全球协调制度(系统)》(GHS)。GHS也称"紫皮书",是由联合国出版的指导各国控制化学品危害和保护人类健康与环境的规范性文件。

附录

> 知识链接

全球化学品统一分类和标签制度
（全球统一制度）的目的、范围和适用

1.1 目的

1.1.1.1 利用化学制品提高和改善生活是一种风靡全球的做法，但是这些产品带来好处的同时，也可能给人或环境造成不利的影响。因此，多年来许多国家或组织制定了各种法律或规章，要求通过标签或安全数据编制和向使用化学品的人传播有关信息。鉴于可用的化学品数目巨大，个别地管理所有这些产品对任何实体而言都是根本不可能办到的。向化学品使用者提供信息会使他们了解这些化学品的特性和危险，并在当地的使用环境下能够实行适当的保护措施。

1.1.1.2 现行的这些法律或规章在许多方面是雷同的，但它们的差别也大得足以造成同种产品在不同的国家有着不同的标签或安全数据单。由于危险定义的差异，可能造成某种化学品在一国被认为是易燃品，而在另一国被认为是非易燃品。因此，对于何时或如何在标签或安全数据单上公示危险，世界各地的决定互不相同，而且希望参与国际贸易的公司配备大批的专家，以便跟踪这些法律和规章的变化并编制不同的标签和安全数据单。此外，鉴于发展和维持化学品综合分类和标签制度是一项复杂工作，许多国家根本没有办法可言。

1.1.1.3 鉴于化学品全球贸易的范围十分广泛和必须制定国家方案来确保它们的安全使用、运输和处置，各国认识到采用国际统一的做法进行分类和标签可为此类方案提供基础。一旦各国对它们进口或在本国自产的化学品掌握了一致和适当的信息，它们就能综合建设控制化学品接触和保护人员与环境的基础设施。

1.1.1.4 因此，制定统一制度目标的理由有许多，预计执行全球统一制度后，它将：

a) 通过提供一种国际综合性的危险公示制度，加大对人类健康和环境的保护；

b) 为尚未制定制度的那些国家提供一个公认的框架；

c) 减少试验和评价化学品的必要性；

d) 促进其危险度已在国际上得到恰当评估和认定的化学品的国际贸易。

1.1.1.5 工作开始时先审查现行的制度和确定工作的范围。许多国家有着某些要求，但下列制度被认为是"主要的"现行制度，并被用作拟订全球统一制度的基础：

a) 美利坚合众国有关工作场所、消费者和杀虫剂的制度要求；

b) 加拿大有关工作场所、消费者和杀虫剂的制度要求；

c) 欧洲联盟有关物质和制剂分类和标签的指令；

d)《联合国关于危险货物运输的建议书》。

1.1.1.6 随着工作的开展，也对其他国家的要求进行了审议，但是主要的任务是寻找办法采纳这些现行制度的最佳方面和制定一种统一制度。开展这项工作的基础是在此进程开始不久通过的商定统一原则：

a) 向工人、消费者、一般公众和环境提供的保护水平,不得由于统一分类和标签制度而有所降低;

b) 危险分类的过程主要指化学元素及其化合物和混合物的内在特性引起的危险,不论是自然的还是合成的;

c) 统一意味着为化学品危险的分类和公示建立一个共同和一致的基础,从而能够选择同运输工具、消费者、工人和环境保护相关的适当的要素;

d) 统一的范围包括危险分类标准和危险公示工具;例如标签和化学安全数据单,其中尤其顾及劳工组织报告[2]认定的四项现行制度;

e) 所有这些制度都需作变动以生产一种单一的全球统一制度,在转向新制度的过程中应采取过渡措施;

f) 应当确保有关的国际雇主、工人、消费者组织和其他相关组织参与统一过程;

g) 应当解决目标对象(例如工人、消费者和一般公众)理解化学品危险信息的问题;

h) 根据现行制度已经为化学品的分类所产生的得到验证的数据,在根据统一制度对这些化学品重新分类时应加以接受;

i) 新的统一分类制度可能要求修改现行化学品试验方法;

j) 有关化学品危险的公示,在按主管当局规定保护机密商业信息的同时,应确保工人、消费者和一般公众的安全和健康及环境的保护。

(1) GHS 是用于定义和分类化学品而制定的一种常规、连贯的方法,并通过标签和安全数据表向其他环节传递信息的制度。

(2) 目标人群包括工人、消费者、运输工人、紧急情况应对人员等。

(3) 为国家建立全面的化学品安全制度提供结构框架。

(4) 确认危险物质,并针对各物质制定法规超出了任何国家、组织能力。

2. GHS 的成立目的

在联合国范围内,类似的物质约有 650000 种。作为物质随附信息说明,有助于指明防护需求。许多国家已意识到应采用信息表述作为化学品危险控制的手段。虽然各国管理措施相似,但其差别却足以导致国际市场上同样的产品具有不同的标签和 SDS❶。具有分类与标签制度的国家对于危险定义、标签与 SDS 中的内容不尽相同;如一种化学品,A 国认为其易燃或有毒,但 B 国却不认为其具有危险。这些差别对保护健康与环境、贸易都会产生影响。从贸易角度来说,满足多种危险品分类与标签制度的客观需求是需要大量资金与时间;中小企业由于此负担而被排除于国际市场之外。

---

❶ SDS(Safety Data Sheet,安全数据表),是危险化学品生产或销售企业安全数据表按法规要求向客户提供的一份关于化学品组分信息、理化参数、燃爆性能、毒性、环境危害,以及安全使用方式、存储条件、泄漏应急处理、运输法规要求等 16 项内容信息的综合性说明文件,也是欧盟 REACH 法规强制要求的信息传递载体之一。MSDS是"化学品安全技术说明书"。

3. GHS 的推行意义

1) 对全球的益处

(1) 提高危险信息的一致性和可理解性,从而减少与化学品有害接触和降低化学品相关事故。

(2) 在全球范围内降低提供给使用者的信息不一致性。

(3) 提高从其他国家进口的化学品信息的质量和内容可信度。

(4) 通过使用国际公认的程序确认化学品危险,提高化学品国际贸易的透明度。

(5) 通过一系列的标准定义危险,以便更有效地使用稀缺资源(如与各国不同的分类制度比,减少了动物实验和评估)。

(6) 保证消费者和工人对化学品危险和名称的"知情权"。

(7) 提高了化学品信息的可获得性,改善了风险管理程序。

2) 对政府的益处

(1) 更好地保护工人和公众免于受到化学品伤害。提高对人类健康、环境的保护水平。

(2) 与国内外不同的分类制度相比,实施和维护成本更低。各国、国际组织、化学品的生产商、用户都将获益。方便国家化学品贸易。

(3) 完善国内外化学品危险公示制度。

(4) 帮助各国、各组织充分管理化学物质,避免重复建立国家法规制度。

(5) 减少测试与评估的需求,降低健康保护成本。

3) 对产业的益处

(1) 更安全的工作环境并改善与员工的沟通。

(2) 事故和疾病更少。

(3) 用最少的劳动力和成本获得最大专业资源。

(4) 用更高的效率和更少的成本达到危险公示的规定。

(5) 提高公司形象和诚信度。

4) 对工人和消费者的益处

(1) 通过协调一致、简单明了的化学品危险公示和安全搬运、安全使用操作要求,提高工人和其他人的安全。

(2) 更好地意识到化学品危险,从而在工作场所和家庭更安全地使用化学品。

在我国主要由国家发展和改革委员会牵头,组织我国有关部委和专家,参与联合国危险货物运输专家委员会的活动;工业和信息化部牵头,组织我国有关部委和专家,参与有关活动,并对我国已有的实施 GHS 对策的初步方案进一步研究。

GHS 制度通过统一化学品危险类别和分类标准,实现了对化学品物理、健康和环境危害的全面管理,并建立统一的危险公示要求(SDS 和安全标签),将化学品的各类危害信息沿着供应链向下游进行传递,以提醒潜在暴露者采取必要的措施。统一标准,从而减少化学品的重复测试和评估,降低成本,促进化学品国际贸易。

二、有关标准

1. 化学品的分类

全球化学品统一分类和标志协调制度专家委员会制定的《化学品分类及标志全球协调制度》(GHS),将化学品进行了分类、分项。化学品根据其危险和危害种类分:物理危险、健康危害、环境危害3个大类。对各种种类,又进行了分类、分项。化学品的分类及项,见附表4-1。

化学品的分类及项　　　　　　附表4-1

种类	类	项(危险类别)					
物理危险	(1)爆炸物	不稳定爆炸物	1.1	1.2	1.3	1.4	1.5	1.6
	(2)易燃气体	1	2	A(化学不稳定性气体)	B(化学不稳定性气体)		
	(3)气溶胶(又称气雾剂)	1	2	3			
	(4)氧化性气体	1					
	(5)加压气体	压缩气体	液化气体	冷冻液化气体	溶解气体		
	(6)易燃液体	1	2	3	4		
	(7)易燃固体	1	2				
	(8)自反应物质和混合物	A	B	C	D	E	F	G
	(9)自燃液体	1					
	(10)自燃固体	1					
	(11)自热物质和混合物	1	2				
	(12)遇水放出易燃气体的物质和混合物	1	2	3			
	(13)氧化性液体	1	2	3			
	(14)氧化性固体	1	2	3			
	(15)有机过氧化物	A	B	C	D	E	F	G
	(16)金属腐蚀物	1					

续上表

种类	类	项(危险类别)种类						
健康危害	(1)急性毒性	1	2	3	4	5		
	(2)皮肤腐蚀/刺激	1A	1B	1C	2	3		
	(3)严重眼损伤/眼刺激	1	2A	2B				
	(4)呼吸道或皮肤致敏	呼吸道致敏物 1A	呼吸道致敏物 1B	皮肤致敏物 1A	皮肤致敏物 1B			
	(5)生殖细胞致突变性	1A	1B	2				
	(6)致癌性	1A	1B	2				
	(7)生殖毒性	1A	1B	2	附加类别(哺乳效应)			
	(8)特异性靶器官毒性——一次接触	1	2	3				
	(9)特异性靶器官毒性——反复接触	1	2					
	(10)吸入危害	1	2					
环境危害	(1)危害水生环境	急性1	急性2	急性3	长期1	长期2	长期3	长期4
	(2)危害臭氧层	1						

备注:深色背景的是作为危险化学品的确定原则项别

1)化学品的分类

化学品分为3个种类、28类。

(1)物理危害又分为16类:爆炸物、易燃气体、气溶胶、氧化性气体、加压气体、易燃液体、易燃固体、自反应物质和混合物、自热物质和混合物、自燃液体、自燃固体、遇水放出易燃气体的物质和混合物、金属腐蚀物、氧化性液体、氧化性固体、有机过氧化物。

(2)健康危害又分为10类:急性毒性、皮肤腐蚀/刺激、严重眼损伤/眼刺激、呼吸道或皮肤致敏、生殖细胞致突变性、致癌性、生殖毒性、特异性靶器官毒性——一次接触、特异性靶器官毒性—反复接触、吸入危害。

(3)环境危害又分为2类:危害水生环境、危害臭氧层。

2)化学品的分项

从化学品的28类中,又划分为95项别。

2.化学品与危险化学品的关系

在化学品的95个项别中选取了其中危险性较大的81个项别作为危险化学品。其余的14个危险性较小的危险性项别的化学品(其中物理危险性类别8个、健康危害类别4个,环境危害类别2个),不纳入《危险化学品目录》管理。这也是表4-9中备注要表述的含义。

具体地讲,将化学品(3个种类、28类、95项)中危险性较大的(81项)称为危险化学品。在此基础上,就可以了解到"表4-4 物理危害分16类,45项""表4-6 健康危害分10类,30项""表4-8 环境危害分2类,6项",都是在表4-9的基础上分解出来的。需要注意的是,随着化学品危害性的逐渐增加,化学品就转变为了危险化学品。关于化学品转变为危险化学品的具体条件,见国家标准《化学品分类和标签规范》(GB 30000.1~30—2013)。

为了进一步说明化学品与危险化学品,以下以"易燃液体"为例予以说明。在《化学品分类和标签规范第7部分:易燃液体》(GB 30000.7—2013)中,将化学品"易燃液体"分为4个类别。而将危险性大的类别1、类别2、类别3,作为危险化学品;类别4是化学品(附图4-3)。

表B.1 易燃液体标签要素的分配

类别1	类别2	类别3	类别4	备注
危险 极易燃液体和蒸气	危险 高度易燃液体和蒸气	警告 易燃液体和蒸气	无象形图 警告 可燃液体	在《规章范本》中, 1)图形标志的颜色: 符号、数字和边线可以黑色代替白色显示 背景色两种情况都保持红色
			《规章范本》 中未作要求	2)图中数字3为GB 6944-2012中第3类 3)货物运输图形标志的最小尺寸为100mm×100mm。

附图4-3 化学品"易燃液体"中的危险化学品

我国根据联合国《化学品分类及标志全球协调制度》(GHS)对化学品的分类和有关标准,借鉴国外发达国家经验,通过合理使用GHS制度中的"积木块"原则,从物理危险、健康危害、环境危害三个危险和危害特性类别中制定了一系列国家标准,其国家标准有关技术内容与GHS一致。由此可知,我国化学品的分类及标志等标准,是与国际接轨的。

这些标准规定了28类化学品的术语和定义、分类、判定流程和指导、类别和警示标签、类别和标签要素的配置及警示性说明的一般规定。

由于上述26个标准与GHS有关技术内容与GHS中一致,故我国化学品的分类及标志等,是与国际(GHS)接轨的,其相关内容基本相同、一致。

三、危险公示

提供化学品信息的方式有三种:标签、安全数据单和培训。

1. 标签

在所有领域,标签能够提供信息。在消费领域,标签是为使用者提供化学品危险和保护措施信息的唯一方式。根据一个国家的特定法规,在其他领域(如农业)可能也应用这种方法。

GHS将标签定义为关于一种危险产品的一组适当的书面、印刷或图形信息要素,因为与目标部门相关而被选定,它们附于或印刷在一种危险产品的直接容器或外包装上。

标签在使用产品时提供信息。它是使用者确定"正在使用或搬运产品"的危险信息直接来源。当标签上的危险和防范信息精确地展示给读者,阅读者可据此轻易地确定重要信息时,标签是最有用和有效的。鉴于标签附于或印刷在一种危险产品的直接容器上或外部包装上,它所提供的信息数量相对有限。

标签在GHS制度中一个完整的标签(附图4-4)至少含有五个部分:
不利效应。

(1)信号词:表明危险的相对严重程度的词语,包括:

①"危险"(Danger):用于较为严重的危险类别;

②"警告"(Warning):用于较轻的危险类别。

(2)危险说明:描述一种危险产品危险性质的短语,GHS制度已经为所有危险项别分配了指定的危险说明,如"高度易燃液体和蒸气""遇热可能会爆炸""对水生生物毒性极大,并具有长期持续影响"。

(3)象形图:一种描述危险产品危险性质的图形,如附图4-5所示。

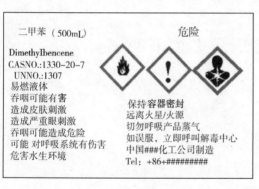

附图4-4 GHS标签的样式(举例)

附图4-5 GHS制度中共有9种象形图

具体要求:

①边框:红色要足够宽,醒目;

②符号:黑色;

③背景:白色。

(4)防范说明:一个短语或图形来说明建议采取的措施。目的:最大限度地减少或防止因接触某种危险物质或因对它存储或搬运不当而产生的"放在儿童伸手不及之处""使用前请读标签""接触时需戴防毒面具"。

(5)产品标识:包括物质的名称、CAS号、危险成分的名称(混合物)。

(6)生产商/供应商标识:包括生产商/供应商名称、地址和电话号码等。

2.安全数据单(SDS)

在某些领域,需要超出标签所能够提供的更多信息。安全数据单在我国标准中常被为"物质安全数据表"(MSDS)为化学品危险和化学品使用安全的其他方面提供了更详细的信息。安全数据单列出了每个化学品的 16 类信息(附表 4-2),主要用于工作场所以及专家参照安全数据单决定不同情况下的保护措施。安全数据单是化学品信息的广泛来源,当确定如何接触风险时,安全数据单可作为获取接触极限值建议、法规控制和其他有用数据的参考文件。

安全数据单的 16 类信息　　　　　　　　附表 4-2

(1)物质或混合物和供应商的名称	(9)物理和化学性质
(2)危险性鉴定	(10)稳定性和反应性
(3)组成/成分的信息物质	(11)毒理信息
(4)急救措施	(12)生态信息
(5)消防措施	(13)处置要求
(6)事故解除措施	(14)运输信息
(7)搬运与储存	(15)法规信息
(8)暴露控制/人员保护	(16)其他包括 SDS 制定和修订信息

GHS 对 SDS 的格式、内容做了统一要求。

3. 培训

培训可以针对化学品使用和运输的现场特别设计,并可以在现场进行。

参 考 文 献

[1] 联合国危险货物运输专家委员会.关于危险货物运输的建议书 规章范本[M].纽约日内瓦,2009.

[2] 联合国欧洲经济委员会.危险货物国际道路运输欧洲公约[M].交通运输部运输服务司,译.北京:人民交通出版社股份有限公司,2016.

[3] 中华人民共和国国家标准.GB 6944 危险货物分类和品名编号[S].北京:中国标准出版社,2012.

[4] 中华人民共和国国家标准.GB 12268 危险货物品名表[S].北京:中国标准出版社,2012.

[5] 危险货物道路运输安全管理手册编写组.危险货物道路运输安全管理手册(法规篇)(2016年版)[M].北京:人民交通出版社股份有限公司,2016.

[6] 危险货物道路运输安全管理手册编写组.危险货物道路运输安全管理手册(标准篇)(2014年版)[M].北京:人民交通出版社股份有限公司,2014.

[7] 严季,刘浩学.危险货物道路运输从业人员培训教材[M].北京:人民交通出版社股份有限公司,2014.

[8] 交通运输部运输服务司.危险货物道路运输行业管理工作指南[M].北京:人民交通出版社股份有限公司,2015.